Manfred Probst · Klemens Richter

Zeichen der Hoffnung in Tod und Trauer

Manfred Probst · Klemens Richter

Zeichen der Hoffnung in Tod und Trauer

Werkbuch zur Sterbe- und Totenliturgie

Herder

Freiburg · Basel · Wien

DIE STÄNDIGE KOMMISSION FÜR DIE HERAUSGABE
DER GEMEINSAMEN LITURGISCHEN BÜCHER
IM DEUTSCHEN SPRACHGEBIET
ERTEILTE FÜR DIE AUS DIESEN BÜCHERN
ENTNOMMENEN TEXTE DIE ABDRUCKERLAUBNIS.
DIE DARIN ENTHALTENEN BIBLISCHEN TEXTE
SIND BESTANDTEIL DER VON DEN
BISCHOFSKONFERENZEN DES DEUTSCHEN
SPRACHGEBIETS APPROBIERTEN
EINHEITSÜBERSETZUNG DER HL. SCHRIFT.

Umschlaggestaltung: Finken + Bumiller, Grafikbüro

Notengraphik: Notensatzstudio Nikolaus Veeser, Freiburg
Satz: Jean Urban Andres, Trier
Druck und Einband: Freiburger Graphische Betriebe 1996
Gedruckt auf umweltfreundlichem, chlorfrei gebleichtem Papier
ISBN 3-451-23770-9

Inhalt

Zwischen Tod und Begräbnis

Das christliche Begräbnis

Totengedenken in der Gemeinde

Anhang

Vorwort

Die Texte und Handlungen der Gottesdienste angesichts von Sterben und Tod finden sich in Büchern, in deren Titeln das Wort „Feier“ vorkommt: „Die Feier der Krankensakramente“ (1975, 2. überarb. Aufl. 1994) und „Die kirchliche Begräbnisfeier“ (1973). „Feier des Todes? Kann man den Tod feiern? Nein. Feiern kann man nur das Leben – ein Leben freilich im Angesicht des Todes … Auch in der Liturgie begegnen wir dem Tod als dem, was er ist – einer schmerzlichen und belastenden Wirklichkeit. Es kann nicht der Sinn des Gottesdienstes sein, den Schmerz zu verdrängen und die Fragen zu überspielen. Es geht vielmehr darum, diese schreckliche Wirklichkeit ‚Tod‘ zu relativieren, d. h. in Relation zu setzen mit der aus dem Glauben kommenden Hoffnung, einer ‚Hoffnung gegen alle Hoffnung‘ (Röm 4,18)“ (H. Becker). Die gottesdienstliche Begegnung mit Sterben und Tod lebt von dieser Spannung: „fröhlich in der Hoffnung, geduldig in der Bedrängnis“ (Röm 12,12).

Das Sterben des Christen, die Zeit zwischen Tod und Begräbnis, die Begräbnisfeier und das Totengedenken sind Ereignisse, bei denen Kirche und Gemeinde die Wiederkunft Christi und die Auferstehung der Toten in gläubiger Hoffnung erwarten. Sie sind Anlaß zu ernster Besinnung auf das Todesschicksal des Menschen. Dabei sind Gottesdienste Feiern des Glaubens. Angesichts der Erfahrung des Todes sind sie durchgehaltene Hoffnung auf Leben, sind sie „Zeichen der Hoffnung in Tod und Trauer“. Unter diesem Titel haben wir 1975 erstmals Hilfen zur Erschließung und Ergänzung der offiziellen liturgischen Bücher vorgelegt, die fünf Auflagen erlebten. In diesen zwei Jahrzehnten hat sich die Einstellung zu Sterben und Tod und zum

Umgang mit den Toten in unserer Gesellschaft und wohl auch in unseren Gemeinden weiter gewandelt, so daß eine völlige Neubearbeitung dieses Werkbuches erforderlich war. Obwohl es im Unterschied zu damals inzwischen eine Fülle von Veröffentlichungen zu Sterben und Tod auch aus christlicher Sicht gibt, fehlt bislang ein umfassendes „Werkbuch zur Sterbe- und Totenliturgie". So hoffen Verlag und Bearbeiter, daß das hier vorgelegte Material Hilfe und Anregung, nicht zuletzt auch für die Benutzung der offiziellen Bücher, zu geben vermag, deren Texte hier – soweit möglich – nicht erneut abgedruckt wurden.
Für Hinweise und Mitarbeit gebührt Dank Dipl.-Theol. Barbara Feichtinger, Kaplan Dr. Stefan Rau, Domvikar Dr. Franz-Peter Tebartz-van Elst und Pfarrer Reinhold Waltermann.

In der Mitte der österlichen Drei-Tage-Feier, an der Wende von der Trauer zur Freude, am Karsamstag 1996

Manfred Probst, Vallendar
Klemens Richter, Münster

Tod und Auferstehung im Glauben der Gemeinde

1. Sterben und Tod in der Gesellschaft heute

Die soziokulturellen Wandlungsprozesse in unserer westlichen Gesellschaft verlaufen immer schneller. Das betrifft auch das Verhältnis des Menschen zu Sterben und Tod und seine Jenseitsvorstellungen. Abtreibung und Euthanasie werden nicht nur heftig diskutiert, sondern werden gesellschaftlich mehr und mehr toleriert bzw. aktiv propagiert. In letzter Zeit nimmt im Zusammenhang mit der Organtransplantation die Frage nach dem Zeitpunkt des Todes breiten Raum ein. Trotz aller Fortschritte in der Sterbeforschung setzt sich die konkrete Tabuisierung des Sterbens fort, nimmt die Anonymität der Bestattungen zu. Neben dem religiösen Bestattungswesen etablieren sich nichtreligiöse Bestattungsformen. Auch die Jenseitsvorstellungen sind im Wandel. Eine Umfrage der Redaktion „Kirche und Leben“ des ZDF brachte schon vor einem Jahrzehnt als Ergebnis, daß nur etwa ein Drittel der Erwachsenen noch an ein Leben nach dem Tod glaubt und sich ein weiteres Drittel unentschieden äußert. Nach einer Gallup-Studie glaubt in Europa jeder Fünfte an die Reinkarnation; in Deutschland dürfte die Zahl noch höher liegen. Während für den Hinduisten und den Buddhisten die Reinkarnation ein Zustand ist, den er als Strafe erfährt und dem er entfliehen möchte, sieht man im Westen im Kreislauf der Wiedergeburten den Weg eines evolutiven Aufstiegs sowie der Selbstvervollkommnung des Individuums und der Menschheit.

Im Sinne einer gegenläufigen Bewegung gegen die Trends der letzten Jahrzehnte ermöglichen über das Land verteilte

Sozialstationen die Pflege Sterbender in der häuslichen Umgebung wieder mehr als früher. Zunehmend macht die in London gegründete Hospizbewegung von sich reden, die Menschen zu einem menschenwürdigen Sterben verhelfen will. Dies gilt auch für die Einrichtung von Palliativstationen in nicht wenigen Krankenhäusern oder Kliniken, die in besonderer Weise die Schmerzen Schwerstkranker und Sterbender lindern wollen.
Es besteht kein Zweifel: Die innere Einstellung des Menschen und die äußeren Bedingungen des Sterbens haben sich im Verlauf der letzten Jahrzehnte stark verändert. Das Sterben hat sich aus der Familie in Krankenhäuser und Altenheime (und Hospize) verlagert. Allerdings scheint der Höhepunkt dieser Entwicklung bereits überschritten zu sein, doch noch sterben über 50 % in solchen Häusern, der größte Teil davon wohl ohne eigentliche Sterbebegleitung. Für das Jahr 1992 vermeldet das Kirchliche Handbuch 288882 katholische Beerdigungen, doch diese Zahlen sind seit Jahren rückläufig und liegen unter dem prozentualen Anteil der Katholiken an der Gesamtbevölkerung.
Auch die inneren Einstellungen haben sich gewandelt. Der Abstand vieler Menschen zu christlichen Überzeugungen zeigt sich beim Glauben an die Auferstehung der Toten, der nach 1 Kor 15 ein Konstitutivum christlichen Glaubens ist (vgl. P. M. Zulehner, H. Denz, Wie Europa lebt und glaubt, Düsseldorf 1993, 70–77). Selbst viele Christen haben den Glauben an ein Fortleben nach dem Tod und an die Auferstehung des Leibes aufgegeben oder haben nur noch sehr vage Vorstellungen darüber. Damit entfällt immer mehr eine wesentliche Hilfe der Bewältigung des Sterbens, da die Frage nach dem Sinn des Todes weitgehend offenbleibt, jedenfalls keine Antwort im gesamtgesellschaftlichen Bereich mehr erfährt. Der Tod wird zur Verneinung aller Lebenswerte und deshalb aus dem Bewußtsein verdrängt.
Man denkt nicht gerne nach über den eigenen Tod. Erwachsene tun sich schwer, am Sterben eines nahen Verwandten teilzunehmen. Angehörige, die rechtzeitig vom beginnenden Koma eines Patienten benachrichtigt werden,

kommen nicht selten erst nach dessen Tod in die Klinik. Der Tote selbst wird aus dem Krankenzimmer oft sehr bald in die Leichenkammer verbracht, so daß keine Zeit für einen würdigen Abschied bleibt. Bei der einseitigen Ausrichtung unserer Krankenhäuser auf Heilung der Patienten bleibt buchstäblich zu wenig Raum für den Umgang mit Sterbenden und Verstorbenen. P. J. Riga skizziert die Entwicklung so: „Kurz gesagt, vor dem Tod gibt es eine ausgiebige und komplizierte medizinische Versorgung des Sterbenden, meist im Spital, wo er jedoch, wenn auch umgeben von neuestem technischen Gerät und bei Anwendung modernster medizinischer Erkenntnisse, in schrecklicher Einsamkeit bleibt. Nach dem Tod wird der Leichnam rasch entfernt, eingekühlt und dann so schnell als nur möglich eingeäschert. Die Begräbnisriten sind kurz und unaufdringlich und lassen keinen Blick auf den toten Körper zu. Kummer und Trauer über den Tod eines Angehörigen zu zeigen, wird als schlechter Geschmack oder als altmodisch empfunden. Dem Tod ist es tatsächlich verboten, in Erscheinung zu treten oder erwähnt zu werden mit Ausnahme der Todesanzeige in den lokalen Zeitungen." Dem entspricht, daß in den letzten Jahren als solche erkennbare Leichenwagen für die Überführung von den Straßen und Autobahnen so gut wie verschwunden sind. Erwachsene und Kinder sehen zwar im Fernsehen fast täglich Tote, oft in großer Zahl, sind aber nie bei einem Sterben dabeigewesen und hatten keinen Kontakt mit einem unmittelbar Verstorbenen.

2. Christliche Gemeinde angesichts der gesellschaftlichen Trends

Für den Umgang der christlichen Gemeinde mit Sterbenden und Toten galt ganz unabhängig von den verschiedenen Ausprägungen im Laufe der Geschichte des Christentums insgesamt das, was Reiner Kaczynski für das christliche Altertum so beschreibt: „Die menschliche Sorge um Sterbende und Verstorbene galt als Liebespflicht der nächsten Angehörigen. Darüber hinaus wurde die christliche Sorge um Sterbende und Verstorbene bald als Liebespflicht der Gemeinden verstanden, in denen die Menschen auf Erden lebten und deren Glieder sie auch über ihren Tod hinaus blieben. Solche christliche Sorge schlug sich in der Entwicklung einer eigenen kirchlichen Sterbe- und Begräbnisliturgie nieder. Diese setzte – im Unterschied zu heidnischen Totenbräuchen – schon lange vor dem Augenblick des Sterbens ein und wollte so zum Gelingen des Übergangs vom irdischen zum ewigen Leben beitragen; sie endete erst mit der Bestattung. Mit dieser kirchlichen Sterbe- und Begräbnisliturgie war von Anfang an auch das Anliegen verbunden, durch die Verkündigung der Botschaft von der Auferstehung die vom Sterben eines Menschen besonders schmerzlich Betroffenen vor unchristlicher Trauer und Verzweiflung zu bewahren, sie zu trösten und ihre Hoffnung zu stärken."

Daran scheint sich auf den ersten Blick nichts geändert zu haben. Die liturgischen Bücher stellen Gebete und Riten zur Verfügung für den Eintritt des Todes, für die Zeit zwischen Tod und Begräbnis, für Meßfeiern zu Begräbnis und Totengedenken, für Erd- wie Feuerbestattung oder eine Urnenbeisetzung. Und wohl aus keinem anderen Anlaß als dem des Todes werden derart viele Eucharistiefeiern gehalten. Der Tod scheint nach wie vor zum Leben der Christen zu gehören.

Aber stimmt das wirklich noch? Oder gilt nicht zunehmend auch für Christen, was unsere Gesellschaft kennzeichnet: Die Beerdigungsrituale verlieren an Bedeutung. Die Gräber verjähren, es gibt keine ewigen Grabstätten mehr. In Großstädten besteht oft nur noch ein 15jähriges Belegungsrecht. Die Toten nehmen an der gesellschaftlichen Mobilität teil. Man spricht immer weniger von den Toten. Der Tod ist peinlich, und auch die Trauer wird es: Es gehört zum guten Ton, sie zu verstecken. Der Anstand verbietet jede Anspielung auf den Tod. Die Verdrängung

der Trauer wächst entsprechend der Verkümmerung des Todes.
Auch für viele Christen scheint der plötzliche Tod als wünschenswert zu gelten, der Tod nicht mehr das Ziel des Lebens zu sein. Wer von uns könnte noch wie Amadeus Mozart sagen: „Da der Tod (um genau zu sein) der wahre Endzweck unseres Lebens ist, habe ich es mir in den letzten Jahren angelegen sein lassen, diesen besten Freund des Menschen so gut kennenzulernen, daß der Gedanke an ihn für mich nicht nur keinen Schrecken enthält, sondern mir großen Trost und Frieden des Geistes bringt. Ich danke meinem Gott, daß er mir das Glück und die Gelegenheit geschenkt hat, den Tod als den Schlüssel zu unserem wahren Glück zu erkennen. Ich gehe nie zu Bett, ohne darüber nachzudenken, daß ich vielleicht, so jung wie ich bin, am nächsten Tag nicht mehr leben werde. Und doch wird niemand, der mich kennt, sagen können, ich sei im Umgang mürrisch oder traurig. Für dieses Glück danke ich jeden Tag meinem Schöpfer, und von ganzem Herzen wünsche ich dieses Glück allen meinen Mitmenschen." (Brief vom 4.4.1787 an seinen Vater mit 31 Jahren, 4 Jahre vor seinem Tod).
Die gegenwärtige Entwicklung scheint zu bestätigen, was der Erfurter Pastoraltheologe Franz Georg Friemel schon Ende der achtziger Jahre feststellte: „In der Gegenwart scheint die Selbstverständlichkeit, mit der die kirchliche Beerdigung nicht nur von der Gemeinde, sondern auch von der Gesellschaft akzeptiert wurde, im Schwinden begriffen zu sein. Nachdem in den siebziger Jahren die Taufe und in den achtziger Jahren die kirchliche Trauung ihre Plausibilität verloren haben und bei vielen in eine Grundsatzdiskussion geraten sind, dürfte für die neunziger Jahre das kirchliche Begräbnis – vielleicht sogar die Bestattung als Erfüllung eines allgemein religiösen Bedürfnisses angesichts des Todes – zum Problem werden." Als Gründe für diese Entwicklung nannte er Anonymität, Verdrängung und das Schwinden der Metaphysik. Unter letzterem versteht Friemel, daß Bestattung mehr als Beseitigung einer Leiche ist, daß es neben der hygienischen eine religiöse

Seite gibt, daß sich angesichts des Todes die Sinnfrage unausweichlich stellt. Wenn aber eine religiöse oder philosophische Weltbetrachtung zugunsten eines naturwissenschaftlich-technischen Weltverständnisses schwindet, dann wird auch die Sinnfrage nach Herkunft und Zukunft des Menschen immer mehr an den Rand gedrängt. Von daher erscheint es nur konsequent, wenn auch das Interesse an einem religiös geprägten Begräbnis nachläßt, daß die Tendenz zunehmen wird, das Andenken an die Toten zu verdrängen. Eine geradezu logische Konsequenz sind dann die sogenannten anonymen Bestattungen in Parks, in denen die Grabstellen nicht mehr kenntlich gemacht werden. Das damit verbundene „Erinnerungsverbot“ geht häufig von alternden Menschen selbst aus, die ihren Kindern entweder die Mühe der Grabpflege ersparen wollen oder ihnen diese überhaupt nicht zutrauen oder aber niemanden mehr kennen, der sich ihrer erinnern möchte. Müßten demgegenüber nicht wenigstens die christlichen Gemeinden hier tätig werden und sich einem allgemeinen Trend widersetzen?
Sicherlich kann es eine Entlastung sein, nüchtern zur Kenntnis zu nehmen, daß nunmehr auch beim Thema Bestattung volkskirchliche Erwartungen an die Kirche zurückgehen. Aber das reicht nicht hin. Solche Einsichten müßten zu einem Umdenken in der gemeindlichen Praxis führen, damit für unsere Gemeinden auch heute noch zutrifft, was ein heidnischer römischer Kaiser, Julian Apostata, um 362 schreibt: „Was ist der Grund, daß wir unsere Augen nicht auf das richten, wodurch die gottlose Religion der Christen Verbreitung gefunden hat, nämlich auf ihre Güte gegen die Fremden und auf die Sorgfalt, die sie auf die Bestattung ihrer Toten verwenden …?“

3. Neue Aufgaben für die Gemeinde

Die ganze Gemeinde der Glaubenden ist heute gefordert zu einem geschwisterlichen Engagement gegenüber den Leidenden und den Trauernden, zum prophetischen Widerstand gegen Todesverdrängung ebenso wie gegen Todesverherrlichung.
Während früher über Jahrhunderte hin sich Riten und Brauchtum entwickeln konnten, brechen heute viele dieser Formen ab oder sind schon verschwunden. Die von Gemeinde zu Gemeinde unterschiedliche Situation läßt es auch nicht mehr zu, daß etwa eine Diözese in diesem Bereich einheitliche Vorgaben macht. Hier ist jede einzelne Gemeinde dazu aufgerufen, die für sie angemessenen Formen des Umgangs mit den Sterbenden, mit dem Tod, mit den Toten und mit den Hinterbliebenen zu finden. Jede Gemeinde muß also ihre Möglichkeiten bedenken, die von Ort zu Ort, etwa von ländlichen zu städtischen Gebieten, ganz unterschiedlich sein können.
An konkreten Aufgaben dazu ergeben sich etwa: Krankenbesuchsdienste, Seminare und Kurse zur pflegerischen und pastoralen Begleitung von Schwerstkranken und Sterbenden, Mitarbeit in der Hospizbewegung, gemeinsame Feiern der Krankensakramente in der Haus- und Gemeindeliturgie, Trauerhilfegruppen, Thematisierung von Sterben, Tod und christlicher Hoffnung in Schule, Jugendarbeit und Erwachsenenbildung, Teilnahme von Kindern und Jugendlichen bei Bestattungen, die Zusammenarbeit mit den anderen christlichen Kirchen in Fragen der Bestattung und der Begleitung von Trauernden.

Fragen, die sich jede Gemeinde (zumindest ihr Pfarrgemeinderat) stellen sollte, könnten sein:

• Wie ist das Verhältnis zwischen Gemeinde und Bestattungsunternehmen? Wer ist bei uns erster Ansprechpartner für die Hinterbliebenen? Welchen Einfluß nimmt die Gemeinde dort, wo das Unternehmen faktisch alles regelt, auf christliche Gestaltungsmöglichkeiten von Anzeigen usw.?

• Wie gestaltet sich der konkrete Umgang mit den Toten: Was geschieht nach Eintritt des Todes? Wo und wie erfolgt die Aufbahrung (die auch daheim als Hausaufbahrung möglich ist)? Gibt es einen ständigen Zugang zu den Verstorbenen? Wird eine würdige Verabschiedung ermöglicht? Was geschieht in liturgischer Hinsicht zwischen dem Eintritt des Todes und der Bestattung? Wie kann das Nachbarschaftsgebet auch in städtischen Gemeinden wiedergewonnen werden?

• Welche Hilfen werden den Hinterbliebenen für Anzeigen, Totenzettel, Kranzschleifen, Danksagungen, Grabmalgestaltung gegeben?

• Welche Möglichkeiten bieten sich für die Gestaltung der Liturgie: Welche Texte und Zeichen tragen in der konkreten Situation? Wie kann das Gebet zur Totenwache gestaltet werden (Stundenliturgie)? Welche Möglichkeiten von Musik und Gesang bestehen bei der Beerdigung (am Grab)?

• Welche Möglichkeiten bieten sich, um den Zusammenhang von Liturgie und Diakonie enger zu gestalten: „Beerdigungskaffee“ als Agape? Trauerbegleitung durch Gemeindemitglieder?

• Wie kann das Totengedächtnis gestaltet werden: Meßstipendien, monatliche Allerseelenmesse, Hilfen für das Totengedächtnis in den Familien?

• Was ist zu tun, damit niemand aus finanziellen oder sozialen Gründen die Form der anonymen Bestattung wählen muß? Könnten kirchliche Friedhöfe als eine Alternative dazu Begräbnisfelder in einfacher christlicher Gestaltung und mit Namenskennzeichnung kostengünstig anbieten?

• Ein Kontakt mit dem Bestattungsgewerbe, mit Steinmetzen, Grabmalkünstlern, Landschaftsarchitekten, Floristen,

Friedhofsgärtnern und Friedhofsverwaltern sollte vor Ort regelmäßig erfolgen. Dabei sollte die ökumenische Zusammenarbeit gesucht werden. Auch mit den politisch Verantwortlichen sollten Gespräche geführt werden. Wo diese Gespräche stattfinden, zeigen sich die Beteiligten meist außerordentlich interessiert zu erfahren, wie der Tod aus christlicher Sicht heute verstanden wird und welche Konsequenzen für die jeweilige Berufsgruppe sich ergeben können.

Das Sterben des Christen

1. Die Sterbebegleitung

Wie soll sich eine christliche Gemeinde gegenüber den gesellschaftlichen Trends verhalten? Soll sie dem Kult der Jugend und des Lebens nachlaufen? Keineswegs. Sie soll sich auf ihren Auftrag besinnen, Sterbenden beizustehen, Tote zu begraben und Trauernde zu trösten. Dies muß geschehen im Blick auf die gesellschaftlichen Verhältnisse in unserem Sprachgebiet und auch unter Beachtung neuerer medizinischer und psychologischer Erkenntnisse, z.B. in der Sterbeforschung und der Trauerpastoral. Sind die Sterbenden in unserer Gesellschaft nicht zu einer lästigen Gruppe geworden, deren sich die Gemeinden in besonderer Weise annehmen müßten, wenn sie die Sorge Jesu für die Armen und Schwachen ernstnehmen? Welche Aufgaben kommen damit auf unsere Gemeinden zu?
Um der weitverbreiteten Tabuisierung des Todes entgegenzuwirken, muß in unseren Gemeinden mehr über den Tod und das Sterben gesprochen werden als früher. Die Seelsorger werden die Gelegenheit nutzen, die ihnen die Totengedenktage des kirchlichen und bürgerlichen Jahres bieten. Tragische Sterbefälle fordern zur Behandlung des Themas Sterben und Sinn des Lebens geradezu auf. Daneben bieten besonders die Kartage und das Osterfest Gelegenheit, über das Sterben und die Auferstehungshoffnung des Christen in der Nachfolge des Herrn zu sprechen.
Auch in der kirchlichen Erwachsenenbildung sollte das Thema Tod und Sterben stärkere Berücksichtigung finden. Ziel all dieser Bemühungen müßte es sein, den Christen mit der unausweichlichen Realität seines eigenen Sterbens

zu konfrontieren, damit er sich darauf einstellt und darauf vorbereitet. Auch über die Hilfe der Kirche für ihre sterbenden Mitglieder müssen sich die Gemeinden ganz neu Gedanken machen. Die Haupthilfe der Kirche für die Sterbenden ist nicht die Krankensalbung, sondern die Vergebungsvollmacht und besonders die Wegzehrung, die nach der Verheißung Christi das neue Leben in sich birgt. Nicht zu vergessen sind die kirchlichen Sterbegebete und die besonderen Segnungen, die sie für die Sterbenden bereithält.

Damit ist aber nur eine Seite der Aufgabe umschrieben. Ebenso wichtig wie die Aufgabe, die Gläubigen zur Annahme ihres Todes ohne Vorbehalt zu führen und ihn in Schicksalsgemeinschaft mit ihrem Herrn zu leisten, ist ihre Befähigung, anderen beim Sterben menschliche und gläubige Hilfe zu leisten. Wenn Sterbende in Krankenhäusern in für ihre Situation unwürdige Räume abgeschoben werden oder das an Zahl zu geringe Pflegepersonal keine Zeit hat, bei einem Sterbenden auszuharren und die möglichen Liebesdienste zu leisten, wird ein Mangel an Mitmenschlichkeit sichtbar. Früher gab es Bruderschaften für die Sterbenden, die sich zur Aufgabe setzten, daß kein Mensch unversorgt und verlassen sterben mußte. Diese Aufgabe müßte heute von den Gemeinden in einer neuen Form wieder aufgenommen werden.

Darüber hinaus sollten alle Gläubigen befähigt werden, den Sterbenden Trost und Hilfe aus dem Glauben zu spenden. Gute Gebets- und Meditationsvorlagen sind zu schaffen, die bei dieser Gelegenheit zur Verwendung kommen. Gutes altes Brauchtum, wie die Verwendung eines Sterbekreuzes und einer Sterbekerze, die Christus als das ersehnte Licht symbolisiert, müssen beibehalten oder wieder ins Leben gerufen werden. Dabei ist es ein Gebot der Rücksichtnahme, daß man mit alten Menschen in den ihnen gewohnten Formen betet. „Sterbezimmer sind keineswegs der Ort für pädagogische Maßnahmen theologischer Besserwisserei" (A. Mauder). Die Gläubigen sollten sich dessen bewußt sein, daß sie Mitverantwortung für den rechtzeitigen Empfang der Sterbesakramente in ihrer Umgebung tragen. Damit ist nicht gemeint, daß wir die Sterbesakramente der Buße und der Wegzehrung jedem aufdrängen sollten, der weder psychisch noch religiös darauf vorbereitet ist, sondern es geht um eine kluge und verständige Hinführung zu den Sakramenten.

Letztlich geht es bei allen Diensten an den Sterbenden um einen Dienst der Hoffnung, der nur gelingt, wenn wir selber aus der Hoffnung leben.

Eine Sterbebegleitung kann zwar von einzelnen geleistet werden, gehört aber auch zu den Aufgaben unserer Gemeinden. Sterbebegleitung umfaßt alle ärztlichen und pflegerischen Hilfeleistungen in der letzten Phase des Lebens sowie jede geistig-seelische Hilfe für den Sterbenden sowie auch für die ihn begleitenden Menschen. Sie soll dem Sterbenden ermöglichen, seine letzte Lebensphase, so weit dies möglich ist, persönlich zu gestalten und seinen eigenen Tod zu sterben. Bei einem überzeugten Christen wird die Sterbebegleitung auch religiöse Elemente und Feiern enthalten, sie geht aber über diese hinaus.

Sterbebegleiter kann jeder werden, der mit dem Sterbenden unmittelbar zu tun hat, also ein Arzt, eine Krankenschwester, ein Pfleger, eine Seelsorgerin oder ein Seelsorger, ein Angehöriger, ein Freund usw. Entscheidend ist die Wahl und das Vertrauen des Sterbenden und die Akzeptanz dieser Aufgabe durch die vom Sterbenden gewählte Person. Wichtig für die Sterbebegleiter ist es, die individuellen Ausdrucksformen des Sterbenden verstehen zu lernen und Geduld und Verständnis für sie aufzubringen. Sie müssen darüber hinaus bereit sein, sich mit dem eigenen Tod auseinanderzusetzen und mit den Phasen des Sterbens vertraut sein, die E. Kübler-Ross beschrieben und die P. Sporken für europäische Verhältnisse um zwei weitere Phasen erweitert hat. Außerdem ist zu berücksichtigen, daß diese nicht immer schematisch aufeinanderfolgen, sondern sich einander durchdringen können oder auch wiederholen.

Nach Sporken gehen den fünf Phasen des Sterbens nach Kübler-Ross die Phase der Unwissenheit um die Todeskrankheit und eine Periode der Unsicherheit voraus, die in

die Phase einer impliziten Leugnung übergehen. Hier liegt die Nahtstelle. In der ersten Phase nach Kübler-Ross will der Schwerkranke seinen Zustand explizit nicht wahrhaben. Er hofft auf einen Irrtum der Diagnose oder verdrängt sie. In der zweiten Phase bricht die Erkenntnis durch, daß er doch selbst der Betroffene ist, und es kommen nicht selten Wut und Zorn auf. Für Angehörige und das Personal kann dies eine schwierige Zeit sein, da der Betroffene niemanden an sich heranläßt. Sie wird oft abgelöst durch die dritte Phase, in der der Betroffene mit Gott oder den Lebensmächten um Lebensverlängerung oder Besserung seines Zustandes verhandelt. In der folgenden Phase fällt der Patient in Depression, weil er spürt, daß seine Kräfte mehr und mehr schwinden oder seine leibliche Integrität durch Krankheit oder Operationen gemindert ist. Eine andere Form der Depression wird durch den drohenden Verlust des Lebens ausgelöst und ist mit Trauer und Abschiednehmen verbunden. Für die erste Form ist Aufmunterung angebracht, für die zweite ein verstehendes Mittragen. Religiöse Patienten suchen in dieser Phase oft den Kontakt mit Gott. Sie setzen sich bereits intensiv mit dem anderen Leben auseinander. Hier ist ein günstiger Zeitpunkt für die Feier der Krankensalbung oder des Bußsakramentes gegeben. Schließlich können Sterbende die Phase der Zustimmung erreichen. Der Patient hat dann ein gewisses Maß an Einverständnis und Frieden erreicht und wird frei von negativen Gefühlen. Hier dürfte der günstigste Ort für die Spendung der Wegzehrung sein. In dieser Phase des Sterbens brauchen Angehörige oft mehr Aufmerksamkeit des Sterbebegleiters als die Sterbenden.
Aus der Erfahrung, daß die modernen Kliniken mit knappem Personal und der Apparatemedizin sowie einer einseitigen Ausrichtung auf Wiederherstellung der Gesundheit für ein menschenwürdiges Sterben oft wenig geeignet sind, ist in London die moderne Hospizbewegung entstanden, die den Sterbenden einen angemessenen Ort für die letzte Lebensspanne bieten will, entweder im Hospiz oder bei entsprechender medizinischer Betreuung zu Hause. Dies ist nur möglich bei einer Unterstützung des hauptamtli-

chen Personals durch eine Vielzahl ehrenamtlicher Helfer, die allerdings eine entsprechende Ausbildung erhalten müssen. Ein wichtiges Ziel der Hospizarbeit besteht darin, den Sterbenden so weit wie möglich schmerzfrei zu halten. Eine entsprechende medizinische und menschliche Sterbebegleitung läßt den Wunsch nach aktiver Sterbehilfe, die eine direkte Tötung oder Beihilfe dazu darstellt, so gut wie nie aufkommen. Passive Sterbehilfe, die in der Bekämpfung von Schmerzen besteht und zu einem natürlichen Sterben verhelfen will, ist nicht nur erlaubt, sondern eine wichtige Aufgabe der Sterbebegleitung.

Eine wichtige Frage der Sterbebegleitung ist die Wahrhaftigkeit zwischen dem Sterbebegleiter und dem Patienten über dessen Zustand. Es bedarf oft großer Sensibilität für den Zustand des Sterbenden, entsprechende Signale wahrzunehmen. Wenn er Fragen über seinen Zustand stellt, dürfen sie nicht abgewehrt oder falsch beantwortet werden. Oft genügt ein Hinweis auf den Ernst der Situation, daß der Patient seinen Zustand erkennt. Es geht bei der Wahrheit am Sterbebett auch darum, dem Sterbenden die Chance zu geben, notwendige Dinge zu regeln, etwa ein Testament zu machen, und sein Leben menschenwürdig abzuschließen.

2. Das Gespräch mit Sterbenden

Für Christen, die den Tod für den Beginn eines neuen gottgeschenkten Lebens halten, gehört zur Phase des Sterbens auch religiöse Sinndeutung und Stärkung. Denn der Glaube an die Auferstehung erfährt beim Sterben, das das Erlöschen aller vitalen Lebensmöglichkeiten bedeutet, seine härteste Herausforderung. Der Sterbende muß sich loslassen und sich ganz und gar anvertrauen, letztlich Gott, der ihm alleine neue Zukunft gewähren kann. Der Glaube kann dem Sterbenden helfen, eine Antwort auf die Sinnfrage des Todes zu finden und so reif zu werden für das

Sterben. Christliche Sterbehilfe will dem Sterbenden vermitteln, daß Gott mit ihm geht, auch durch das dunkle Tor des Todes. Dies können Menschen Sterbenden vermitteln, wenn sie diese taktvoll, geduldig und mit Liebe bei diesem Prozeß begleiten. Deshalb gehören dazu menschliche Gesten der Nähe und Sorge wie das Handhalten, Abwischen des Schweißes oder das Reichen eines Getränkes.
Ein wichtiges Mittel ist das vertrauensvolle Gespräch, in dem auch die Frage nach Gott ihren Platz hat. Im folgenden werden Texte angeboten, die einen Anknüpfungspunkt für das Gespräch über den Tod bilden können. Für die Auswahl des Textes muß man die Gestimmtheit des Schwerkranken kennen. Dies dürfte bei einer Begleitung über längere Zeit am ehesten der Fall sein.

Augenschein

Zur Nacht hat ein Sturm alle Bäume entlaubt
sieh sie an, die knöchernen Besen.
Ein Narr, wer bei diesem Anblick glaubt
es wäre je Sommer gewesen.

Und ein größerer Narr, wer träumt und sinnt
es könnt je wieder Sommer werden.
Und grad diese gläubige Narrheit, Kind,
ist die sicherste Wahrheit auf Erden.

Ernst Ginsberg, Abschied.
Erinnerungen, Theateraufsätze und Gedichte, Zürich 1980

Ich lebe mein Leben in wachsenden Ringen,
die sich über die Dinge ziehn.
Ich werde den letzten vielleicht nicht vollbringen,
aber versuchen will ich ihn.

Ich kreise um Gott, um den uralten Turm,
und ich kreise jahrtausendlang;
und ich weiß noch nicht: bin ich Falke, ein Sturm
oder ein großer Gesang.

Rainer Maria Rilke, Die Gedichte, Frankfurt [3]1987

Ich komm', weiß nit woher,
ich bin und weiß nit wer.
ich leb', weiß nit wie lang,
ich sterb' und weiß nit wann,
ich fahr', weiß nit wohin:
Mich wundert's, daß ich fröhlich bin.

Da mir mein Sein so unbekannt,
geb' ich es ganz in Gottes Hand,
– die führt es wohl, so her wie hin.
Mich wundert's, wenn ich noch traurig bin.

H. Thoma/L. Reiners (Hg.), Der ewige Brunnen, München 1955

Die Blätter fallen, fallen wie von weit,
Als welkten in den Himmel ferne Gärten;
Sie fallen mit verneinender Gebärde.

Und in den Nächten fällt die schwere Erde
Aus allen Sternen in die Einsamkeit.

Wir alle fallen. Diese Hand da fällt.
Und sieh dir andre an: es ist in allen.

Und doch ist einer, welcher dieses Fallen
Unendlich sanft in seinen Händen hält.

Rainer Maria Rilke, Werke in 3 Bänden, Frankfurt 1986

Drei Buchstaben

Ich gehe ihm aus dem Weg
laufe ihm in den Weg
der lebenslang um mich wirbt
mit schwarzer Magie
Ich verwandle ihn
in ein Wort
drei Buchstaben
der Wohlklang tut weh

Rose Ausländer, Gesammelte Werke in sieben Bänden,
hg. v. H. Braun, Bd. 3 (1966–1975), Frankfurt 1984

Engel des Lichtes

hast du
den Engel des Lichtes
gesehen

sanft
streift er
durch die Nächte der Welt

legt hier
seine Hand auf Stöhnen
blickt dort
voll Erbarmen
der Angst in die Augen
und sagt
in den Schrei der Verzweiflung
sein lichtendes Wort

hast du
den Engel des Lichtes gesehen

„Der Ernstfall der Hoffnung“

Der verstorbene Priester *Bernhard Welte* möchte trösten mit Gedanken aus seinem Buch: „Der Ernstfall der Hoffnung“.

Wenn wir uns ganz in Gottes Hände legen,
dann, wenn wir uns zum Tode niederlegen,
dann wird mitten aus der dunklen Nacht des Todes
Gottes Heil geheimnisvoll und wunderbar
über uns aufgehen und uns auffangen.
Dann wird etwas über unser geängstigtes Herz kommen,
das, wie die Schrift sagt, jede Träne trocknet.
Jede!
Die geweinten Tränen, in denen der Schmerz sich manchmal lösen darf,
ebenso wie auch die vielen bitteren ungeweinten Tränen,
die oft steckenbleiben in den verhärteten
und manchmal versteinerten Abgründen des Herzens.

Eine wunderbar tröstende Hand wird dann über uns kommen.
Und sie wird leise und zart durchgreifen bis in die
verborgenen Gründe und Abgründe und Untergründe des Herzens,
bis zu den verborgenen Quellen der geweinten und ungeweinten Tränen.
Und sie wird bereit sein, alles zu heilen und zu lösen
in die Stille des großen Lichtes Gottes.

Der christliche Halt

in poetischer Form

Nichts ist verloren,
Von unserem Wandern,
Seit wir geboren,
Geht eines zum andern.

Wenn wir bestehen
Den irdischen Bund,
Wir auferstehen
Mund an Mund.

Die wir im Leben
Uns schmerzlich umarmen,
Werden entschweben
Ins ew'ge Erbarmen.

Die wir uns mühten
Durch Tag und Traum
Werden einst Blüten
An Gottes Baum.

Otto Gillen

Wie eine Mutter sorgt

Lied von Wort und Weg

Wie eine Mutter sorgt
für Kinder, die ihr anvertraut,
und einsteht, daß sie leben:

So wirkt ein Gott der Liebe,
keine Stund' verläßt Er uns.
Nicht mehr verstummt das Wort,
das Er uns gegeben.

Er nimmt uns bei der Hand,
das Wort, geduldig führt es uns
aus Angstland weg zur Freiheit.
So trocken, heiß, so unbegehbar schräg,
so hoch der Weg –
zwing mich nicht, ihn zu gehn,
wenn nicht Du selbst mir nah bleibst.

Ein Wasserfall von Licht,
von Freude und bewährter Hoffnung,
Einsicht und Vertrauen:
So kommst Du über Menschen, und Dein Wort
treibt mich nun fort.
Noch weiß ich nichts von Dir,
einst werde ich Dich schauen

Huub Oosterhuis, in: Wort, das trägt, Düsseldorf 1990.

Wenn ich sterben werde.

Herr, ich komme zu Dir, denn ich habe
in Deinem Namen den Acker bestellt.
Dein ist die Saat.
Ich habe diese Kerze gebildet.
An Dir ist es, sie anzuzünden.
Ich habe diesen Tempel gebaut.
An dir ist es, sein Schweigen zu bewohnen.

Antoine de Saint-Exupéry

3. Gottesdienste im Angesicht des Sterbens

3.1 Die Feier der Wegzehrung durch einen Laien

Den Sterbenden beizustehen hat die Kirche immer als besonderen Auftrag gesehen. Neben dem Gespräch, dem Gebet und Segensworten hat die Kirche den Sterbenden in ihrer Not die Sterbekommunion als Wegzehrung angeboten. Sie geht dabei von dem Herrenwort aus: „Wer mein Fleisch ißt und mein Blut trinkt, hat das ewige Leben, und ich werde ihn auferwecken am Letzten Tag“ (Joh 6,54). Mit dieser einzigartigen Verheißung versehen sollte die Wegzehrung die „Mitte“ christlicher Sterbebegleitung sein. Sie wird überreicht in einem Wortgottesdienst wie bei der Krankenkommunion, der durch eine entsprechende Lesung, den vollkommenen Ablaß (Priestern vorbehalten), entsprechende Fürbitten, die Erneuerung des Taufbekenntnisses und durch eine erweiterte Spendeformel der Situation des Sterbens angepaßt ist. Die Wegzehrung kann auch innerhalb einer eigenen Meßfeier „Für Sterbende“ gereicht werden (Meßbuch II, 1075), damit der Sterbende unter beiden Gestalten oder, wenn er nicht mehr schlucken kann, nur unter der Gestalt des Weines kommunizieren kann. (Für die Wegzehrung außerhalb einer Meßfeier sollte dafür eucharistischer Wein im Tabernakel aufbewahrt werden.) Eine solche Meßfeier kann analog den Regelungen für Gruppenmessen der Situation des Sterbenden angepaßt werden.

Die Wegzehrung darf und sollte auch von einem beauftragten Laien (Akolyth, Kommunionhelfer/in) überbracht werden, wenn kein Priester oder Diakon zu erreichen ist. Der folgende Gottesdienst ist für den Fall gedacht, daß ein beauftragter Laie die Wegzehrung überbringt.

Vorbereitungen im Krankenzimmer

Die Angehörigen des/der Kranken oder seine/ihre Betreuer/Betreuerinnen sollen gebeten werden, das Krankenzimmer nach Möglichkeit passend herzurichten:

- einen mit einem weißen Tuch bedeckten Tisch
- ein Kreuz
- Weihwasser mit Zweig
- ein Glas Trinkwasser
- eine Sterbekerze (Taufkerze, Osterkerze)

AUFBAU DER FEIER

Eröffnung

Gruß
Verehrung der Eucharistie
Reichen des Weihwassers
Schuldbekenntnis und Vergebungsbitte

Wortgottesdienst

Lesung
Bekenntnis des Glaubens
Fürbitten

Spendung der Wegzehrung

Gebet des Herrn
(Vorbereitungsgebet)
Einladung zur Kommunion
Kommunion mit besonderen Spendeworten
Schlußgebet

Abschluß

Eröffnung

Der Zelebrant tritt zum Kranken in einer Kleidung wie sie diesem Dienst entspricht. Er begrüßt ihn und alle Anwesenden. Dabei kann folgende Begrüßungsformel verwendet werden:

Z.: Der Friede sei mit diesem Haus.
A.: Und mit allen. die darin wohnen.

Oder:

Z.: Gelobt sei Jesus Christus.
A.: In Ewigkeit. Amen.

Dann stellt er das Gefäß mit dem Allerheiligsten auf den Tisch und verehrt das Sakrament zusammen mit allen Anwesenden in stiller Anbetung. Wo es tunlich ist, nimmt er nun Weihwasser und besprengt damit den Kranken und das Zimmer. Er kann dabei etwa folgende Worte sprechen:

Dieses geweihte Wasser erinnere uns an den Empfang der Taufe und an Christus, der uns durch sein Leiden und seine Auferstehung erlöst hat.

Danach wendet er sich an die Anwesenden mit folgenden oder ähnlichen der Situation des Kranken entsprechenden Worten:

Liebe Brüder und Schwestern, bevor unser Herr Jesus Christus aus dieser Welt zum Vater ging, hat er uns das Sakrament seines Leibes und Blutes hinterlassen. In der Stunde unseres Hinübergehens aus dieser Welt zum Vater sollen wir nach seinem Willen mit seinem Leib und Blut als Wegzehrung gestärkt und mit dem Unterpfand der Auferstehung versehen werden. Laßt uns nun beten für unseren Bruder (unsere Schwester), dem (der) wir in Liebe verbunden sind.

Alle beten eine Zeitlang in Stille.

Schuldbekenntnis

Der Zelebrant lädt den Kranken und die übrigen Umstehenden zum Schuldbekenntnis ein:

Brüder und Schwestern, damit wir diese heilige Feier recht begehen, prüfen wir uns selbst und bekennen unsere Schuld.

Es folgt eine kurze Stille, danach sprechen alle gemeinsam das Schuldbekenntnis:

Ich bekenne Gott, dem Allmächtigen,
und allen Brüdern und Schwestern,
daß ich Gutes unterlassen
und Böses getan habe
– ich habe gesündigt
in Gedanken, Worten und Werken –
durch meine Schuld, durch meine Schuld,
durch meine große Schuld.
Darum bitte ich die selige Jungfrau Maria,
alle Engel und Heiligen
und euch, Brüder und Schwestern,
für mich zu beten bei Gott, unserm Herrn.

Der Zelebrant beschließt das Schuldbekenntnis mit der Vergebungsbitte.

Der allmächtige Gott erbarme sich unser. Er lasse uns die Sünden nach und führe uns zum ewigen Leben.

A.: Amen.

Wortgottesdienst

Es ist sehr sinnvoll, an dieser Stelle eine kurze Lesung aus der Heiligen Schrift einzufügen: Einer der Anwesenden oder der Zelebrant selber trägt sie vor. Zum Beispiel:

Jesus spricht:

Wer mein Fleisch ißt und mein Blut trinkt, hat das ewige Leben, und ich werde ihn auferwecken am Letzten Tag. Denn mein Fleisch ist wirklich eine Speise, und mein Blut ist wirklich ein Trank. *(Joh 6,54–55)*

Wer mein Fleisch ißt und mein Blut trinkt, hat das ewige Leben, und ich werde ihn auferwecken am Letzten Tag. Denn mein Fleisch ist wirklich eine Speise, und mein Blut ist wirklich ein Trank. Wer mein Fleisch ißt und mein Blut trinkt, der bleibt in mir, und ich bleibe in ihm. Wie mich der lebendige Vater gesandt hat und wie ich durch den Vater lebe, so wird jeder, der mich ißt, durch mich leben. Dies ist das Brot, das vom Himmel herabgekommen ist. Mit ihm ist es nicht wie mit dem Brot, das die Väter gegessen haben; sie sind gestorben. Wer aber dieses Brot ißt, wird leben in Ewigkeit. *(Joh 6, 54–58)*

Ich bin der Weg und die Wahrheit und das Leben; niemand kommt zum Vater außer durch mich. *(Joh 14, 6)*

Wenn jemand mich liebt, wird er an meinem Wort festhalten; mein Vater wird ihn lieben, und wir werden zu ihm kommen und bei ihm wohnen. *(Joh 14, 23)*

Bleibt in mir, dann bleibe ich in euch. Wie die Rebe aus sich keine Frucht bringen kann, sondern nur, wenn sie am Weinstock bleibt, so könnt auch ihr keine Frucht bringen, wenn ihr nicht in mir bleibt. *(Joh 15, 4)*

Wort des Apostels Paulus:
Sooft ihr von diesem Brot eßt und aus dem Kelch trinkt, verkündet ihr den Tod des Herrn, bis er kommt.
(1 Kor 11, 26)

Eine kurze Erklärung des Textes kann sich anschließen.

Bekenntnis des Taufglaubens

Vor dem Empfang der Wegzehrung sollte der Kranke das Glaubensbekenntnis seiner Taufe erneuern. Der Zelebrant weist ihn mit entsprechenden Worten darauf hin und fragt ihn:

Glaubst du an Gott, den Vater, den Allmächtigen, den Schöpfer des Himmels und der Erde?
A.: Ich glaube.
Glaubst du an Jesus Christus, seinen eingeborenen Sohn, unseren Herrn, der geboren ist von der Jungfrau Maria, der gelitten hat und begraben wurde, von den Toten auferstand und zur Rechten des Vaters sitzt?
A.: Ich glaube.
Glaubst du an den Heiligen Geist, die heilige katholische Kirche, die Gemeinschaft der Heiligen, die Vergebung der Sünden, die Auferstehung der Toten und das ewige Leben?
A.: Ich glaube.

Fürbitten

Wenn das Befinden des Kranken es zuläßt, spricht der Zelebrant nun kurze Fürbitten. Der Kranke selber, so weit er kann, und alle Anwesenden antworten:

Liebe Brüder und Schwestern, laßt uns gemeinsam wie aus einem Herzen den Herrn Jesus Christus anrufen:

Herr, du hast uns geliebt bis ans Ende und bist in den Tod gegangen, um uns das Leben zu geben. Wir bitten dich für unseren Bruder (unsere Schwester).
Herr, erhöre uns.
A.: Christus, erhöre uns, Herr, erhöre uns.

Herr, du hast gesagt: wer mein Fleisch ißt und mein Blut trinkt, hat das ewige Leben. Wir bitten dich für unseren Bruder (unsere Schwester).
Herr, erhöre uns.
A.: Christus, erhöre uns, Herr, erhöre uns.

Herr, du lädst uns ein zu jenem Gastmahl, bei dem kein Schmerz und keine Trauer mehr sein werden, keine Traurigkeit und keine Trennung. Wir bitten dich für unseren Bruder (unsere Schwester).
Herr, erhöre uns.
A.: Christus, erhöre uns, Herr, erhöre uns.

Spendung der Wegzehrung

Dann leitet der Zelebrant mit etwa folgenden Worten das Gebet des Herrn ein:

Laßt uns alle zusammen zu Gott dem Vater beten, wie unser Herr Jesus Christus uns zu beten gelehrt hat:

Alle sprechen gemeinsam:

Vater unser …

Danach zeigt der Zelebrant das heilige Sakrament und spricht:

Seht das Lamm Gottes,
das hinwegnimmt die Sünde der Welt.

Wenn möglich, spricht der Kranke mit allen anderen, die die Kommunion empfangen:

Herr, ich bin nicht würdig,
daß du eingehst unter mein Dach,
aber sprich nur ein Wort,
so wird meine Seele gesund.
Selig, die zum Hochzeitsmahl des Lammes geladen sind.

Der Zelebrant tritt zum Kranken hin, zeigt ihm das Sakrament und spricht:

Der Leib Christi (oder: Das Blut Christi).

Der Kranke antwortet: Amen.
Der Zelebrant fügt unmittelbar, oder nachdem er die Kommunion gereicht hat, an:

Christus bewahre dich und führe dich zum ewigen Leben.

Der Kranke antwortet: Amen.

Die Anwesenden, die kommunizieren möchten, empfangen das Sakrament in der üblichen Weise. Wenn möglich, verweilen alle Teilnehmer eine Zeitlang in stillem Gebet.

Dann spricht der Zelebrant das Schlußgebet:

Laßt uns beten:
Gott, dein Sohn ist für uns
der Weg, die Wahrheit
und das Leben.
Schaue gnädig auf Herrn (Frau) N.
Er (Sie) hat sich deinen Verheißungen anvertraut
und ist nun gestärkt
durch den Leib und das Blut deines Sohnes.
Laß seine (ihre) Hoffnung nicht zuschanden werden.
Gib ihm (ihr) die sichere Zuversicht,
in dein Reich zu gelangen,
wo alles Licht und Leben ist.
Durch Christus, unsern Herrn.

A.: Amen.

Abschluß

Danach spricht der Zelebrant:

Der Herr sei immer bei dir,
er stärke dich mit seiner Kraft
und behüte dich in seinem Frieden.

Wenn Hostien übrig sind, kann der Zelebrant den Kranken segnen, indem er mit dem Allerheiligsten über ihn das Zeichen des Kreuzes macht.
Danach können der Zelebrant und die Anwesenden dem Kranken ein Zeichen der brüderlichen Liebe und des Friedens geben.

3.2 Die Feier der Krankensalbung

Die Tendenz des Rituals der „Feier der Krankensakramente“ zielt nicht auf eine Häufung von Sakramenten; es unterstreicht die Verpflichtung aller Gläubigen zum Empfang der Wegzehrung. Bei Bewußtlosigkeit eines Sterbenden oder wenn er nicht mehr schlucken kann, darf aber auch die Krankensalbung gefeiert werden. Der folgende Gottesdienst ist für diese Situation gedacht.
Die Krankensalbung in dieser Situation ist sicherlich nicht der Ort, die Frage nach dem Spender zu erörtern. Nur dort, wo ein Kranker lange Zeit von einem Diakon oder Laienseelsorger betreut wird, wäre auf Dauer zu überlegen, ob die Kirche die Feier der Krankensalbung nicht – wie dies bis in das 8. Jahrhundert üblich war – an diese delegieren sollte. Im Angesicht des Sterbens müßte aber auch dann am Priester als Vorsteher festgehalten werden, schon um der anderen Sakramente willen.

AUFBAU DER FEIER

Eröffnung

Gruß

Reichen des Weihwassers

Eröffnungsgebet oder Einführung

Schuldbekenntnis oder Reuegebet

Vergebungsbitte

Wortgottesdienst

Lesung

Gesang und / oder kurze Auslegung

Feier der Salbung

Anrufungen

Handauflegung

Lobpreis und Anrufung Gottes über dem Öl

Weihe des Krankenöls

Heilige Salbung

Gebet nach der Salbung

Gebet des Herrn

Abschluß

Eröffnung

GRUSS

Der Priester grüßt den Kranken / die Kranke und alle Anwesenden. Dabei kann er eine der folgenden Grußformeln verwenden.

Z.: Der Friede sei mit diesem Haus
und mit allen, die darin wohnen.

Oder:

Z.: Die Gnade des Herrn Jesus, der den Kranken seine Liebe schenkt, sei mit euch.

A.: Und mit deinem Geiste.

Die Feier kann auch mit einem Gesang beginnen.

REICHEN DES WEIHWASSERS

Ist Weihwasser vorhanden, nimmt der Priester davon und bekreuzigt sich damit. Er reicht es dem / der Kranken und den Anwesenden, damit sie sich selbst bekreuzigen, oder er besprengt sie. Dazu kann er sprechen:

Z.: Aus dem Wasser und dem Heiligen Geist hat Gott uns neues Leben geschenkt. Wir sind getauft im Namen des Vaters und des Sohnes und des Heiligen Geistes.

Oder:

Z.: Besprenge mich, Herr, und ich werde rein. Wasche ab meine Schuld, von meinen Sünden mache mich rein.

ERÖFFNUNGSGEBET ODER EINFÜHRUNG

Der Priester spricht:

Z.: Unser Herr Jesus Christus hat durch seinen Apostel Jakobus gesagt: „Ist einer von euch krank? Dann rufe er die Ältesten der Gemeinde zu sich; sie sollen Gebete über ihn sprechen und ihn im Namen des Herrn mit Öl salben. Das gläubige Gebet wird den Kranken retten, und der Herr wird ihn aufrichten; wenn er Sünden begangen hat, werden sie ihm vergeben."

Darum komme ich heute als Priester der Kirche zu Ihnen, unserem kranken Bruder / unserer kranken Schwester, um über Sie zu beten und Sie im Namen des Herrn mit Öl zu salben. Im gemeinsamen Gebet empfehlen wir Sie der Gnade und der Kraft Christi, damit er Ihnen Erleichterung und Heil schenke.

– Kurze Stille –

Z.: Laßt uns beten,
Herr Jesus Christus,
du bist unsere Hoffnung.
Wir haben uns in deinem Namen versammelt
und bitten dich vertrauensvoll:
Sei uns nahe
und beschütze unseren kranken Bruder /

unsere kranke Schwester N.
(und alle anderen Kranken in diesem Hause)
durch dein gütiges Erbarmen.
Der du lebst und herrschest in alle Ewigkeit.

A.: Amen.

SCHULDBEKENNTNIS

Wenn der / die Kranke die Beichte nicht früher ablegen konnte, kann dies jetzt geschehen. In diesem Fall bittet der Priester die übrigen Anwesenden, das Zimmer vorübergehend zu verlassen. Falls der / die Kranke nicht beichtet, folgt das Allgemeine Schuldbekenntnis, das der Priester mit den folgenden Worten einleitet:

Z.: Zur Vorbereitung auf die Feier der Krankensalbung wollen wir einen Augenblick innehalten und vor Gott und voreinander unsere Schuld bekennen.

– Stille –

Oder bei Bewußtlosigkeit des / der Kranken:

Z.: Laßt uns die eigene Schuld bekennen und stellvertretend für unseren schwerkranken Bruder / unsere schwerkranke Schwester das Schuldbekenntnis sprechen:

A.: Ich bekenne Gott, dem Allmächtigen,
und allen Brüdern und Schwestern,
daß ich Gutes unterlassen und Böses getan habe
– ich habe gesündigt
in Gedanken, Worten und Werken –
durch meine Schuld, durch meine Schuld,
durch meine große Schuld.
Darum bitte ich die selige Jungfrau Maria,
alle Engel und Heiligen
und euch, Brüder und Schwestern,
für mich zu beten bei Gott, unserem Herrn.

REUEGEBET

Es kann ein persönliches Reuegebet gesprochen werden.

Z.: Gott, himmlischer Vater, ich habe gesündigt;
ich kann meine Sünde nicht ungeschehen machen.
Du allein kannst Sünden vergeben.
Du hast deinen Sohn Jesus Christus gesandt,
daß er die Schuld der Welt auf sich nehme
und die Sünder zu dir zurückführe.
Herr Jesus Christus,
führe auch mich von meinen Irrwegen zurück
auf den Weg der Wahrheit und des Lebens.
Ich bekenne meine Sünde und bereue sie,
weil sie mich von dir fernhält.
Herr, verzeih mir und schenk mir deinen Geist,
damit ich deine Liebe erkenne
und sie dankbar erwidere.

VERGEBUNGSBITTE

Der Priester spricht:

Z.: Der allmächtige Gott erbarme sich unser. Er lasse uns die Sünden nach und führe uns zum ewigen Leben.
A.: Amen.

Oder:

Z.: Der allmächtige Gott erbarme sich deiner. Er lasse dir die Sünden nach und führe dich zum ewigen leben.
A.: Amen.

Wortgottesdienst

LESUNG

Einer der Anwesenden liest einen geeigneten Abschnitt aus der Heiligen Schrift vor.

Gebet Jesu am Ölberg *Mt 26,36–45*

Auch Jesus hatte Angst vor dem Leiden. Das vergessen wir oft. Aber er wollte mit uns Menschen alle Höhen und

Tiefen des Lebens teilen. Sein Beispiel schenkt uns Kraft und Mut.

Aus dem heiligen Evangelium nach Matthäus

In jener Zeit kam Jesus mit den Jüngern zu einem Grundstück, das man Getsémani nennt, und sagte zu ihnen: Setzt euch und wartet hier, während ich dort bete. Und er nahm Petrus und die beiden Söhne des Zebedäus mit sich. Da ergriff ihn Angst und Traurigkeit, und er sagte zu ihnen: Meine Seele ist zu Tode betrübt. Bleibt hier und wacht mit mir! Und er ging ein Stück weiter, warf sich zu Boden und betete: Mein Vater, wenn es möglich ist, gehe dieser Kelch an mir vorüber. Aber nicht wie ich will, sondern wie du willst. Und er ging zu den Jüngern zurück und fand sie schlafend. Da sagte er zu Petrus: Konntet ihr nicht einmal eine Stunde mit mir wachen? Wacht und betet, damit ihr nicht in Versuchung geratet. Der Geist ist willig, aber das Fleisch ist schwach. Dann ging er zum zweitenmal weg und betete: Mein Vater, wenn dieser Kelch an mir nicht vorübergehen kann, ohne daß ich ihn trinke, geschehe dein Wille. Als er zurückkam, fand er sie wieder schlafend, denn die Augen waren ihnen zugefallen. Und er ging wieder von ihnen weg und betete zum drittenmal mit den gleichen Worten. Danach kehrte er zu den Jüngern zurück und sagte zu ihnen: Schlaft ihr immer noch und ruht euch aus? Die Stunde ist gekommen; jetzt wird der Menschensohn den Sündern ausgeliefert.

Oder:

Der gute Hirt gibt sein Leben hin für die Schafe

Joh 10,11–18

Jesus selbst hat seine Sendung durch Gott mit dem Bild des guten Hirten umschrieben. Er ist uns Menschen in jeder Situation nahe, um uns zu helfen und zu schützen.

Aus dem heiligen Evangelium nach Johannes

In jener Zeit sprach Jesus: Ich bin der gute Hirt. Der gute Hirt gibt sein Leben hin für die Schafe. Der bezahlte

Knecht aber, der nicht Hirt ist und dem die Schafe nicht gehören, läßt die Schafe im Stich und flieht, wenn er den Wolf kommen sieht; und der Wolf reißt sie und jagt sie auseinander. Er flieht, weil er nur ein bezahlter Knecht ist und ihm an den Schafen nichts liegt.
Ich bin der gute Hirt; ich kenne die Meinen, und die Meinen kennen mich, wie mich der Vater kennt und ich den Vater kenne; und ich gebe mein Leben hin für die Schafe.
Ich habe noch andere Schafe, die nicht aus diesem Stall sind; auch sie muß ich führen, und sie werden auf meine Stimme hören; dann wird es nur eine Herde geben und einen Hirten.
Deshalb liebt mich der Vater, weil ich mein Leben hingebe, um es wieder zu nehmen. Niemand entreißt es mir, sondern ich gebe es aus freiem Willen hin. Ich habe Macht, es hinzugeben, und ich habe Macht, es wieder zu nehmen. Diesen Auftrag habe ich von meinem Vater empfangen.

GESANG UND / ODER KURZE AUSLEGUNG

Je nach Situation kann auf die Lesung ein Gesang (Psalm) und/oder eine Auslegung folgen.

Feier der Salbung

ANRUFUNGEN

Das Gebet soll der Situation möglichst angepaßt sein. Die Bitten können von den Anwesenden vorgetragen werden.

Z.: Laßt uns den Herrn bitten für unseren kranken Bruder / unsere kranke Schwester N. und für alle, die ihn / sie pflegen und die für ihn / sie sorgen:

V.: Herr, nimm dich gütig dieses / dieser Kranken an.
A.: Wir bitten dich, erhöre uns.
V.: Gib seinem / ihrem Körper neue Kraft.
A.: Wir bitten dich, erhöre uns.
V.: Laß seine / ihre Ängste schwinden.
A.: Wir bitten dich, erhöre uns.

V.: Befreie ihn / sie von aller Sünde und aller Versuchung.
A.: Wir bitten dich, erhöre uns.
V.: Eile allen Kranken mit deiner Gnade zu Hilfe.
A.: Wir bitten dich, erhöre uns.
V.: Stärke mit deiner göttlichen Hilfe alle, die ihnen beistehen.
A.: Wir bitten dich, erhöre uns.
V.: Schenke diesem (dieser) Kranken, dem (der) wir in deinem Namen die Hände auflegen, Leben und Heil.
A.: Wir bitten dich, erhöre uns.

Oder:

Z.: Aus der Kraft unseres gemeinsamen Glaubens wenden wir uns in vertrauensvollem Gebet an Jesus Christus und bitten ihn inständig für unseren Bruder (unsere Schwester) N.:

Herr Jesus Christus:

– Schenke ihm (ihr) deine Hilfe
und stärke ihn (sie) durch die heilige Salbung.
– Gib ihm (ihr) Geduld, seine (ihre) Krankheit zu tragen.
– Lindere seine (ihre) Leiden
und die aller Kranken (dieses Hauses).
– Führe ihn (sie) und alle Kranken durch ihr Leid näher zu dir.
– Gib allen, die ihm (ihr) helfen, und allen, die in der Krankenpflege tätig sind, Kraft für ihre Aufgabe.
– Schenke diesem (dieser) Kranken
durch die Handauflegung Leben und Heil.

HANDAUFLEGUNG

Der Priester legt schweigend dem (der) Kranken eine Zeitlang die Hände auf.

LOBPREIS UND ANRUFUNG GOTTES ÜBER DEM ÖL

Steht vom Bischof geweihtes Krankenöl zur Verfügung, spricht der Priester den Lobpreis und die Anrufung Gottes über dem Öl.

Z.: Sei gepriesen, Gott, allmächtiger Vater: Für uns und zu unserem Heil hast du deinen Sohn in diese Welt gesandt.
Wir loben dich.
A.: Wir preisen dich.

Z.: Sei gepriesen, Gott, eingeborener Sohn: Du bist in die Niedrigkeit unseres Menschenlebens gekommen, um unsere Krankheiten zu heilen.
Wir loben dich.
A.: Wir preisen dich.

Z.: Sei gepriesen, Gott, Heiliger Geist, du unser Beistand: Du gibst uns Kraft und stärkst uns in den Gebrechlichkeiten unseres Leibes.
Wir loben dich.
A.: Wir preisen dich.

Z.: Herr, schenke deinem Diener / deiner Dienerin, der / die mit diesem heiligen Öl in der Kraft des Glaubens gesalbt wird, Linderung seiner / ihrer Schmerzen und stärke ihn / sie in seiner / ihrer Schwäche.
Durch Christus, unseren Herrn.
A.: Amen.

WEIHE DES KRANKENÖLS

Steht kein vom Bischof geweihtes Krankenöl zur Verfügung, segnet der Priester das Öl, das reines Pflanzenöl sein muß.

Z.: Laßt uns beten:
Herr und Gott, du Vater allen Trostes.
Du hast deinen Sohn gesandt,
den Kranken in ihren Leiden Heilung zu bringen.
So bitten wir dich:
Erhöre unser gläubiges Gebet.
Sende deinen Heiligen Geist vom Himmel her
auf dieses Salböl herab.
Als Gabe deiner Schöpfung
stärkt und belebt es den Leib.
Durch deinen Segen + werde das geweihte Öl
für alle, die wir damit salben,

ein heiliges Zeichen deines Erbarmens,
das Krankheit, Schmerz und Bedrängnis vertreibt,
heilsam für den Leib, für Seele und Geist.
Im Namen unseres Herrn Jesus Christus,
der mit dir lebt und herrscht in alle Ewigkeit.

A.: Amen.

HEILIGE SALBUNG

Der Priester nimmt das heilige Öl und salbt den Kranken / die Kranke auf der Stirn und auf den Händen. Er spricht bei der Salbung auf der Stirn:

Z.: Durch diese heilige Salbung
helfe dir der Herr in seinem reichen Erbarmen,
er stehe dir bei mit der Kraft des Heiligen Geistes:

A.: Amen.

Bei der Salbung auf den Händen spricht er:

Z.: Der Herr, der dich von Sünden befreit, rette dich, in seiner Gnade richte er dich auf.

A.: Amen.

GEBET NACH DER SALBUNG

Als Überleitung zum Gebet nach der Salbung können Kyrie-Rufe gesprochen werden.

V.: Herr Jesus Christus, du hast unsere Schwachheiten auf dich genommen und unsere Schmerzen getragen:
Herr, erbarme dich (unser).

A.: Herr, erbarme dich (unser).

V.: Du hast dich in Liebe des Volkes erbarmt, hast Wohltaten gespendet und Kranke geheilt:
Christus, erbarme dich (unser).

A.: Christus, erbarme dich (unser).

V.: Du hast deinen Aposteln aufgetragen, den Kranken die Hände aufzulegen:
Herr, erbarme dich (unser).

A.: Herr, erbarme dich (unser).

Z.: Herr Jesus Christus,
du bist der Erlöser aller Menschen;
in deinem Leiden
hast du unsere Schmerzen auf dich genommen
und unsere Schwachheit getragen.
Wir bitten dich
für unseren kranken Bruder /
unsere kranke Schwester N.:
Richte ihn / sie auf durch die Hoffnung auf dein Heil
und sei ihm / ihr Halt in seiner / ihrer Krankheit.
Der du lebst und herrschest in alle Ewigkeit.
A.: Amen.

Oder:

Z.: Laßt uns beten.
Herr Jesus Christus,
du bist Mensch geworden,
um uns aus aller Not zu befreien.
Sieh in Liebe auf unseren Bruder (unsere Schwester) N.,
der (die) von dir Heil für Leib und Seele erwartet.
Richte ihn (sie) auf durch deine Macht
und tröste ihn (sie) durch deine Hilfe,
damit er (sie) neue Kräfte gewinnt
und jedes Übel überwindet.
Du hast ihn (sie) in dein Leiden hineingenommen.
So schenke ihm (ihr) auch Anteil an deiner Herrlichkeit.
Der du lebst und herrschest in Ewigkeit.
A.: Amen.

GEBET DES HERRN

Der Priester lädt mit etwa folgenden Worten alle ein, das Gebet des Herrn zu sprechen.

Z.: Laßt uns das Gebet beschließen mit den Worten, mit denen der Herr uns zu beten gelehrt hat:

Oder:

Z.: Laßt uns gemeinsam um das Kommen des Gottesreiches rufen, so wie der Herr es uns gelehrt hat:
A.: Vater unser …

Abschluß

Die Feier schließt mit dem Segen des Priesters.

Z.: Es segne dich Gott, der Vater.
A.: Amen.
Z.: Es heile dich Gott, der Sohn,
A.: Amen.
Z.: Es stärke dich Gott, der Heilige Geist.
A.: Amen.
Z.: Er behüte dich und richte dich wieder auf.
A.: Amen.
Z.: Er erfülle dein Herz mit seinem Licht und führe dich zum himmlischen Leben.
A.: Amen.
Z.: Es segne dich
(und euch alle, die ihr hier versammelt seid) der allmächtige Gott,
der Vater und der Sohn + und der Heilige Geist.
A.: Amen.

Oder:

Z.: Jesus Christus, der Herr, sei bei dir und beschütze dich.
A.: Amen.
Z.: Er gehe vor dir her und geleite dich, er stehe hinter dir und schirme dich.
A.: Amen.
Z.: Er schaue dich gnädig an, bewahre dich und segne dich.
A.: Amen.
Z.: Es segne dich
(und euch alle, die ihr hier versammelt seid)
der allmächtige Gott,
der Vater und der Sohn + und der Heilige Geist.
A.: Amen.

3.3 Die Feier der Versöhnung

Zu den Sakramentsfeiern, die einem Sterbenden Hilfe und Trost bringen können, gehört auch die Feier der Buße. Die volle sakramentale Form kann dabei nur ein Priester oder Bischof leiten. Ihr Wesen besteht in der Versöhnung, die Gott dem reumütigen und bekenntniswilligen Menschen gewährt, wie es Jesus im Gleichnis vom barmherzigen Vater gezeichnet hat. Bei bewußtlosen Sterbenden kann die *Generalabsolution,* notfalls auch in bedingter Form, gegeben werden:

Z.: Wenn du noch lebst und du dessen bedarfst, erteile ich dir nun die sakramentale Generalabsolution.

Wenn Zeit bleibt:

Z.: Wir beten zunächst das Gebet des Herrn und bitten um Vergebung unserer Sünden:
A.: Vater unser im Himmel …

Z.: Gott, der barmherzige Vater,
hat durch den Tod und die Auferstehung seines Sohnes
die Welt mit sich versöhnt
und den Heiligen Geist gesandt
zur Vergebung der Sünden.
Durch den Dienst der Kirche
schenke er dir Verzeihung und Frieden.
So spreche ich dich los von deinen Sünden
im Namen des Vaters + und des Sohnes
und des Heiligen Geistes.
A.: Amen.

Wenn kein Priester erreichbar ist, kann mit dem Sterbenden auch ein kurzer Bußgottesdienst gehalten werden.

Bußgottesdienst mit einem Sterbenden

Das liturgische Buch „Die Feier der Buße" (Studienausgabe. Einsiedeln u. a. 1974) enthält auch einen „Bußgottesdienst für Kranke" (S. 123–128). Dieser wird im folgenden angepaßt an die Situation eines Schwerkranken, der

- beichten will, ohne daß sich in angemessener Zeit ein Priester finden läßt, oder
- keine persönliche Beichte wünscht, aber für die Bedeutung von Buße und Umkehr aufgeschlossen ist, oder
- sich auf diese Weise auf eine persönliche Beichte vorbereiten will. Dieser Bußgottesdienst kann von einem beauftragten Laien gehalten werden.

AUFBAU DER FEIER

Eröffnung

Begrüßung und Einführung
Gebet

Wortgottesdienst

Lesung aus der heiligen Schrift
kurze Stille oder Auslegung
Allgemeines Schuldbekenntnis
Vaterunser mit Vergebungsbitte

Abschluß

Danksagung

Begrüßung

Z.: Lieber Herr N. (Liebe Frau N.), wir haben abgesprochen, einen Bußgottesdienst zu halten. Buße im Sinne Jesu Christi bedeutet umzukehren, heißt seine Hoffnung nicht auf die eigenen Kräfte, sondern ganz auf Jesus Christus zu setzen. Er hat seine Verkündigung begonnen mit der Aufforderung: „Die Zeit ist erfüllt, das Reich Gottes ist nahe. Kehrt um und glaubt an das Evangelium" (Mk 1,15). Sie dürfen sich, so wie Sie sind, mit ihren Schwächen, Sorgen und Ängsten dem Herrn anvertrauen.

Wir beten mit den Worten eines Liedes (GL 178):

Wir danken dir, Herr Jesus Christ,
daß du für uns gestorben bist
und hast uns durch dein teures Blut
gemacht vor Gott gerecht und gut.

Wir bitten, wahrer Mensch und Gott,
Durch deine Wunden, Schmach und Spott
erlös uns von dem ewgen Tod
und tröst uns in der letzten Not.

Behüt uns auch vor Sünd und Schand
und reich uns dein allmächtig Hand,
daß wir im Kreuz geduldig sein,
getröstet durch dein schwere Pein.

Und schöpfen draus die Zuversicht,
daß du uns wirst verlassen nicht,
sondern ganz treulich bei uns stehn,
daß wir durchs Kreuz ins Leben gehn.

Oder:

Gott, du bist mein Herr und mir doch ganz nahe.
Du hast mir mein Leben gegeben mit allen Begabungen, Fähigkeiten und Kräften. Ich habe mich bemüht, sie einzusetzen, aber oft bin ich kein guter Verwalter gewesen. Ich weiß, daß es in meinem Leben neben viel Gutem und Schönem auch Versagen und Sünde gab. Sende mir deinen Heiligen Geist, daß ich mich löse von allem, was falsch war, daß ich es bereue und daß ich mich in dieser Stunde ganz dir übergebe. Darum bitte ich dich mit Christus, meinem Bruder und Herrn. Amen.

Wortgottesdienst

Z.: Wir hören ein Wort aus der Heiligen Schrift über die Versöhnungsbereitschaft Gottes:

Gott hat die Welt so sehr geliebt, daß er seinen einzigen Sohn hingab, damit jeder, der an ihn glaubt, nicht zugrunde geht, sondern das ewige Leben hat. Denn Gott hat seinen Sohn nicht in die Welt gesandt, damit er die

Welt richtet, sondern damit die Welt durch ihn gerettet wird. *(Joh 3,16f.)*

Er (der Gott und Vater unseres Herrn Jesus Christus) hat sie (seine herrliche Gnade) uns geschenkt in seinem geliebten Sohn; durch sein Blut haben wir die Erlösung, die Vergebung der Sünden nach dem Reichtum seiner Gnade. *(Eph 1,7)*

Dankt dem Vater mit Freude! Er hat euch fähig gemacht, Anteil zu haben am Los der Heiligen, die im Licht sind. Er hat uns der Macht der Finsternis entrissen und aufgenommen in das Reich seines geliebten Sohnes. Durch ihn haben wir die Erlösung, die Vergebung der Sünden. *(Kol 1,12f.)*

Gott wollte mit seiner ganzen Fülle in ihm (Christus) wohnen, um durch ihn alles zu versöhnen. Alles im Himmel und auf Erden wollte er zu Christus führen, der Frieden gestiftet hat am Kreuz durch sein Blut. *(Kol 1,19f.)*

Wenn wir sagen, daß wir keine Sünde haben, führen wir uns selbst in die Irre, und die Wahrheit ist nicht in uns. Wenn wir unsere Sünden bekennen, ist er treu und gerecht; er vergibt uns die Sünden und reinigt uns von allem Unrecht. Wenn wir sagen, daß wir nicht gesündigt haben, machen wir ihn zum Lügner, und sein Wort ist nicht in uns. Meine Kinder, ich schreibe euch dies, damit ihr nicht sündigt. Wenn aber einer sündigt, haben wir einen Beistand beim Vater: Jesus Christus den Gerechten. Er ist die Sühne für unsere Sünden, aber nicht nur für unsere Sünden, sondern auch für die der ganzen Welt. *(1 Joh 1,8–2,2)*

Nach der Lesung kann eine kurze Stille oder kurze Auslegung folgen.

ALLGEMEINES SCHULDBEKENNTNIS

Z.: Wir bekennen vor Gott und einander unsere Schuld:

Ich bekenne Gott, dem Allmächtigen,
und allen Brüdern und Schwestern,
daß ich Gutes unterlassen
und Böses getan habe
– ich habe gesündigt
in Gedanken, Worten und Werken –
durch meine Schuld, durch meine Schuld,
durch meine große Schuld.
Darum bitte ich die selige Jungfrau Maria,
alle Engel und Heiligen
und euch, Brüder und Schwestern,
für mich zu beten bei Gott, unserm Herrn.

Oder:

Z.: Herr, unser Gott, ich trage den Namen deines Sohnes und nenne dich meinen Vater. Ich bereue, daß ich dich beleidigt und meinen Mitmenschen Unrecht getan habe.

Gib mir den Geist wahrer Buße und erwecke in mir die Liebe zu dir und zu den Nächsten.

Herr Jesus Christus, durch dein Leiden und Kreuz hast du mich erlöst und mir ein Beispiel der Buße und der Liebe gegeben. Es tut mir leid, daß ich dich beleidigt und dir und meinen Mitmenschen nicht genug gedient habe.

Gib mir den Geist wahrer Buße und erwecke in mir die Liebe zu dir und zu den Nächsten.

Gott, Heiliger Geist, du sprichst zu mir im Wort der Kirche und in meinem Gewissen und du bewegst mein Herz zum Guten. Ich bereue, daß ich dich durch meinen Ungehorsam und meine Herzenshärte beleidigt habe.

Gib mir den Geist wahrer Buße und erwecke in mir die Liebe zu dir und zu den Nächsten.

Oder: Psalm 51 (in Auswahl)

Gott, sei mir gnädig nach deiner Huld,
tilge meine Frevel nach deinem reichen Erbarmen.
Wasch meine Schuld von mir ab,
und mach mich rein von meiner Sünde!
Denn ich erkenne meine bösen Taten,
meine Sünde steht mir immer vor Augen.
Gegen dich allein habe ich gesündigt,
ich habe getan, was dir mißfällt.
Erschaffe mir, Gott, ein reines Herz,
und gib mir einen neuen, beständigen Geist!
Verwirf mich nicht von deinem Angesicht,
und nimm deinen heiligen Geist nicht von mir!

VERGEBUNGSBITTE

Z.: Wir wollen nun zu Gott, unserem Vater, beten, daß er uns unsere Schuld vergebe, und uns vom Bösen erlöse mit den Worten, die Jesus uns gelehrt hat:

Vater unser im Himmel …

DANKSAGUNG

Die Feier schließt mit einer Danksagung:

Z.: Gott des Trostes und Vater des Erbarmens, du vergibst die Sünden denen, die sie dir bekennen:

A.: Wir loben dich und preisen dich.

Z.: Gott des Trostes und Vater des Erbarmens, du gibst denen, die niedergeschlagen sind und von Schmerzen geplagt werden, Anteil am Leiden deines Sohnes zum Heil der ganzen Welt:

A.: Wir loben dich und preisen dich.

Z.: Gott des Trostes und Vater des Erbarmens, du liebst die Bedrängten und Trauernden, gibst ihnen Hoffnung auf das Heil und verheißest ihnen ewiges Leben:

A.: Wir loben dich und preisen dich.

Z.: Laßt uns beten:
Deine Güte, Herr, ist unermeßlich
und dein Erbarmen ohne Grenzen.
Ich danke dir für das Gute,
das ich empfangen habe, und bitte dich:
Bewahre mich in lebendigem Glauben,
in fester Hoffnung
und in aufrichtiger Liebe zu dir und zum Nächsten.
Darum bitte ich durch Christus, unseren Herrn.

A.: Amen.

3.4 Der Versehgang (Bußsakrament, Krankensalbung und Wegzehrung)

„Die Feier der Krankensakramente" enthält für Notfälle auch noch den Versehgang: die Feier der Versöhnung, der Krankensalbung und der Wegzehrung in einer zusammenhängenden Abfolge.

Das Bußsakrament

Der Priester soll aufmerksam darauf achten, ob der (die) Kranke beichten will. Falls der (die) Kranke seine (ihre) Bereitschaft zu erkennen gibt, die sakramentale Lossprechung zu empfangen, aber sich nur schwer zu äußern vermag, soll der Priester ihm (ihr) helfen, Reue zu erwecken; er wird das Allgemeine Schuldbekenntnis (zusammen mit den Anwesenden) vorsprechen und ihm (ihr) dann die Absolution erteilen. In der Regel aber soll der (die) Kranke das Sakrament der Buße nach Möglichkeit schon vor der Feier der Krankensalbung und der Wegzehrung empfangen. Kann die Beichte erst während der Feier geschehen, steht sie an deren Beginn, vor der Krankensalbung. Sonst steht an dieser Stelle das Allgemeine Schuldbekenntnis.

Die Reihenfolge der Sakramente

Obwohl die Krankensalbung an sich kein Sterbesakrament ist, übt sie ihre aufrichtende und stärkende Wirkung auch in der Todeskrankheit aus. Wenn der (die) Kranke sie zu empfangen wünscht, werden die Sakramente in folgender Reihenfolge gefeiert: Buße (Firmung) – Krankensalbung – Wegzehrung.

Bei Todesgefahr kann dem (der) Kranken die Krankensalbung mit einer einzigen Salbung erteilt und dann sofort die Wegzehrung gereicht werden. Bei unmittelbarer Todesgefahr versehe man Sterbende sogleich mit der heiligen Kommunion der Wegzehrung.

Das Sakrament der Firmung

Die Firmung in Todesgefahr und die Krankensalbung sollen möglichst nicht in einem zusammenhängenden Ritus gespendet werden, damit nicht die beiden Sakramente, von denen jedes eine Salbung enthält, verwechselt werden. Wenn es aber doch notwendig ist, beide Sakramente zu spenden, soll die Firmung unmittelbar dem Dankgebet über das Öl oder der Weihe des Krankenöls vorausgehen. In diesem Fall unterbleibt die zur Feier der Krankensalbung gehörende Handauflegung.

AUFBAU DER FEIER

Eröffnung

Gruß
Verehrung der Eucharistie
Reichen des Weihwassers
Einführung – Schriftwort
Schuldbekenntnis

Feier der Buße

Ablaß in der Sterbestunde
Bekenntnis des Glaubens
Fürbitten

Spendung der Firmung

Feier der Krankensalbung

Handauflegung und stilles Gebet
Lobpreis und Anrufung Gottes über dem Öl
Weihe des Krankenöls
Heilige Salbung

Wegzehrung

Gebet des Herrn
Einladung zur Kommunion
Kommunion mit besonderen Spendeworten
Gebet nach der Kommunion

Abschluß

Die Texte siehe „Die Feier der Krankensakramente" Seite 134–145.

4. Gebete in der Sterbestunde

4.1 Vor Eintritt des Todes

Zur religiösen Sterbebegleitung gehören auch kurze gemeinsame Gebete und ein Segenswort. Bei starker Entkräftung des Sterbenden empfiehlt es sich, auf vertraute Texte zurückzugreifen, damit der Sterbende sie leicht mitvollziehen kann.

Lieder vor Eintritt des Todes

Zu den vertrauten Texten gehören auch die Kirchenlieder. Sie sind nach der Grundstimmung des Sterbenden auszuwählen; manchmal wird man eine sinnvolle Kürzung vornehmen. Die folgenden Lieder des „Gotteslob“ scheinen geeignet zu sein:

GL 106 Kündet allen in der Not
GL 107 Macht hoch die Tür
GL 110 Wachet auf, ruft uns die Stimme
GL 113 Mit Ernst, o Menschenkinder
GL 157 Der du die Zeit in Händen hast,
Herr, nimm auch meines Lebens Last
GL 162 Aus der Tiefe unsrer Todesangst
GL 164 Erbarme dich, erbarm dich mein
GL 169 O Herr, aus tiefer Klage
GL 178 O Haupt voll Blut und Wunden
GL 182 O du hochheilig Kreuze
GL 214 Christus, Sieger über Schuld und Sünde
GL 250 Komm, o Tröster, Heilger Geist
GL 264 Mein ganzes Herz erhebet dich
GL 279 Dreifaltiger verborgner Gott
GL 289 Herr, deine Güt ist unbegrenzt
GL 290 Gott wohnt in einem Lichte
GL 292 Wer unterm Schutz des Höchsten
GL 293 Auf dich allein ich baue
GL 294 Was Gott tut

GL 304 Zieh an die Macht
GL 305 Gott der Vater steh uns bei
GL 472 O Jesu, all mein Leben bist du
GL 499 Ehre sei dir, Christe
GL 523 Du rufst uns, Herr
GL 552 Alles Leben ist dunkel
GL 553 Du König auf dem Kreuzesthron
GL 559 Mein schönste Zier und Kleinod
GL 565 Komm, Herr Jesus, komm
GL 571 Sei gegrüßt, o Königin
GL 582 O Maria, sei gegrüßt
GL 584 Christi Mutter stand mit Schmerzen
GL 595 Maria, breit den Mantel aus
GL 616 Mir nach, spricht Christus
GL 621 Ich steh vor dir mit leeren Händen, Herr
GL 639 Ein Haus voll Glorie
GL 652 Jesu starb den Tod
GL 654 Mitten wir im Leben
GL 655 Wir sind mitten im Leben
GL 656 Wir sind nur Gast auf Erden
GL 659 O Welt, ich muß dich lassen
GL 660 Nun lässest du, o Herr
GL 706 Dich, Gott, loben wir

Nach der Wegzehrung

GL 473 Im Frieden dein
GL 503 O wunderbare Speise
GL 538 O heiliger Leib des Herrn
GL 540 Sei gelobt, Herr Jesu Christ
GL 546 Gottheit, tief verborgen
GL 547 Das Heil der Welt
GL 550 O lieber Jesu, denk ich dein
GL 554 Wie schön leuchtet der Morgenstern

Gebete vor Eintritt des Todes

Wie ein Weizenkorn

Gott, ich bin ein Weizenkorn in deiner Hand,
Aber ich sträube mich, daß du mich aussäst,
denn ich will mich behalten. –
Du pflügst die harte Erde in mir auf.
Deshalb rechte und hadere ich mit dir,
denn das tut weh,
und ich will mich bewahren.

Doch du sagst mir:
Neues Leben entstehe nur,
wenn ich mich hergebe und hingebe.
Erst wenn ich bereit sei, mich zu verlieren,
könne ich mich gewinnen.

Gott, dann wage ich es und laß es mit mir geschehen.
Ich bin ein Weizenkorn in deiner Hand:
Streu mich aus,
schick Regen, schenk Sonne,
gib Leiden oder Freuden!
Wenn ich nur reife unter deiner Liebe
zur Frucht des Lebens!

Erich Legler

Herr, Du weißt,

daß wir erschrocken und verschüchtert sind,
verbittert, erschüttert, verstummt.
Wir werden mit dem Tod nicht fertig.
Wir werden mit unserer Trauer nicht fertig.
Wir werden mit unserem eigenen Leben nicht mehr fertig.

Die Todesangst verschließt mir jede Lebensfreude.
Du kennst meine Todesangst. Du erkennst sie.

Herr, sage mir, wie lange ich noch zu leben habe,
damit ich mir bewußt mache,
daß ich vergänglich bin, entbehrlich, sterblich.

Ach Herr, nein, sag es mir nicht!
Ich will leben. Ich will leben.

Und doch, was bin ich denn?
Du hast meinem Leben ein Ende bestimmt,
und immer werde ich sagen und klagen:
Es ist zu früh, ich will leben.

Und doch, jeder Mensch ist nur ein Hauch des Windes,
wie ein Schatten – Lärm um nichts.
Meine Hoffnung richtet sich an dich, Herr! Unseren Stolz zerstörst du,
unseren Eifer läßt du ins Leere laufen.
Herr, ich leide unter dir, ich begreife dich nicht.
Herr, wenn ich Mut habe, meine Angst heraus zu schreien,
dann schweige nicht.

Herr, wenn ich wieder wage zu weinen,
dann laß mich nicht allein.

Herr, wenn ich sterbe, mach du mich ruhig.
Denn du bist meine Hoffnung.
Amen.

Hans Overkämping

Die letzte Brücke

Zwei Hände voller Zärtlichkeit und Liebe
sanft auf der Stirn,
der Hand des sterbenden Menschen und das Gebet:
Herr, Jesus Christus, Sohn Gottes,
des Lebendigen, erbarm Dich unser.

Klemens Jockwig

Gebet

Manchmal wurde es mir bewußt, in den Augenblicken des Glücks und in den Stunden des Leidens, daß meine ungestillte Sehnsucht dich meinte und suchte, unbegreiflicher Gott.

Jetzt, da jede Erfüllung zerbricht, mutest du mir die letzte Leere zu und den Glauben, daß im endlichen Tod unendliches Leben ist.

Tröste und stärke mich, wenn ich mich festhalte an dir, gekreuzigter Jesus.
Wandle meine Verlassenheit, schenk mir Geborgenheit, so daß ich mich loslassen kann, weil du mich in deiner Liebe umfängst, die mich schon immer umhüllte – es ist alles erfüllt.

Ich warte auf dich, der du immer schon bei mir warst.
Wenn du jetzt kommst, hast du die Wohnung bereitet, damit ich endlich dort bin, wo du bist, und mit dir schaue den Unbegreiflichen, den schon immer Gesuchten, Geliebten – von Angesicht zu Angesicht.

Klemens Jockwig

Gott, ich glaube an deine Nähe

Gott, ich glaube an deine Nähe, auch wenn ich dich nicht sehe; ich glaube an deine Liebe, auch wenn ich sie nicht spüre:

Ich glaube an deine Weisheit, auch wenn ich sie nicht begreife. Ich vertraue dir, auch wenn ich deine Hände nicht ergreifen kann. Du weist den Weg für mich, Gott, ich warte auf dein Heil!

Gott, auf dem Weg in den Tod hast du uns Hoffnung gegeben.
Hilf uns, einander zu trösten, wenn die Angst nach uns greift. Geleite uns durch die frohen und schweren Stunden unseres Lebens, bis du aller Not ein Ende machen wirst und uns schauen läßt, worauf wir hoffen. Das bitten wir durch Jesus, deinen Sohn, den du auferweckt hast und der bei dir lebt in alle Ewigkeit.
Amen.

Gott, ich weiß, daß du mich liebst, darum nehme ich alles, was kommt aus deinen Händen: Leben und Sterben.

Laß mich bereit sein, wenn du mich rufst und laß mich geborgen bleiben in deiner Liebe in Zeit und Ewigkeit. Amen.

Jürgen Martin

Mach's mit mir gut

Gebet bei einem Sterbenden

Das Dunkel wächst,
die Schatten werden lang,
von ferne nur streift Licht
mein Angesicht.
Komm mir entgegen, du,
entbinde mich von allem,
was mich fesselt,
heile meine Wunden,
sammle meine Ernte ein.
Nimm mich in deine Hut und mach's mit mir,
mach's mit uns allen gut.

Werner Posner

Gebet mit Sterbenden

Guter Gott,
mein Leben ist mir zu schwer geworden. Zu schwer, als daß ich es noch tragen könnte.

In dir will ich meine Ruhe finden. Ruhe von meinen Schmerzen, Ruhe von aller Last. Ich möchte mich ganz fallen lassen.

Aber was wird dann sein?
Deine Hand möchte ich finden. Deine Hand, die mich auffängt, die mich hält. Da will ich mich sicher fühlen und in dir geborgen sein.
Amen.

Willi Everding

Gebet am Sterbebett

Gott, ich will den Schritt nun wagen,
denn ich bleib' in deiner Hand.

Gott, ich will nun nicht mehr zagen
vor dem unbekannten Land.

Fest hält mich dein gutes Wort:
Ich bin dein Kind!
Hier und dort.

Willi Everding

Gebet einer Mutter

Vater, ich möchte schreien, so brennt der Schmerz in mir,
doch fehlen mir die Worte – mein Kind stirbt.
Ich weiß, es wird … gut gehen bei dir,
die Schmerzen haben ein Ende,
der kleine Körper wird Ruhe finden,
aber ich will … nicht hergeben.
Alles Hoffen war vergebens, aber du gabst uns Zeit,
Zeit bei … zu sein, … zu begleiten, Zeit mit …
Steh mir bei in meiner Hilflosigkeit, in meiner Ohnmacht.
Gib mir Kraft, mein Kind des Weges zu geleiten,
und … in Frieden gehen zu lassen in der Gewißheit,
daß du … behütest in deiner Gnade
und im Lichte deiner Barmherzigkeit.

Ute Riegas-Gundlach

Du kannst nicht tiefer fallen

Du kannst nicht tiefer fallen als nur in Gottes Hand,
die er zum Heil uns allen barmherzig ausgespannt.
Es münden alle Pfade durch Schicksal, Schuld und Tod
doch ein in Gottes Gnade trotz aller unserer Not.
Wir sind von Gott umgeben auch hier in Raum und Zeit
und werden in ihm leben und sein in Ewigkeit.

Arno Pötzsch

Gott, von dir sich abwenden, heißt: fallen;
zu dir sich hinwenden, heißt: auferstehen;
in dir bleiben, heißt: sichern Beistand haben;
Gott, dich verlassen, heißt: sterben;
zu dir heimkehren, heißt: neu zum Leben erwachen;
in dir weilen, heißt: leben.

Augustinus

Wenn du jetzt gehst

Wenn du jetzt gehst, mein Kind, geh in der Gewißheit,
daß wir dich lieben.
Wenn du jetzt gehst, mein Kind, geh in der Gewißheit,
daß wir dich geleiten.

Wenn du jetzt gehst, mein Kind,
geh dem Licht entgegen, das dir zeigt,
daß Gott auf dich wartet und dich zu neuem,
ewigem Leben ruft –
und wisse, daß du uns fehlen wirst.

Ute Riegas-Gundlach

Vieles muß ich loslassen

Gott, mein Vater,
vieles muß ich jetzt loslassen,
was ich bisher festgehalten habe,
und manches weggeben,
an dem ich gehangen bin.
Meine Wege hast du durchkreuzt,
meine Pläne gelten nicht mehr.
Du hast anderes mit mir vor.
Deine Gedanken sind nicht meine Gedanken.
Dein Wille ist ganz anders als der meine.
Soll ich mich wehren,
kann ich fliehen vor dir? –
Du hast mich eingeholt
und hast mich überwältigt.

Jetzt lasse ich mich in dich hineinfallen
und vertraue mich dir an:
Mein Leben ist in deiner Sorge.
Tue mit mir, was du willst.
Aber liebe mich! Amen.

Erich Legler

Gebet mit einem Sterbenden

O Gott!
Mein Leben war schwer.
Du hast es mir schwer gemacht.
Schwer zu glauben, daß es deine Liebe war,
alles, was
mein Herz beschwerte.
Nun das Schwerste:
der Abschied von allem,
was mir lieb ist.
Ich bitte um dein Wunder:
Raube mir nicht das Leben –
löse mich,
daß ich los und frei werde
für das Neue
von dir. Amen

Karl Heinz Backofen

Herr Jesus, mir ist angst

Herr Jesus, mir ist angst, und mein Kreuz wird schwer: Ich stürze in tiefe Nacht. Ich weiß nicht mehr ein noch aus. Bleib bei mir! Verlaß mich nicht!

Vergib mir meine Sünden! Nimm meine Hand und führe mich zum Ziel, auch wenn ich nichts fühle von deiner Macht. Laß mich dir leben und dir sterben, damit ich dein bin in Zeit und in Ewigkeit.
Amen.

Jürgen Martin

Der Herr segne dich

Der Herr segne dich
und erwarte dich
am Ufer des Lebens im Licht –
jetzt, da der Tod alles Irdischen
an deine Türe klopft
und dich herausruft aus dem Land,
das sich ernährt,
aus dem Kreis der Menschen,
mit denen du gelebt hast.

Er mache dir den Abschied leicht
und schicke dir seinen Engel entgegen,
der dich begleitet
durch das unbekannte Tor des Todes
und dich in das verheißene Land führt,
wo die Sonne nicht mehr untergeht.

Er erlöse dich von der Angst,
ins Leere zu fallen
und schenke dir die Freude,
daß du ihn schaust,
der all deine Schuld vergibt
und deine Wunden heilt,
die Wunden der Angst und
nicht erfahrener Liebe,
die Wunden des Schmerzes
und des nicht Gelungenen.

Er zeige dir deine wahre Heimat –
und lasse dich glücklich sein
in Seinem Himmel –
Ihm nahe und denen allen,
die vor dir gelebt haben.

Das gewähre dir der Gott des Lebens,
der dem Tod die Macht genommen
und sich jetzt freut auf dich:
der Vater, der Sohn, der Heilige Geist. Amen.

Herbert Jung

4.2 Texte für dem christlichen Glauben Fernstehende

Meditation mit einem Sterbenden,
dem kirchliche Rede nicht vertraut ist

Ich spüre:

ich habe mein Leben
nicht mehr im Griff,
es entgleitet mir,
ich spüre die Ohnmacht,
ich bin ohnmächtig
gegen den Schmerz,
ohnmächtig gegen
die schwindende Zeit.

Wem kann ich klagen,
was mich kränkte,
was ich verlor,
was mir versagt blieb –
wem?

Wem kann ich sagen,
was mir gut tat,
was mich beglückte,
was mir gelang,
was mir erspart blieb –
wem?

Wer immer
mich hört:
Ich will klagen bis
ich stille werde
und loslassen kann –
vielleicht
finde ich Frieden
und kann danken
für mein Leben.

Wer immer
mich hören will,
soll mich hören.

Karl Heinz Backofen

Die Dunkelheit entweicht

Die Dunkelheit entweicht,
ein neuer Tag beginnt,
es ist ein Punkt erreicht,
der nachdenklich mich stimmt.
Ganz vorsichtig und noch voll Zagen,
betret ich neues Land,
will erst kleine Schritte wagen,
zuviel ist unbekannt.
Den Weg, den muß ich finden,
der an mein Ziel mich bringt,
und viel mehr noch ergründen,
was jetzt die Sicht mir nimmt.
Und ist die Strecke noch so groß,

der Umweg noch so lang,
ich finde meine Richtung nur,
wenn's langsam gehen kann.
Und ganz in weiter Ferne,
jetzt seh ich's noch nicht,
doch kann ich's jetzt schon ahnen,
erwartet mich ein Licht.

Heidi Kolberg

Erdenschwer – federleicht

Erdenschwer,
behaftet mit dem Los eines Menschenlebens.
Des Suchens,
Fragens und des Kämpfens müde,
falle ich in bange Nächte.
Im Stundenschlag enteilt die Zeit,
Abschiednehmen schmerzt.

Wer wärmt und hält mich;
wer hütet den glimmenden Docht?

Federleicht, entbunden aller Sorgen, Pflichten.
Von der Schwere abgelöst,
streife ich durch heitere Gefilde,
weit wird der Raum, loslassen befreit.

Federleicht und erdenschwer bin ich.
Und einer wärmt und hält mich,
hütet den glimmenden Docht.

Werner Posner

4.3 Nach Eintritt des Todes

Wir danken dir, Herr und Gott,
für diesen Menschen, der so nahe
und kostbar war und der aus dieser Welt
von uns gegangen ist.

Wir danken dir für alle Freundschaft,
die von ihm / ihr ausgegangen ist.
Für allen Frieden, den er / sie gebracht hat,
für alle Liebe, die er / sie geschenkt hat.

Wir danken dir, daß er / sie bei aller Vergänglichkeit
ein liebenswerter Mensch gewesen ist.

Wir bitten dich:
Nichts von diesem Leben möge je verlorengehen.
Was er / sie getan hat,
soll wie ein Samenkorn in die Erde gelegt sein und wachsen.
Laß alles, worin er / sie groß war,
auch weiterhin zu uns sprechen, gerade jetzt,
wo er / sie gestorben ist.
Laß uns deine Verheißung erkennen:
Auch im Tod wirst du uns treu sein. Amen.

Hans Overkämping

Gebet bei einer Verstorbenen

Gott, sie ist von uns gegangen.
Gleich werden laute geschäftige Schritte
die Stille zerstören.
All die Dinge, die getan werden müssen,
werden wichtig sein.
Fremde Hände werden sie berühren.
Sie werden uns trennen.
Jetzt gehören der Augenblick der Stille
und die letzte Gemeinsamkeit uns.
Und so möchte ich Abschied nehmen
und dir danken, Gott.

Ich danke dir für die Güte und Freundlichkeit,
für all die Liebe und Mühe, die sie geschenkt hat.
Ihr herzhaftes Lachen werde ich vermissen.
Ich streichle noch einmal über ihr Haar,
und ich bitte dich:
Laß sie ihren letzten Weg in Frieden gehen. Amen.

Ursel Heinz

Gebet für eine(n) Verstorbene(n),
die / der dem Sterben bewußt und gläubig entgegenging

Herr, wir danken dir für das Leben von …
Wir danken dir für alles, was du an ihr / ihm und was du durch sie / ihn an ihrer / seiner Familie und so vielen Menschen getan hast, die ihr / ihm nahestanden.
Wir danken dir, daß du ihr / ihm ein bewußtes Sterben und eine bewußte klare Hoffnung auf die Auferstehung geschenkt hast.
Wir danken dir, daß wir alle, die wir jetzt um ihr / sein Bett stehen, von dieser Hoffnung in den letzten Wochen gezehrt und gelebt haben.
Wir danken für die äußere und innere Kraft, die du allen denen zur Verfügung gestellt hast, die… bis zuletzt umsorgt und gepflegt haben.
Nun bleibe mit deiner Kraft und deinem Trost bei ihnen!
Laß für sie die Fülle und Vollkommenheit des Lebens in deinem künftigen Reich stärker sein als die Trauer und Leere der Gegenwart.
Mit der Hilfe Jesu Christi, deines Sohnes, unseres Herrn, der gestorben ist und auferstanden und mit uns lebt bis in die Ewigkeit.
Amen.

Dietrich Mendt

Gebet beim Tod eines geistig Behinderten

Herr, wir danken dir in dieser Stunde
für das (sanfte) Sterben
von unserem …
Wir danken dir,
daß du durch ihn das Leben seiner Eltern
und von uns allen, die wir ihn kannten,
reich gemacht hast.
Wir danken dir,
daß du uns durch ihn gezeigt hast,
was es heißt zu leben,
und was es heißt, mit dir zu leben,
und was es heißt, in dir geborgen zu sein.
Nimm ihn in deiner Güte zu dir!
Laß ihn bleiben,
wozu du ihn in seiner Taufe gemacht hast: dein Kind!
Tröste jetzt seine Eltern,
und erfülle sie mit der Hoffnung und Zuversicht,
die immer von N. ausgegangen ist.
Zeige ihnen deinen Weg,
und zeige ihnen die Aufgabe,
die du ihnen nun zugedacht hast und den Platz,
an dem sie mit an deinem Reich bauen dürfen und sollen,
bis sie eines Tages dich selbst erleben
und dich sehen, wie du bist.
Amen.

Dietrich Mendt

Segnung und Gebet bei einem Verstorbenen

An einem schon Verstorbenen darf die Krankensalbung nicht mehr vorgenommen werden. Bewährt hat sich folgende Möglichkeit – die Stirn des Verstorbenen wird dreimal mit folgender Formel bekreuzigt:

In diesem heiligen Zeichen ist unser Herr Jesus Christus vorausgegangen vom Tod zum Leben.
In diesem heiligen Zeichen geben wir dich aus unserer Hand und legen dich zurück in die Hand Gottes.

In diesem heiligen Zeichen haben auch wir Hoffnung auf Auferstehung und Leben.

Diese Formel kann in Gebete gut eingefügt werden. Es bietet sich an, die Angehörigen ebenfalls dazu einzuladen, dem Verstorbenen ein Kreuz auf die Stirn zu machen.

Hans Overkämping

Aussegnung

Im Namen Jesu Christi,
der den Weg des Sterbens gegangen ist
und der nun bei Gott ist
und lebt.

Gott, wir sind hier,
um unsere Schwester für ihren letzten Weg zu segnen.
In den Frieden dieser Stunde ragen noch die Schatten
der überstandenen Not.
Sie hat einen schweren Tod gehabt,
und wir haben mit ihr gelitten.
Nun ist sie hinübergeschritten,
und wir zünden ihr eine Kerze an.
Laß sie zugehen auf dein Licht.
Laß sie eingehen in deine ewige Liebe.
Laß sie verwandelt werden, indem sie dich schaut.
Laß uns, die wir hier stehen,
etwas mitnehmen von dem Frieden dieser Stunde.
Laß uns von der Ruhe, die wir jetzt spüren, zehren.
Dann können wir getrost in die Hektik,
in die Aufgaben und Pflichten dieser Tage gehen.
Wir können unser Leben übernehmen in der Erkenntnis,
daß es ein kostbares Geschenk ist,
an dessen Ende Friede ist.
Amen.

Ursel Heinz

Gebet mit Angehörigen eines / einer Gestorbenen

Gott,
N. ist gestorben
Unsere Hände, die N.
eben noch festhalten wollten,
greifen nun ins Leere.
Leer sind auch unsere Gedanken, leer und ratlos.

Laß uns an diesem Punkt nicht stehenbleiben.
Laß uns die Gewißheit,
daß N. jetzt ganz in deiner Hand geborgen ist.
Daraus wird N.
keine Macht der Welt reißen können.

Das möchten wir glauben
und bitten dich dazu um deine Hilfe.
Amen.

Willi Everding

Gebet mit Angehörigen bei einem Gestorbenen

Gott,
die Worte versagen uns,
und wir können unseren Schmerz nur stammeln.
Wir können das, was geschehen ist, nicht fassen.
Warum mutest du, Gott, uns diesen Tod zu?
Warum mutest du uns zu,
daß wir mit diesem Verlust leben müssen?
wir wissen auf unsere Fragen jetzt keine Antwort.
Gott, laß uns im Augenblick nur dies eine festhalten:
Wir vertrauen, daß du den, der von uns gegangen ist,
so lieb hast, wie wir ihn lieb haben.
Amen.

Ursel Heinz

Segen

Es sei mit dir
der Segen Gottes
dir zu helfen
dich zu trösten
deinen Schmerz zu lindern
dich festzuhalten
dich zu umarmen
dich zu umhüllen
mit Frieden

Annemarie Schnitt

Gebet in Trauer

Herr, du weißt, wie traurig ich bin.
Es ist, als ob ich den Boden unter den Füßen verliere.
Wer kann mir noch helfen?
Was ich liebe, ist mir genommen,
das tut weh, sehr weh.
Ich möchte lernen,
in dieser schweren Zeit
auf dich zu vertrauen.
Ich glaube daran,
daß du für uns Menschen Wege offen hältst,
wenn wir unsere Lebensgrenzen durchschreiten.
Herr, es ist so leer geworden um mich her.
Woran soll ich mich halten?
Ich schäme mich meiner Trauer
und meiner Tränen nicht.
Schenke mir heilende Kraft
in der Trauer und in den Tränen.
Schenke mir den Glauben,
daß wir im Gebet verbunden sind.
Bewahre uns vor dem Vergessen,
auch über den Tod hinaus.
Ich bin so traurig, Herr,
ich fühle mich aber dennoch geborgen in dir.
Hab' Dank für diese Geborgenheit.

Hans Jürgen Milchner

4.4 Gebet mit Eltern eines toten neugeborenen Kindes

Bei einer Fehlgeburt oder Totgeburt haben gläubige Eltern und oft auch solche, deren Glaube vielleicht sonst eher verschüttet ist, das Bedürfnis zu beten (vgl. die Hinweise zur seelsorglichen Begleitung dieser Eltern durch die deutschen Bischöfe: Eltern trauern um ihr totes neugeborenes Kind [Arbeitshilfen 109], hrsg. vom Sekretariat der Deutschen Bischofskonferenz, Bonn 1993).
Wenn Eltern ihr totes Kind zu taufen wünschen, sollen sie darauf hingewiesen werden, daß das Taufsakrament nur bei einem lebenden Menschen einen Sinn hat. Anstelle der Taufe soll jedoch ein Gebet über das tote Kind gesprochen werden. Vgl. dazu auch S. 279 ff.
Die folgenden Gebete kann ein Begleiter den Eltern vorsprechen. Welches der Gebete ausgewählt wird, hängt vom Empfinden und von der seelischen Verfassung der Eltern ab. Die Gebete sollten der Situation entsprechend verändert werden.

Niedergeschlagen und traurig

Jesus Christus –
wir sind niedergeschlagen und traurig.
Du hattest dieses kleine Geschöpf ins Leben gerufen.
Wir hatten uns auf unser Kind gefreut
und liebten es schon.
Jetzt sind wir voller Fragen;
es ist dunkel um uns;
daß unser Kind uns genommen wurde, tut weh;
daß wir es nun nicht aufwachsen sehen,
macht unser Leben ärmer.

Jesus Christus –
wir schauen auf zu dir und deinem Vater,
seine Gedanken sind nicht unsere Gedanken;
seine Wege sind nicht immer unsere Wege.
Auch du mußtest sterben.

Aber der Vater hat dich aufgenommen
in sein Licht.
Laß auch unser Kind im Licht sein,
laß es mit dir beim Vater im Himmel leben.
Uns aber schenke die Kraft,
unseren Weg weiterzugehen.
Laß uns bei allem Schmerz an deiner Güte nicht zweifeln.
Denn du siehst unsere Not und
kannst alles zum Guten lenken.
Amen.

Warum hast du dies zugelassen?

Herr, warum?
Warum?
Warum?
Ich verstehe es nicht.
Warum konnte unser Kind nicht leben?
Ich habe mich (wir haben uns)
auf seine Geburt gefreut;
ich hätte (wir hätten)
es so gerne auf den Armen getragen.
Doch es sollte nicht sein.
Du hast zugelassen,
daß sein Leben erlosch,
noch ehe es auf die Erde gekommen war.
Der Verzicht fällt uns schwer.
Denn das Kind war schon ein Teil
meines (unseres) Lebens geworden.
Laß es auf immer bei dir geborgen sein.

Ach mein Kind

Wir haben uns gefreut,
dein Vater und ich,
mein Kind,
auf dich.

Würdest du ein Junge oder
ein Mädchen werden?
Namen suchten wir
für dich,

schrieben sie auf
ein Blatt Papier,
sprachen sie laut
vor uns hin.

Nächstes Jahr
um diese Zeit
würdest du im
Kinderwagen liegen,
unser Kind.

Ach mein Kind.
Ich habe mir Bilder
angesehen,
ich wollte wissen,
wie du aussiehst,
dein winziger Körper,
deine Augen, Hände.

Wie du heranwächst
in mir;
ich habe gewartet
darauf, dich zu spüren
in mir;
ich habe gewartet
darauf, dich zu spüren
in mir,
dein leises Pochen.

Ach mein Kind …
du gingst,
ich habe dich
nie gesehen,
du gingst fort.

Man sagt, ich sei
gesund und jung,
ich könne andere
Kinder haben
später,
vernünftig soll ich
sein und mich
zusammennehmen.
Mein Kind.

Wir Eltern haben
keinen Ort, an dem
wir trauern können.
Wir legen dein Leben,
mein Kind,
und unseres in die
Barmherzigkeit Gottes.
Nichts geht verloren,
kein Molekül, kein Atom,
wie viel mehr bist du
aufgehoben, mein Kind,
wie wir.
Ich will es glauben.
Ach mein Kind.

Christiane Eggers-Faschon

gott der lebenden

heute hast du
unser kind zu dir
geholt, wir begreifen
es nicht, warum du es
so früh zu dir nahmst –

wund sind wir
von den fragen
ohne antwort,
wie ein dunkler
mantel liegt
die trauer schwer
auf uns.

ewiger, du –
du bist ein gott
der lebenden

und nicht der toten,
alle finden neues
leben in dir,
auch unser kind.
es ist zurückgekehrt
zu dir,
du hast es mit neuer
lebendigkeit beschenkt,
mit licht und freude …

in uns ist so vieles
tot, verdorrt und
abgestorben.

du bist ein gott
der lebenden und nicht
der toten.
auch uns wirst du
ein neues leben
schenken,
du machst lebendig –

dein ist die kraft,
und die herrlichkeit,
jetzt und in jeder Zeit.

Christiane Eggers-Faschon

4.5 Verabschiedung im Krankenhaus oder Altenheim

Die Verabschiedung, in manchen Gegenden auch Aussegnung genannt, hat einen besonders guten Sinn, wenn jemand im Altenheim stirbt und die Heimbewohner sich verabschieden wollen. Im Krankenhaus ist sie sinnvoll als Gebet mit den Verwandten, vor allem wenn sie erst nach dem Tod ihres Angehörigen eintreffen. Auch beim Eintritt des Todes daheim kann die Verabschiedung stattfinden.

Im Augsburger Klinikum wird etwa in folgender Weise zur Verabschiedung hingeführt:

1. Der zum Verstorbenen und den Anwesenden hinzukommende Seelsorger stellt sich vor und schaut, wer vor allem der Hilfe bedarf. Diese Kontaktaufnahme ist entscheidend für das Folgende.
2. Er (nicht nur in Augsburg ist das selbstverständlich häufig eine Sie) stellt sich an den Kopf des Toten und fordert alle auf, sich um das Totenbett zu stellen, so daß der Verstorbene in der Mitte steht. Er fordert dazu auf, von dem Verstorbenen zu erzählen.
3. Er formuliert aus dieser Situation ein freies Gebet mit der Bitte um Gottes Geleit.

4. Ein Bibelwort.
5. Handauflegung mit der Aufforderung an alle, den Verstorbenen zu berühren (je nach eigenem Wunsch: Streicheln, Küssen, Umarmen) und ein eigenes Wort an ihn zu richten mit dem Hinweis, daß er es sicherlich hören kann.
6. Wenn möglich Entzünden der Osterkerze und Bekreuzigung des Verstorbenen (s. S. 83).
7. Fürbitten.
8. Vater unser und Ave Maria.
9. Abschließendes Segensgebet.
10. Segen.
11. Schlichte Verabschiedung ohne weiteren Ritus.

Ist der Tod plötzlich und ohne Empfang eines Sakramentes eingetreten, kann die Verabschiedung mit der dreimaligen Bezeichnung des Toten mit dem Kreuz und entsprechenden Deuteworten erfolgen (s. S. 83), so wie es an der Heidelberger Universitätsklinik entwickelt wurde.

Die Verabschiedung kann vom einem Laien gehalten werden (vgl. BF S. 24–27).

Anstelle der folgenden Form kann für die Verabschiedung auch der Kurze Wortgottesdienst (s. S. 94) genommen werden.

AUFBAU DER FEIER

Begrüßung
Bibelwort
Gebet: Psalm 122
Kyrie-Rufe
Vergebungsbitte
Besprengen des Verstorbenen mit Weihwasser
Fürbitten
Bezeichnung mit dem Kreuz
Schlußgebet

Der Zelebrant begrüßt die Teilnehmer und lädt zum Gebet ein:

Z.: Im Namen des Vaters und des Sohnes
und des Heiligen Geistes. Amen.

Z.: So spricht der Herr:
Kommt alle zu mir,
die ihr euch plagt und schwere Lasten zu tragen habt.
Ich werde euch Ruhe verschaffen. *Mt 11,28*

PSALM 122

Z.: Wir beten im Vertrauen auf Gottes Hilfe und Schutz.

Kehrvers:

Vertraut auf den Herrn, er ist Helfer und Schild.

1. Ich hebe meine Augen auf zu den Bergen:
Woher kommt mir Hilfe?
2. Meine Hilfe kommt vom Herrn,
der Himmel und Erde gemacht hat. *Kv*
3. Er läßt deinen Fuß nicht wanken;
er, der dich behütet, schläft nicht.
4. Nein, der Hüter Israels
schläft und schlummert nicht. *Kv*
5. Der Herr ist dein Hüter, der Herr gibt dir Schatten;
er steht dir zur Seite.
6. Bei Tag wird dir die Sonne nicht schaden
noch der Mond in der Nacht. *Kv*
7. Der Herr behüte dich vor allem Bösen,
er behüte dein Leben.
8. Der Herr behüte dich,
wenn du fortgehst und wiederkommst,
von nun an bis in Ewigkeit. *Kv*
9. Ehre sei dem Vater und dem Sohn
und dem Heiligen Geist.
10. Wie im Anfang, so auch jetzt und alle Zeit
und in Ewigkeit. Amen.

Kehrvers

KYRIE-RUFE

Z.: Herr Jesus, du hast am Kreuz dein Blut vergossen, um unsere Sünden hinwegzunehmen. Herr, erbarme dich seiner (ihrer).

A.: Herr, erbarme dich seiner (ihrer).

Z.: Christus, du bist aus dem Grab erstanden, um uns dem Tod zu entreißen. Christus, erbarme dich seiner (ihrer).

A.: Christus, erbarme dich seiner (ihrer).

Z.: Herr Jesus, du bist in die Herrlichkeit eingegangen, um uns den Zugang zum Leben zu erschließen. Herr, erbarme dich seiner (ihrer).

A.: Herr, erbarme dich seiner (ihrer).

Oder Seite 97

VERGEBUNGSBITTE

Z.: Der allmächtige Gott erbarme sich seines Dieners N. (seiner Dienerin N.). Er lasse ihm (ihr) die Sünde nach und führe ihn (sie) zum ewigen Leben.

A.: Amen.

Nun kann der Zelebrant den Leichnam mit Weihwasser besprengen. Dann lädt er die Mitfeiernden ein, dies auch zu tun.

BITTEN

Jesus Christus ist wie wir Menschen alle in das Dunkel des Todes gegangen. An ihn, den Auferstandenen, wenden wir uns in dieser Stunde des Abschieds und der Trauer:

Herr Jesus Christus,

– geleite unseren Bruder (unsere Schwester) N. als der gute Hirt in das ewige Leben.

A.: Wir bitten dich, erhöre uns.

– Tue ihm die Pforten des Paradieses weit auf.
– Tröste alle, die um ihn (sie) trauern (und die nun ohne ihn (sie) leben müssen).
– Hilf uns auch in schweren Stunden, die liebende Hand deines und unseres Vaters zu erkennen.
– Belohne alle, die unserem(r) Verstorbenen in seiner (ihrer) schweren Zeit beigestanden haben.

Herr Jesus Christus,
du hast uns den allheiligen Gott
als den barmherzigen Vater offenbart.
So geleite unsere(n) Verstorbenen vor sein Antlitz
und laß ihn die Herrlichkeit Gottes erfahren,
wie er geglaubt und gehofft hat. Amen.

BEZEICHNUNG MIT DEM KREUZ

Nun spricht der Zelebrant eine (dreigliedrige) Formel und zeichnet dabei dreimal das Kreuz auf die Stirn des Verstorbenen und spricht:

+ In diesem heiligen Zeichen ist uns unser Herr Jesus Christus vorausgegangen vom Tod zum Leben.
+ In diesem heiligen Zeichen geben wir dich aus unserer Hand und legen dich zurück in die Hand Gottes.
+ In diesem heiligen Zeichen haben auch wir Hoffnung auf Auferstehung und Leben.

Danach lädt der Zelebrant die Angehörigen ein, gleichfalls ein Kreuz auf die Stirn des Verstorbenen zu zeichnen.

SCHLUSSGEBET

Z.: Gott, unser Vater, wir empfehlen dir unsern Bruder (unsere Schwester) N. Für ihn (sie) ist die Zeit der Pilgerschaft zu Ende. Befreie ihn (sie) von allem Bösen, daß er (sie) heimkehre in deinen ewigen Frieden. Öffne ihm (ihr) das Paradies, wo es keine Trauer mehr gibt, keine Klage und keinen Schmerz, sondern Friede und Freude mit deinem Sohn und dem Heiligen Geist in Ewigkeit.

A.: Amen.

Oder ein anderes geeignetes Gebet zur Wahl (s. S. 99).

Zwischen Tod und Begräbnis

1. Aufgaben der Gemeinde

Anstelle einer Aufzählung der verschiedenen Aufgaben, die von einer Gemeinde in Liturgie und Diakonie wahrgenommen werden sollten (vgl. aber o. S. 17 ff.), soll hier eine Beschreibung dessen stehen, was in der Vorortgemeinde einer Großstadt in schon säkularisierter Umgebung möglich ist (Reinhold Waltermann):

Bei der Totenliturgie geht es sowohl um den Verstorbenen als auch um die Trauernden. In der Gewichtung scheint sich in den letzten Jahren jedoch eine Verschiebung ergeben zu haben. War früher bei einem Todesfall vor allem der Verstorbene im Blick und stand die Fürbitte für ihn an erster Stelle in der Liturgie, so scheint mir heute die Bedeutung der Liturgie angesichts des Todes eines Menschen für die Angehörigen stärkere Bedeutung gewonnen zu haben. Am deutlichsten wurde mir das, als ich in den letzten Jahren einige Male gebeten wurde, ein evangelisches Familienmitglied zu beerdigen, weil die Hinterbliebenen, vor allem die engsten Angehörigen, katholisch waren. Umgekehrt hat meine evangelische Kollegin am Ort einzelne Male auch katholische Christen beerdigt, deren Angehörige fast ausschließlich evangelisch waren. Die Trauernden wünschten, in der ihnen vertrauten Weise den Abschied zu feiern. Mir erscheint das sehr sinnvoll, denn warum sollte ich z. B. mit einer fast ausschließlich evangelischen Beerdigungsgemeinde einen katholischen Gottesdienst feiern. Was für den Beerdigungsgottesdienst gilt, gilt ebenfalls in bezug auf die weiteren Stationen des Gedenkens (Sechswochengedächtnis, Jahresgedenken). Sie bleiben Anlässe des Gedenkens und der Fürbitte für den Verstorbenen, sind aber gleichzeitig in hohem Maße Stationen des Abschiednehmens und der Trauerbewältigung für die Angehörigen. Entsprechend sollte sich auch die Verkündigung bei diesen Anlässen ausrichten. Aus der seelsorglichen Begleitung der Trauernden können sich Fragen ergeben, z.B. welche Hoffnung wir für einen lieben Verstorbenen noch haben können, was es bedeuten kann, unter den Toten Freunde und für uns wichtige Menschen zu haben, und was der miterfahrene Tod für die eigene Lebensperspektive bedeutet. Von solchen Fragen kann in vielen Fällen ein Zugang zur Osterbotschaft erschlossen werden. Dabei aber ist es wichtig, der Trauer, den Verletzungen und dem Schmerz Raum zu lassen und sie nicht durch dogmatische Wahrheiten zu überspielen. Bei einem ersten Besuch im Sterbehaus oder im Haus der Angehörigen hilft mir eine hinhörende, Anteil nehmende Grundhaltung zu erspüren, „was" und wen die Trauernden verloren haben. Umgang mit der Trauer in der Gemeinde erwächst aus der Anteilnahme und der Nähe zu den Trauernden. Wenn das gelingt, habe ich als Pfarrer nicht „wieder eine Beerdigung zu halten", sondern ganz konkrete Menschen beim Abschiednehmen von einem ihnen verbundenen Menschen zu begleiten. Das erfahre ich immer wieder als eine sehr anspruchsvolle seelsorgliche Herausforderung. In unserer Gemeinde gibt es keinen Beerdigungsgottesdienst ohne wenigstens eine kurze Homilie.

Wo es eben möglich ist, werden die Trauernden in die Gestaltung des Beisetzungsgottesdienstes einbezogen. Oftmals stellen sie die Fürbitten zusammen. Manchen hilft dabei eine Zusammenstellung von Fürbittformulierungen, die von früheren Beerdigungen gesammelt wurden und den Angehörigen als Anregung zur Verfügung gestellt werden. Nachbarn oder Angehörige übernehmen das Vorlesen der Fürbitten und den Lektorendienst.

Die Trauerbegleitung durch den Pfarrer bleibt in einer 5000 Menschen umfassenden Gemeinde etwas sehr Anfängliches. Nur in wenigen Fällen ist eine über die Beerdigung hinausgehende seelsorgliche Begleitung möglich. Besonders notwendig ist eine weitergehende Begleitung, wenn der Tod besonders tiefe Verletzungen oder das Gefühl der Stigmatisierung bei den Trauernden hinterlassen hat.

Gegen die verbreiteten Versuche, den Tod aus dem Leben herauszuhalten und das Leben gleichsam vor dem Tod zu retten, gilt es die Tatsache des Todes als Bestandteil unseres Lebens auch in der Gemeinde lebendig zu halten. Und das nicht nur, weil der Tod unserem Leben den letzten Ernst gibt und die uns bemessene Lebenszeit kostbar macht, sondern auch, weil ein Verdrängen des Todes gleichzeitig ein Vergessen der Toten ist. Zur Communio der Kirche gehören nach altem Zeugnis immer auch die, die vor uns gelebt haben. In jedem eucharistischem Hochgebet erinnern wir das. So muß auch um der Lebenden willen das Gedächtnis des Todes und der Toten in der Gemeinde lebendig gehalten werden.

In unserer Gemeinde ist es guter Brauch, beim Tod eines Menschen 15 Minuten lang die sogenannte Totenglocke zu läuten, seinen Namen einschließlich Alter und Wohnung im nächsten Sonntagsgottesdienst zu vermelden und seiner im Fürbittgebet und im Hochgebet namentlich zu gedenken. Gleiches gilt bis zum Beerdigungstag in jedem Werktagsgottesdienst. Auch das sogenannte Sechswochengedächtnis und das erste Jahresgedenken werden im Gemeindegottesdienst bekanntgegeben und in die Fürbitte der Gemeinde aufgenommen. Seit vielen Jahren gibt es die Praxis, daß an jedem Montagmorgen im Gemeindegottesdienst das Jahresgedenken gehalten wird, indem alle Namen der Menschen im Fürbittgebet oder am Beginn der Messe erinnert werden, die in den letzten 30 Jahren in der betreffenden Woche gestorben sind. Wer stirbt, wird nicht einfach gestrichen, er gehört weiter, wenn auch anders dazu. In Brasilien hörte ich häufiger die armen Leute etwas Ähnliches sagen. Wenn sie nach der Zahl ihrer Kinder gefragt werden, sagen sie zum Beispiel: Wir haben 7, 4 davon leben. Auch die christliche Gemeinde sollte weiter mit den Toten rechnen. Da für den Montagsgottesdienst die Namen der Verstorbenen der letzten 30 Jahre vorher in den Pfarrnachrichten veröffentlicht werden, finden sich aus vielen Familien Angehörige, verständlicherweise meist ältere Menschen, zum Gottesdienst ein. Eine ebenfalls gute Tradition ist das Nachbarschaftsgebet. Beim Tod eines Menschen finden sich die Nachbarn und Verwandten an ein oder zwei Abenden in der Kirche zum Nachbarschaftsgebet zusammen. Vorbereitet und durchgeführt wird diese Gebetszeit von den engsten Nachbarn, nicht vom Pfarrer.

Von großem Wert ist die Tatsache, daß wir einen Friedhof haben, der im Ort gelegen ist und der leicht erreicht werden kann. Das gibt gerade auch älteren Menschen die Möglichkeit, die Gräber der Verstorbenen zu besuchen und somit nicht nur die Toten, sondern auch den Tod selber im eigenen Bewußtsein gegenwärtig zu halten. Auch scheinen mir Grabbesuche für manche Menschen eine Hilfe zur Trauerbewältigung zu sein, nicht zuletzt dadurch, daß sich auf dem Friedhof oft Menschen treffen, die ähnliche Erfahrungen gemacht und zu verarbeiten haben. Ein nicht zu übersehender Nachteil ist bei einem so nahe gelegenen Friedhof, daß es so etwas wie eine Sozialkontrolle bezüglich der Grabausstattung und -pflege gibt.

Als nicht unproblematische finanzielle Belastung erweist sich für manche Familien das gemeinsame Kaffeetrinken im Anschluß an die Beerdigung. Doch hat gerade dieses Zusammensein auch eine wichtige soziale Bedeutung. Vor allem bei besonders tragischen Sterbefällen, bei denen Sprachlosigkeit und Hilflosigkeit sich lähmend und isolierend auswirken, sorgt das Zusammensein, das miteinander Essen und Trinken dafür, daß das Gespräch miteinander nicht abbricht. Gerade in den Fällen, in denen angesichts des Todes Ohnmacht und Schrecken erfahren werden, vermittelt das Zusammensein die Erfahrung, daß das Leben weitergeht. Ein Stück weit wird der „unannehmbare" Tod dadurch in die Normalität unseres menschlichen Lebens hineingenommen. Er gehört eben zu unserem Leben dazu.

2. Umgang mit den Verstorbenen

Der tote Körper hat seine Würde. Er bewahrt noch eine Weile die menschliche Gestalt und zeigt etwas von der Persönlichkeit, zu der dieser Körper gehörte. Der ehrfurchtsvolle Umgang mit dem Leichnam Jesu war der Kirche stets Impuls für einen pietätvollen Umgang mit den Toten. Das Bild der Mutter Maria mit ihrem toten Sohn auf dem Schoß, die Pieta, war und ist für Christen Einladung zur Nachahmung dieser Pietas. Das Begräbnis Jesu macht aber auch darauf aufmerksam, daß weder ein pompöses Leichenbegängnis noch eine prunkhafte Grabkultur dem Geiste Jesu entsprechen.
Der Umgang mit dem Leichnam läßt zuweilen die menschlich und christlich gebotene Würde vermissen. Auch in Krankenhäusern, Alten- und Pflegeheimen wird recht unterschiedlich mit Toten umgegangen. Einerseits gibt es das bewußte Bemühen, die Toten würdevoll aufzubahren und den Angehörigen Räume und Zeiten zur Abschiednahme von Verstorbenen zur Verfügung zu stellen. Andererseits werden Verstorbene in unwürdigen Räumen für die möglichst rasche Abholung aufbewahrt, so daß eine würdige Verabschiedung nicht möglich ist. Vor allem kirchliche Einrichtungen sollten darum bemüht sein, durch eine entsprechend gestaltete Verabschiedung Zeugnis abzulegen von der Würde der Verstorbenen und einem menschlich-christlichen Umgang mit ihnen.
Das früher selbstverständliche Bestattungsmonopol der Kirchen ist heute nicht mehr gegeben. Vor allem die Bestattungsunternehmen haben die Aufgaben übernommen, die früher von den nächsten Angehörigen besorgt wurden. Als zumeist erster und oft sogar einziger Ansprechpartner im Trauerfall regeln sie alle zur Vorbereitung, Ausgestaltung und Durchführung von Bestattungen erforderlichen Besorgungen. Sie sind oft Berater und Helfer in der Trauer und dies nicht selten auch noch nach der Beerdigung.
Inzwischen schaffen manche Bestatter in ihren eigenen Betrieben würdevoll ausgestattete Trauerräume und er-

möglichen in ihnen Abschiedsfeiern für die Angehörigen der Verstorbenen. Sie wollen damit den Tod wieder unmittelbar begreiflich machen und durch einen persönlichen Abschied der Hinterbliebenen von ihrem Verstorbenen Trauer gestalten helfen. Seelsorger sollten daran liturgisch bzw. betend mitwirken, wenn damit keine zusätzliche Privatisierung des Todes gegeben ist. Denn für Christen sind die Öffentlichkeit der Gemeinde, die Ermöglichung ihrer Anteilnahme bei Tod und Trauer sowie die zeichenhafte Bedeutung von Kirche oder Friedhofshalle als Orten der Feier von Tod und Auferstehung und als rituelle Stationen des gemeinsam vollzogenen Trauerweges von grundlegender Bedeutung.

Auf jeden Fall sollten Gemeinden darauf hinwirken, daß zwischen Tod und Begräbnis ein wohnortnaher ständiger Zugang zu dem Verstorbenen möglich ist, was Trauerräume in Bestattungsunternehmen bieten können. Nur selten wird es noch möglich sein, die Aufbahrung des Verstorbenen daheim durchzuführen, obwohl dies gesetzlich erlaubt ist, wenn ein eigener Raum dafür zur Verfügung steht und keine ansteckenden Krankheiten vorliegen – das Ordnungsamt muß dann die Erlaubnis erteilen. Dazu kann der Verstorbene auch aus der Klinik nach Hause überführt werden. Tritt der Tod daheim ein, dann sollten die Angehörigen den Toten waschen, ankleiden und berühren. Das Beerdigungsinstitut muß keineswegs sofort informiert werden, denn erst 36 Stunden nach Eintritt des Todes muß der Leichnam in eine öffentliche Leichenhalle überführt werden, wenn keine angemessene andere Aufbahrungsmöglichkeit besteht. Es gibt inzwischen auch Bestatter, die eine Hausaufbahrung durchführen oder gar empfehlen.

Die zu schaffenden Aufbahrungsmöglichkeiten sollten allerdings nicht den in den USA üblichen „funeral homes" entsprechen, die den Eindruck eines Hotels vermitteln; in entsprechenden Suiten ist der Sarg so aufgebahrt, daß häufig nur das Antlitz des Verstorbenen unter einer Glasscheibe zu sehen ist, wobei die Angehörigen hier Kondolenzgäste bzw. -nachrichten empfangen. Demgegenüber erfolgt die Bestattung dann später im engsten Familienkreis oder

gar anonym. Die katholische Kirche in den USA hat 1990 mit der Entwicklung eines neuen Ritus versucht, solchen privatisierenden und anonymisierenden Tendenzen entgegenzuwirken. So bietet die Gemeinde den Angehörigen an, mit ihnen in einem sogenannten „wake service“ für den Verstorbenen zu beten. Mitglieder der Gemeinde verabreden sich mit den Angehörigen, um am offenen Sarg Worte der Schrift und Gebete der Kirche als Trost und Deutung in die Situation der Verlegenheit, Ratlosigkeit und Trauer hineinzusprechen bzw. zu hören.
Vieles kommt auf das Verhältnis zwischen Gemeinde und Bestattungsunternehmen an. Die deutschen Bischöfe weisen darauf hin, daß Bestattungsinstitute darüber klagen, Seelsorger würden zuweilen nur unwillig Beerdigungen übernehmen oder kaum Zeit dafür haben. Andererseits regeln die Unternehmen inzwischen alles so weit, daß dem Seelsorger nur noch der Termin der Beerdigung mitgeteilt wird. Seelsorger klagen darüber, daß sie hinsichtlich Zeit und Form der Bestattung nur noch die Vorgaben der Friedhofsverwaltung bzw. der Bestatter ausführen sollen. Zu denken gibt auch, daß Hinterbliebene auf die Frage, wer ihnen im Zusammenhang von Bestattung und Trauer am hilfreichsten war, heute vielfach den Bestatter an erster Stelle, dann Freunde und Angehörige und, mit weitem Abstand, den Pfarrer nennen, der noch vor wenigen Jahren an erster Stelle genannt wurde.
Wenn in der Gemeinde jemand gestorben ist, kann der Tod durch das Totengeläut mitgeteilt werden; es lädt die Lebenden ein, des Verstorbenen im Gebet zu gedenken. Der Leichnam wird ehrfürchtig aufgebahrt; neben dem Sarg kann bis zum Begräbnis ein Licht brennen. Dem Verstorbenen kann ein Kreuz oder der Rosenkranz in die zusammengelegten Hände gegeben werden. Weihwasser in der Nähe des Aufgebahrten ermöglicht denen, die hier beten, den Leichnam mit Weihwasser zur Erinnerung an die Taufe zu besprengen.

Unmittelbar nach Eintritt des Todes ist zu bedenken und zu tun:

- Dem Toten die Augen zudrücken
- Gebete nach Eintritt des Todes sprechen (S. 70)
- Den Raum evtl. mit Blumen schmücken; eine Kerze entzünden
- Überlegen, ob der Tote von den Angehörigen gewaschen und angekleidet wird
- Überlegen, ob eine Hausaufbahrung in Frage kommt; darüber mit dem Arzt, der den Totenschein ausstellt, sprechen und ggf. Genehmigung beim Ordnungsamt besorgen
- Wenn vor dem Abholen durch den Bestatter eine Verabschiedung oder Aussegnung gewünscht wird, Priester verständigen
- Bestattungsunternehmen verständigen und mit Dokumenten aufsuchen; Sarg aussuchen, damit der Verstorbene darin aufgebahrt werden kann
- Termin und Ort für die Totenwache festlegen (S. 96 ff.)
- Todesanzeige verfassen (S. 145); ggf. Totenbild (S. 158)
- Mit dem Pfarrer Einzelheiten des Begräbnisses und des Gottesdienstes besprechen
- Gasthaus für Beerdigungskaffee/Totenmahl bestimmen.

3. Gebet und Brauchtum in Familie, Nachbarschaft und Gemeinde

Ein Blick in die Geschichte der christlichen Frömmigkeit zeigt, daß die Spanne zwischen Tod und Begräbnis bis weit über das Mittelalter hinaus eine Zeit war, in der die Sorge für den Leichnam sich mit feststehendem Brauchtum und begleitendem Gebet verbunden hat. Von Juden und Heiden wurde der Brauch übernommen, den Toten Mund und Augen zu verschließen, sie zu waschen und in weißes Leinen zu hüllen. Da sich Waschung und Bekleidung sehr leicht mit dem von Sünden reinigenden Bad der Taufe in Beziehung setzen ließen, wurde diese Handlung zu einem sinndeutenden Zeichen, das die letzte Vorbereitung zum

Einzug in das himmlische Jerusalem und zur Begegnung mit Christus und seinen Heiligen zum Ausdruck brachte.
Wichtigstes Kennzeichen für die Sterbe- und Begräbnisliturgie war die Psalmodie. Sie begleitete die Waschung und Aufbahrung des Leichnams, die Prozessionen zur Kirche und zum Grab. Besonders die Zeit der Aufbahrung in der Kirche war von ununterbrochener Psalmodie ausgefüllt. Gesungen wurden Psalmen, die eine Haltung des Vertrauens zum Ausdruck bringen *(so Ps 4, 15, 23, 25, 43, 116A)* oder auch österlichen Charakter haben *(Ps 114, 115, 42, 93, 118).*
Todesstunde und Beisetzung lagen sehr nahe beieinander. Die Bestattung erfolgte oft noch am gleichen Tag oder am folgenden Morgen, so daß die Totenwache niemals länger als 24 Stunden dauerte. Man betete die Psalmen, wobei sich die Beter in Gruppen ablösten. Die Übergänge von einer Gruppe zur anderen waren durch einen Wechselgesang mit Schlußoration gekennzeichnet. Hier liegt der Ursprung der „Absolutionen", die später zu priesterlichen Freisprechungsgebeten umgedeutet und an das Ende der Totenmesse gerückt wurden. Heute sind sie durch eine „Verabschiedung" ersetzt.
Neben der einfachen Form des Psalmengebets hat sich ein eigenes Totenoffizium entwickelt, dessen Ursprünge bis ins 8. Jahrhundert reichen. Teile davon fanden Aufnahme in das Rituale Romanum von 1614, das Vesper, Matutin und Laudes enthält. Das heutige Stundengebet kennt ein Gedächtnis der Verstorbenen für alle Gebetszeiten des Tages. Auch heute gibt es Möglichkeiten, die Frist vor der Beisetzung nicht der bloßen Geschäftigkeit oder stummer Trauer zu überlassen, sondern in fürbittendem persönlichen oder gemeinschaftlichem Gebet den Trost christlichen Glaubens zu Wort kommen zu lassen. Anknüpfungspunkte dafür bietet das teilweise noch lebendige Brauchtum von „Nachbarschaften", die nach ungeschriebenen Regeln Dienste unter sich aufteilen, so etwa das Tragen des Sarges zum Grab. Eine wichtige Aufgabe der „Nachbarschaft" (in der Stadtgemeinde wäre an Wohnviertelgemeinschaften oder an neu zu begründende „Bruderschaften" zu denken)

ist die Versammlung zum gemeinsamen Gebet für den Verstorbenen, das zumindest an einem der Abende zwischen Tod und Begräbnis in der Pfarrkirche stattfindet. Die zur Totenmesse vorgesehene Osterkerze sollte auch bei diesem Gebet als Hinweis auf den österlichen Sieg Christi gut sichtbar aufgestellt und entzündet werden. Dieses „Totengebet" wird von der entsprechenden Gruppe in eigener Verantwortung vorbereitet und geleitet, so daß dadurch keine neue Belastung auf den Seelsorger zukommt.
Wenn mancherorts bedauert wird, daß die österliche Ausrichtung der Totenliturgie der berechtigten Klage und Trauer keinen Raum lasse, so kann dem durch den Gebrauch entsprechender Psalmen oder auch der Klagelieder begegnet werden. Hier kommt es sehr darauf an, daß der Aufforderung von PE Nr. 22 der BF nachgekommen wird, nach der die Seelsorger ihren Gemeinden das Verständnis dieser Psalmen erschließen sollen. Wo diese Hinführung geleistet ist, gewinnen das 1. Kapitel in BF über „Stundengebet, Totenwache und Gebet im Trauerhaus" (vgl. dort die Anregungen S. 23–27 und 194–197) sowie die Texte und Gesänge für das „Gedächtnis der Verstorbenen" in den drei Bänden des „Stundenbuch" bzw. in „Kleines Stundenbuch. Gedenktage der Heiligen" und auch die zu „Allerseelen" im dritten Band des „Stundenbuch" Bedeutung für die Gemeinde auch über den Anlaß des konkreten Todesfalles hinaus.
Zur Gestaltung von Wortgottesdiensten und zum Rosenkranzgebet können die eben genannten Hinweise hilfreich sein. Die danach verarbeiteten Modelle (S. 110, 114) sollten als Anregung für eigene, der Gemeinde zusagende Gebetsgottesdienste verstanden werden.
Schließlich sei noch angemerkt, daß der einfache Aufbau für das „Gebet im Trauerhaus" in BF (S. 24–27) ein gutes Modell für das Gebet in der Nachbarschaft oder Wohngemeinschaft abgibt. Wem es zu kurz erscheint, der wird es leicht durch eine Schriftlesung oder einen weiteren Psalm, durch eine Litanei, ein Gesätz vom Rosenkranz oder Liedstrophen ergänzen können. Nach diesem Grundentwurf ist ein weiterer Vorschlag (S. 96) erarbeitet worden.

Siehe auch die Hinweise zur Gestaltung der Totenwache in GL 80, vor allem die Andacht zum Totengedenken GL 791 und die Andacht von den sieben Worten Jesu am Kreuz GL 776.

3.1 Kurzer Wortgottesdienst

ERÖFFNUNG

V.: Im Namen des Vaters und des Sohnes und des Heiligen Geistes.
A.: Amen.

V.: Wir wollen in dieser Stunde des Verstorbenen (der Verstorbenen) gedenken, den (die) Gott aus unserer Mitte zu sich gerufen hat. Für ihn (sie) geht der Glaube über in das Schauen, und die Hoffnung findet ihre endgültige Erfüllung. Er (sie) betritt die ewige Wohnung, die Christus uns im Vaterhaus Gottes bereitet hat. Laßt uns noch einmal die Botschaft hören, auf die wir unser Vertrauen setzen.

SCHRIFTLESUNG

Aus dem Evangelium nach Johannes. *(Joh 14, 1–6)*
Jesus sagte zu seinen Jüngern: Euer Herz lasse sich nicht verwirren. Glaubt an Gott und glaubt an mich! Im Haus meines Vaters gibt es viele Wohnungen. Wenn es nicht so wäre, hätte ich euch dann gesagt: Ich gehe hin, um euch einen Platz zu bereiten? Wenn ich gegangen bin und einen Platz für euch vorbereitet habe, komme ich wieder und werde euch zu mir holen, damit auch ihr dort seid, wo ich bin. Und wohin ich gehe – den Weg dorthin kennt ihr. Thomas sagte zu ihm: Herr, wir wissen nicht, wohin du gehst. Wie sollen wir dann den Weg kennen? Jesus sagte zu ihm: Ich bin der Weg und die Wahrheit und das Leben; niemand kommt zum Vater außer durch mich.

– Kurze Stille –

V.: Wir beten im Vertrauen auf Gottes Hilfe und Schutz.

Kehrvers:
Vertraut auf den Herrn, er ist Hilfe und Schild.

Alle wiederholen den Kehrvers.
Der Kehrvers kann auch nach jeweils zwei Psalmversen eingefügt werden.

PSALM 121 (120)

Ich hebe meine Augen auf zu den Bergen:
Woher kommt mir Hilfe?

Meine Hilfe kommt vom Herrn,
der Himmel und Erde gemacht hat.

Er läßt deinen Fuß nicht wanken;
er, der dich behütet, schläft nicht.

Nein, der Hüter Israels
schläft und schlummert nicht.

Der Herr ist dein Hüter, der Herr gibt dir Schatten,
er steht dir zur Seite.

Bei Tag wird dir die Sonne nicht schaden,
noch der Mond in der Nacht.

Der Herr behüte dich vor allem Bösen,
er behüte dein Leben.

Der Herr behüte dich,
wenn du fortgehst und wiederkommst,
von nun an bis in Ewigkeit.

Ehre sei dem Vater und dem Sohn
und dem Heiligen Geist.

Wie im Anfang, so auch jetzt und alle Zeit
und in Ewigkeit. Amen.

Kehrvers

Nun kann die Litanei für die Verstorbenen (GL 770), die Litanei vom Leiden Jesu (GL 766) oder ein Gesätz vom Rosenkranz eingefügt werden.

DAS GEBET DES HERRN

V.: Mit den Worten Christi, der uns gelehrt hat, um die Vergebung unserer Schuld und die Ankunft des himmlischen Reiches zu beten, wagen wir zu sprechen.

A.: Vater unser ...

SCHLUSSGEBET

V.: Gott unser Vater, wir empfehlen dir unseren Bruder (unsere Schwester) N. Für ihn (sie) ist die Zeit der Pilgerschaft zu Ende. Befreie ihn (sie) von allem Bösen, daß er (sie) heimkehre in deinen ewigen Frieden. Öffne ihm (ihr) das Paradies, wo es keine Trauer mehr gibt, keine Klage und keinen Schmerz, sondern Friede und Freude mit deinem Sohn und dem Heiligen Geist in Ewigkeit.

A.: Amen.

Oder ein anderes geeignetes Gebet zur Wahl.

V.: Herr, gib ihm (ihr) und allen Verstorbenen die ewige Ruhe.
A.: Und das ewige Licht leuchte ihnen.
V.: Laß sie ruhen in Frieden.
A.: Amen.

3.2 Wortgottesdienst zur Totenwache

Die Totenwache kann mit einem Lied eröffnet werden“ z. B. GL 472:

1. O Jesu, all mein Leben bist du, ohne dich nur Tod.
   Meine Nahrung bist du, ohne dich nur Not.
   Meine Freude bist du, ohne dich nur Leid.
   Meine Ruhe bist du, ohne dich nur Streit, o Jesu.

2. O Jesu, all mein Glaube bist du, Ursprung allen Lichts.
Meine Hoffnung bist du, Heiland des Gerichts.
Meine Liebe bist du, Trost und Seligkeit.
All mein Leben bist du, Gott der Herrlichkeit, o Jesu.

V.: Im Namen des Vaters und des Sohnes
und des Heiligen Geistes. Amen.
Lasset uns beten für unseren verstorbenen Mitbruder N. (für unsere verstorbene Mitschwester N., für den verstorbenen Herrn N., für die verstorbene Frau N.).
Herr, gib ihm (ihr) die ewige Ruhe.
A.: Und das ewige Licht leuchte ihm (ihr).

KYRIE-RUFE (GL 652)

V.: Jesus starb den Tod, den alle Menschen sterben.
Herr, erbarme dich (unser).
A.: Herr, erbarme dich (unser).
V.: Im Tod hat er den Tod besiegt,
das Leben neu geschaffen.
Christus, erbarme dich (unser).
A.: Christus, erbarme dich (unser).
V.: Er stirbt unsern Tod und schenkt uns sein Leben.
Herr, erbarme dich (unser).
A.: Herr, erbarme dich (unser).
V.: Herr, unser Gott, wir sind zusammengekommen, um für den verstorbenen Herrn N. (die verstorbene Frau N.) zu beten. Durch seinen (ihren) Tod gingen die Tage seines (ihres) irdischen Lebens zu Ende. Erbarme dich und vollende sein (ihr) Leben bei dir. Darum bitten wir durch Christus, unseren Herrn.
A.: Amen.

1. Ewiges Leben

L.: Wir sind nicht für den Tod geschaffen. Unser Gott ist ein Gott der Lebenden. Mag auch unser irdisches Leben dem Tod verfallen sein, Christus hat durch sein Sterben den Tod vernichtet und das Leben neu geschaffen. Tod, wo ist dein Sieg? Tod, wo ist dein Stachel? Gott sei Dank, weil er uns den Sieg geschenkt hat durch unsern Herrn Jesus Christus.

KEHRVERS GL 85,1

PSALMODIE

1. Erbarme dich meiner, o Gott,*
   nach deiner großen Güte!
2. Wasche mich rein von der Schuld,*
   nimm meine Sünden von mir! (Kehrvers)
3. Mir steht meine Schuld vor Augen;*
   ich bekenne, daß ich Böses getan.
4. Ich habe gegen dich gesündigt*
   und dein Wort verachtet.
   (Kehrvers)
5. Erschaffe ein reines Herz in mir*
   und einen beständigen Geist!
6. O Gott, verwirf mich nicht,*
   nimm nicht von mir deinen heiligen Geist!
   (Kehrvers) (Nach Psalm 51)

Sollte es nicht möglich sein, diesen Kehrvers zu singen, kann man auch ein Gesätz vom Rosenkranz beten mit der Einfügung: „Jesus, der unser ewiges Leben ist." Es können auch weniger als 10 „Gegrüßet seist du, Maria" gebetet werden. Dies gilt auch für die weiteren Abschnitte.

V.: Herr Jesus Christus, wir rufen zu dir für unseren verstorbenen Mitbruder (für unsere verstorbene Mitschwester): Gib ihm (ihr) das ewige Leben.

A.: Gib ihm (ihr) das ewige Leben.

V.: Du hast durch deinen Tod die Sünden der Welt getilgt.

A.: Gib ihm (ihr) das ewige Leben.

V.: Du hast dem mitgekreuzigten Verbrecher das Paradies verheißen.

A.: Gib ihm (ihr) das ewige Leben.

V.: Du hast gesagt: Wer an mich glaubt, wird in Ewigkeit nicht sterben, sondern das ewige Leben haben.

A.: Gib ihm (ihr) das ewige Leben.

V.: Lasset uns beten. – Allmächtiger, ewiger Gott, du bist das Leben der Sterbenden und die Seligkeit derer, die zu dir heimgegangen sind. Wir bitten dich für unseren verstorbenen Mitbruder (für unsere verstorbene Mitschwester). Befreie ihn (sie) von den Fesseln des Todes und nimm ihn (sie) auf in das Reich der Liebe und des Friedens. Laß ihn (sie) ewig bei dir leben durch Christus, unseren Herrn.

A.: Amen.

2. Ewige Freude

L.: Wir sind nicht für den Tod geschaffen. Unser Gott ist ein Gott der unvergänglichen Freude. Wohl drückt das unabänderliche Todeslos uns nieder, doch die Verheißung der künftigen Unsterblichkeit richtet uns auf. Gott wird alle Tränen abwischen. Der Tod wird nicht mehr sein, keine Trauer, keine Klage, keine Mühsal. Kommen wir auch als Sünder vor sein Angesicht, beim Herrn ist Barmherzigkeit und reiche Erlösung.

KEHRVERS GL 82,1

PSALMODIE

1. Behüte mich, Gott, denn ich vertraue dir. /
Ich sage zum Herrn: „Du bist mein Herr;*
mein ganzes Glück bist du allein.“
2. Du, Herr,
gibst mir das Erbe und reichst mir den Becher;*
du hältst mein Los in deinen Händen.
(Kehrvers)
3. Auf schönem Land fiel mir mein Anteil zu.*
Ja, mein Erbe gefällt mir gut.
4. Darum freut sich mein Herz
und frohlockt meine Seele;*
auch mein Leib wird wohnen in Sicherheit.
(Kehrvers)
5. Denn du gibst mich nicht der Unterwelt preis;*
du läßt deinen Frommen das Grab nicht schauen.
6. Du zeigst mir den Pfad zum Leben. /
Vor deinem Angesicht herrscht Freude in Fülle,*
zu deiner Rechten Wonne für alle Zeit.
(Kehrvers) (Aus Psalm 16)

Oder: ein Gesätz vom Rosenkranz mit der Einfügung: „Jesus, der unsere ewige Freude ist“.

V.: Herr Jesus Christus, wir rufen zu dir für unseren lieben Verstorbenen (unsere liebe Verstorbene): Gib ihm (ihr) die ewige Freude.

A.: Gib ihm (ihr) die ewige Freude.

V.: Du bist gekommen, allen Menschen Hoffnung zu geben.

A.: Gib ihm (ihr) die ewige Freude.

V.: Du hast denen, die dir treu dienen, versprochen, daß sie eingehen dürfen in die Freude deines Vaters.

A.: Gib ihm (ihr) die ewige Freude.

V.: Du kannst die Schuld wegnehmen, die die Freude hindert.

A.: Gib ihm (ihr) die ewige Freude.

V.: Lasset uns beten. – Gott, unser Vater, erfülle unser ganzes Leben mit der Freude, daß wir erlöst sind, und stärke unsere Hoffnung, daß uns Christus auferweckt am Tage seiner Wiederkunft. Unseren verstorbenen Mitbruder (unsere verstorbene Mitschwester) aber führe aus dem Dunkel zum Licht, aus dem Tod zum Leben, aus allem Leid zur unvergänglichen Freude. Darum bitten wir durch Christus, unseren Herrn.

A.: Amen.

3. Ewiger Friede

L.: Unser Gott ist ein Gott des Friedens. Er schenkt uns seinen Frieden, wenn wir seine Gebote lieben. Doch wie oft erkennen wir nicht, was uns Frieden bringt. Jesus Christus ist das Lamm Gottes, das die Sünde der Welt hinwegnimmt und den ewigen Frieden gibt.

KEHRVERS GL 89,1

PSALMODIE

1. Lobe den Herrn, meine Seele,*
   und alles in mir seinen heiligen Namen.
2. Lobe den Herrn, meine Seele,*
   und vergiß nicht, was er dir Gutes getan hat.
   (Kehrvers)
3. Der dir all deine Schuld vergibt*
   und all deine Gebrechen heilt;
4. der dein Leben vor dem Untergang rettet*
   und dich mit Huld und Erbarmen krönt.
   (Kehrvers)
5. Der Herr ist barmherzig und gnädig,*
   langmütig und reich an Güte.
6. Er handelt an uns nicht nach unsern Sünden*
   und vergilt uns nicht nach unserer Schuld.
   (Kehrvers) (Aus Psalm 103)

Oder: ein Gesätz vom Rosenkranz mit der Einfügung: „Jesus, der unser ewiger Friede ist".

V.: Herr Jesus Christus, wir rufen zu dir für unseren verstorbenen Mitbruder (für unsere verstorbene Mitschwester): Gib ihm (ihr) den ewigen Frieden.
A.: Gib ihm (ihr) den ewigen Frieden.
V.: Durch dich können wir im Frieden mit Gott leben.
A.: Gib ihm (ihr) den ewigen Frieden.
V.: Du hast gesagt: Meinen Frieden gebe ich euch.
A.: Gib ihm (ihr) den ewigen Frieden.
V.: Das Reich deines Vaters ist Gerechtigkeit, Friede und Freude im Heiligen Geist.
A.: Gib ihm (ihr) den ewigen Frieden.
V.: Lasset uns beten. – Herr, wie kurz ist unser Leben, und wie oft ist es bestimmt von Unrecht und Sünde. Wir empfehlen dir unseren verstorbenen Mitbruder (unsere verstorbene Mitschwester). Verzeih ihm (ihr) alles

Böse und schenke ihm (ihr) den ewigen Frieden bei dir. Darum bitten wir durch Christus, unseren Herrn.

A.: Amen.

4. Ewiges Licht

L.: Vieles ist im Leben des Menschen wie ein unlösbares Rätsel. Das Böse hält uns gefangen. Krankheit und Tod sind unser Schicksal. Mitten im Leben sind wir vom Tod umfangen. Jesus Christus ist das Licht der Welt, das jeden Menschen erleuchten und zum unvergänglichen Licht führen will.

KEHRVERS GL 719,1

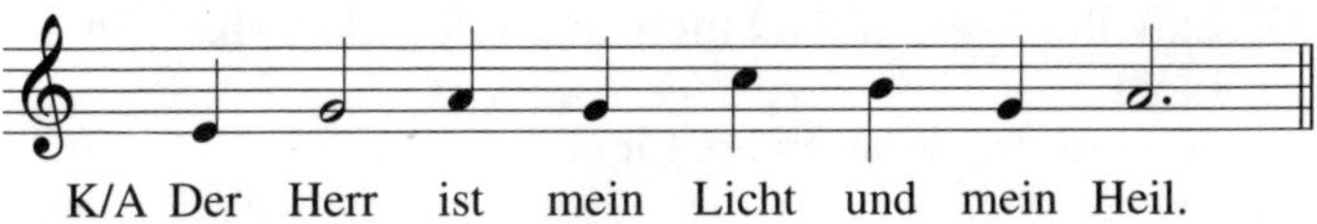

PSALMODIE

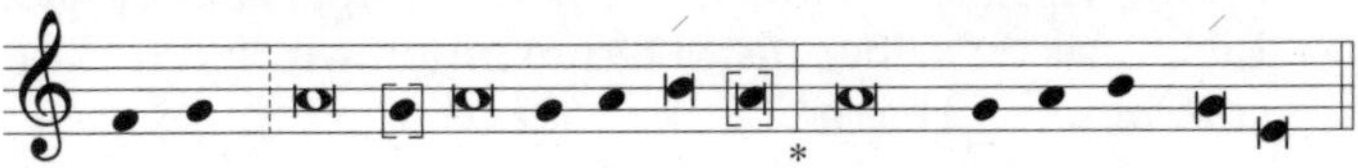

1. Der Herr ist mein Licht und mein Heil:*
   Vor wem sollte ich mich fürchten?
2. Der Herr ist die Kraft meines Lebens:*
   Vor wem sollte mir bangen?
   (Kehrvers)
3. Nur eines erbitte ich vom Herrn,*
   danach verlangt mich:
4. im Hause des Herrn zu wohnen*
   alle Tage meines Lebens.
   (Kehrvers)
5. Ich aber bin gewiß, zu schauen*
   die Güte des Herrn im Land der Lebenden.

6. Hoffe auf den Herrn, und sei stark!*
Hab festen Mut, und hoffe auf den Herrn!
(Kehrvers) (Aus Psalm 27)

Oder: ein Gesätz vom Rosenkranz mit der Einfügung: „Jesus, der unser ewiges Licht ist".

V.: Herr Jesus Christus, wir rufen zu dir für unseren verstorbenen Mitbruder (für unsere verstorbene Mitschwester): Gib ihm (ihr) das ewige Licht.
A.: Gib ihm (ihr) das ewige Licht.
V.: Du bist das Licht des Lebens; wer zu dir kommt, ist nicht in Finsternis.
A.: Gib ihm (ihr) das ewige Licht.
V.: Vergib ihm (ihr) alle Sünden.
A.: Gib ihm (ihr) das ewige Licht.
V.: Laß ihn (sie) teilnehmen am Erbe der Heiligen im Licht.
A.: Gib ihm (ihr) das ewige Licht.
V.: Lasset uns beten. – Herr, unser Gott, du bist Licht, und in dir ist keine Finsternis. Du kannst uns aus dem Dunkel der Sünde und des Todes retten. Laß uns als Kinder des Lichtes leben und führe unseren verstorbenen Mitbruder (unsere verstorbene Mitschwester) zum ewigen Licht, das du selber bist. Darum bitten wir durch Christus, unseren Herrn.
A.: Amen.

5. Ewige Ruhe

L.: Unser Leben ist oft geprägt von Angst und Sinnlosigkeit. Wir aber suchen Geborgenheit und Erfüllung. Mit dem Tod werden diese Fragen noch drängender, und wir suchen nach einer Antwort. Jesus hat gesagt: „Kommt alle zu mir, die ihr euch plagt und schwere Lasten zu tragen habt. Ich werde euch Ruhe verschaffen." Er allein kann unserem unruhigen Herzen Ruhe schenken, bis es ruht in Gott.

KEHRVERS

Oder: Nach Gott, dem Lebendigen, dürstet meine Seele.

PSALMODIE

1. Der Herr ist mein Hirte,*
nichts wird mir fehlen.
2. Er läßt mich lagern auf grünen Auen*
und führt mich zum Ruheplatz am Wasser.
(Kehrvers)
3. Er stillt mein Verlangen;*
er leitet mich auf rechten Pfaden, treu seinem Namen.
4. Muß ich auch wandern in finsterer Schlucht,*
ich fürchte kein Unheil,
(Kehrvers)
5. denn du bist bei mir,*
dein Stock und dein Stab geben mir Zuversicht.

6. Lauter Güte und Huld werden mir folgen mein Leben lang.*
und im Haus des Herrn darf ich wohnen für lange Zeit.
(Kehrvers) (Aus Psalm 23)

Oder: ein Gesätz vom Rosenkranz mit der Einfügung: „Jesus, der unsere ewige Ruhe ist“

V.: Herr Jesus Christus, wir rufen zu dir für unseren verstorbenen Mitbruder (unsere verstorbene Mitschwester): Gib ihm (ihr) die ewige Ruhe.
A.: Gib ihm (ihr) die ewige Ruhe.
V.: In dir sind die Toten geborgen.
A.: Gib ihm (ihr) die ewige Ruhe.
V.: In dir findet der Mensch die Erfüllung seiner rechten Wünsche.
A.: Gib ihm (ihr) die ewige Ruhe.
V.: Selig sind, die in dir sterben.
A.: Gib ihm (ihr) die ewige Ruhe.
V.: Lasset uns beten. – Ewiger Gott, in dir findet alles seine Vollendung. Du kannst das Suchen des Menschen erfüllen. Schenke unserem verstorbenen Mitbruder (unserer verstorbenen Mitschwester) die Freude, für immer bei dir geborgen zu sein. Darum bitten wir durch Christus, unseren Herrn.
A.: Amen.

Abschluß

Die folgende Lobpreisung kann man nicht bei allen Todesfällen nehmen. Es wird dann gleich mit dem Vater unser fortgesetzt.

Lobpreisung

V.: Herr, unser Gott, unsere Toten kehren heim zu dir. Wir aber bleiben mit ihnen verbunden; denn wir sind ein Leib in Christus und untereinander Glieder.
Herr, wir preisen dich mit unseren Brüdern und Schwestern, die in seliger Freude bei dir leben.
Wir loben dich.
A.: Wir preisen dich.

V.: Herr, wir preisen dich mit unseren Brüdern und Schwestern, die noch der Läuterung bedürfen, denn auch sie sind dein.
Wir loben dich.
A.: Wir preisen dich.
V.: Herr, wir preisen dich, daß wir unseren Verstorbenen helfen dürfen; höre unser Gebet und erhöre unsere Bitten.
Wir loben dich.
A.: Wir preisen dich.
V.: Herr, wir preisen dich auch um der Schmerzen und des Todes willen; denn unsere Trauer wandelst du in Freude, und durch dich wird der Tod zur Pforte des Lebens.
Wir loben dich.
A.: Wir preisen dich.
V.: Lasset uns beten, wie der Herr uns zu beten gelehrt hat:
A.: Vater unser …
V.: O Gott, laß uns in der Gemeinschaft mit denen, die du geheiligt hast, verbleiben und in dir die Vollendung finden. Durch Christus, unseren Herrn.
A.: Amen.
V.: Der Herr segne uns, er bewahre uns vor Unheil und führe uns zum ewigen Leben.
A.: Amen.

Zum Abschluß kann ein Lied gesungen werden z. B.:
GL 655 Wir sind mitten im Leben.

3.3 Vesper zur Totenwache

V.: O Gott, komm mir zu Hilfe.
A.: Herr, eile, mir zu helfen.

Ehre sei dem Vater und dem Sohn(e) und dem Heiligen Geist(e).
Wie im Anfang, so auch jetzt und alle Zeit und in Ewigkeit. Amen.

HYMNUS

GL 661 Den Menschen, die aus dieser Zeit

PSALMEN

Psalm 121 nach GL 752
Psalm 130 nach GL 82
Canticum Phil 2,6–11 nach GL 694: Jesus Christus ist der Herr

KURZLESUNG *1 Kor 15,55–57*

Tod, wo ist dein Sieg? Tod, wo ist dein Stachel?
Der Stachel des Todes aber ist die Sünde, die Kraft der Sünde ist das Gesetz. Gott aber sei Dank, der uns den Sieg geschenkt hat durch Jesus Christus, unseren Herrn.

ANTWORTGESANG

GL 687 Dein Wort ist Licht und Wahrheit

MAGNIFICAT

Magnificat-Ant. Alles, was der Vater mir gibt, wird zu mir kommen, und wer zu mir kommt, den weise ich nicht zurück.

Meine Seele preist die Größe des Herrn,* und mein Geist jubelt über Gott, meinen Retter.
Denn auf die Niedrigkeit seiner Magd hat er geschaut.* Siehe, von nun an preisen mich selig alle Geschlechter!
Denn der Mächtige hat Großes an mir getan,* und sein Name ist heilig.
Er erbarmt sich von Geschlecht zu Geschlecht* über alle, die ihn fürchten.

Er vollbringt mit seinem Arm machtvolle Taten:* er zerstreut, die im Herzen voll Hochmut sind;
er stürzt die Mächtigen vom Thron* und erhöht die Niedrigen.
Die Hungernden beschenkt er mit seinen Gaben* und läßt die Reichen leer ausgehn.

Er nimmt sich seines Knechtes Israel an* und denkt an sein Erbarmen,
das er unsern Vätern verheißen hat,* Abraham und seinen Nachkommen auf ewig.

Ehre sei dem Vater und dem Sohn* und dem Heiligen Geist.
Wie im Anfang, so auch jetzt und alle Zeit* und in Ewigkeit. Amen.

Das Magnificat kann auch nach GL 689 mit Kehrvers GL 692 gesungen oder gesprochen werden.

FÜRBITTEN

Laßt uns beten zu Christus, unserer Hoffnung:

A.: Du bist unser Leben und unsere Auferstehung.

Herr, du hast deinen Freund Lazarus
von den Toten auferweckt;
– erwecke unsere Verstorbenen zum ewigen Leben.

Du Tröster der Trauernden,
– sei mit deinem Trost allen nahe,
die um ihre Verstorbenen weinen.

Erbarme dich der Menschen, die keine Hoffnung haben;
– schenke ihnen den Glauben an die Auferstehung
und an das Leben der kommenden Welt.

Du bist ein gnädiger Richter;
– erbarme dich dessen,
den du als den nächsten aus unserer Mitte
vor dein Angesicht rufen wirst.

Schenke allen Verstorbenen dic ewige Ruhe – und das ewige Licht leuchte ihnen.

Vater unser …

Allmächtiger Gott, wir glauben und bekennen, daß du deinen Sohn als Ersten von den Toten auferweckt hast. Stärke in uns die Hoffnung, daß du auch unseren Bruder (unsere Schwester) N. auferwecken wirst zum ewigen Leben. Darum bitten wir durch Jesus Christus.

SEGENSBITTE

Der Herr segne uns,
er bewahre uns vor Unheil
und führe uns zum ewigen Leben.

A.: Amen.

3.4 Wortgottesdienst zum schmerzhaften Rosenkranz

ERÖFFNUNG

V.: Im Namen des Vaters …
A.: Amen.

V.: Unsere Hilfe ist im Namen des Herrn.
A.: Der Himmel und Erde erschaffen hat.

SCHRIFTWORT

Im betrachtenden Gebet des schmerzhaften Rosenkranzes schauen wir auf das Leiden und Sterben unseres Herrn Jesus Christus. Er ist uns den Weg in das Dunkel des Todes im Vertrauen auf die Macht und Güte des himmlischen Vaters vorangegangen. Von seiner Auferstehung lebt unsere Hoffnung auf die Auferweckung der Toten. Der Abschnitt aus dem Brief an die Philipper erinnert uns an den verheißenen Sieg über menschliche Schwäche und Vergänglichkeit, den wir für unseren Verstorbenen N. (unsere Verstorbene N.) erbitten.

Aus dem Brief an die Philipper *(Phil 3, 10–15.20–21)*
Christus will ich erkennen und die Macht seiner Auferstehung und die Gemeinschaft mit seinen Leiden; sein Tod soll mich prägen. So hoffe ich, auch zur Auferstehung von den Toten zu gelangen. Nicht daß ich es schon erreicht hätte oder daß ich schon vollendet wäre. Aber ich strebe danach, es zu ergreifen, weil auch ich von Christus Jesus ergriffen worden bin. Brüder, ich bilde mir nicht ein, daß ich es schon ergriffen hätte. Eines aber tue ich: Ich vergesse, was hinter mir liegt, und strecke mich nach dem aus, was

vor mir ist. Das Ziel vor Augen, jage ich nach dem Siegespreis: der himmlischen Berufung, die Gott uns in Christus Jesus schenkt. Das wollen wir bedenken, wir Vollkommenen. Und wenn ihr anders über etwas denkt, wird Gott euch auch das offenbaren. Unsere Heimat aber ist im Himmel. Von dorther erwarten wir auch Jesus Christus, den Herrn, als Retter, der unseren armseligen Leib verwandeln wird in die Gestalt seines verherrlichten Leibes, in der Kraft, mit der er sich alles unterwerfen kann.

GLAUBENSBEKENNTNIS

V.: Laßt uns im Glauben bekennen, daß wir ewiges Leben von Gott erhoffen, der Christus zu seiner Rechten erhoben hat.
A.: Ich glaube an Gott, den Vater, …

ROSENKRANZGEBET

Aus dem Evangelium nach Lukas *(Lk 22,42–44)*
Jesus betete.: Vater, wenn du willst, nimm diesen Kelch von mir! Aber nicht mein, sondern dein Wille geschehe! Da erschien ihm ein Engel vom Himmel und gab ihm neue Kraft. Und er betete in seiner Angst noch inständiger, und sein Schweiß war wie Blut, das auf die Erde tropfte.

Erstes Gesätz:
Jesus, der für uns Blut geschwitzt hat.
(Jesus, der auch für N. gelitten hat).

Aus dem Evangelium nach Matthäus *(Mt 27,24–26)*
Pilatus ließ Wasser bringen, wusch sich vor allen Leuten die Hände und sagte: Ich bin unschuldig am Blut dieses Menschen. Das ist eure Sache! Da rief das ganze Volk: Sein Blut komme über uns und unsere Kinder! Darauf ließ er Barabbas frei und gab den Befehl, Jesus zu geißeln und zu kreuzigen.

Zweites Gesätz:
Jesus, der für uns gegeißelt worden ist.

Aus dem Evangelium nach Matthäus *(Mt 27,29)*
Die Soldaten flochten einen Kranz aus Dornen; den setzten sie ihm auf und gaben ihm einen Stock in die rechte Hand. Sie fielen vor ihm auf die Knie und verhöhnten ihn, indem sie riefen: Heil dir, König der Juden!

Drittes Gesätz:
Jesus, der für uns mit Dornen gekrönt worden ist.

Aus dem Evangelium nach Matthäus *(Mt 27,31–32)*
Die Soldaten führten Jesus hinaus, um ihn zu kreuzigen. Auf dem Weg trafen sie einen Mann aus Zyrene namens Simon; ihn zwangen sie, Jesus das Kreuz zu tragen.

Viertes Gesätz:
Jesus, der für uns das schwere Kreuz getragen hat.
(Jesus, der das Schwere im Leben von N. zum Opfer annehmen wolle.)

Aus dem Evangelium nach Johannes *(Joh 19,17–18)*
Jesus trug sein Kreuz und ging hinaus zur sogenannten Schädelhöhe, die auf hebräisch Golgota heißt. Dort kreuzigten sie ihn und mit ihm zwei andere, auf jeder Seite einen, in der Mitte Jesus.

Fünftes Gesätz:
Jesus, der für uns gekreuzigt worden ist.

FÜRBITTEN

V.: Laßt uns das Erbarmen unseres Herrn Jesus Christus anrufen für unseren Verstorbenen ... (unsere Verstorbene ...) und für alle, die um ihn (sie) trauern.
Herr Jesus Christus, du hast Todesangst durchlitten und dich dem Willen des himmlischen Vaters unterworfen: Gedenke der Not, die unser Verstorbener ... (unsere Verstorbene ...) in seiner (ihrer) Todesstunde und seinem (ihrem) ganzen Leben ertragen hat, und hilf uns, daß wir auch in schweren Stunden nach deinem Willen leben. Christus, höre uns.

A.: Christus, erhöre uns.

V.: Du bist unschuldig verurteilt, dem Spott und der Verachtung preisgegeben worden: Schenk unserem Verstorbenen ... (unserer Verstorbenen ...) den Lohn für sein (ihr) Bekenntnis zu dir, und stärke uns in der Treue. Christus, höre uns.

A.: Christus, erhöre uns.

V.: Du hast dein Kreuz getragen: Verzeihe die Fehler und Sünden unseres Verstorbenen ... (unserer Verstorbenen ...), und hilf uns, daß wir uns deiner Nachfolge nicht entziehen. Christus, höre uns.

A.: Christus, erhöre uns.

V.: Du hast am Kreuz dein Leben in die Hände des Vaters zurückgegeben: Nimm unseren Verstorbenen ... (unsere Verstorbene ...) auf in deinen Sieg über den Tod, und tröste uns durch die Verheißung unsterblichen Lebens in deiner Herrlichkeit. Christus, höre uns.

A.: Christus, erhöre uns.

V.: Heiliger Gott, durch deinen Sohn Jesus Christus erhoffen wir unsere Auferstehung. Bedrückt uns auch die Gewißheit des Todes, so tröstet uns doch die Verheißung der künftigen Unsterblichkeit. Er hat uns verheißen, daß denen, die glauben, das Leben nicht genommen wird, es wird nur neu gestaltet. Und wenn wir unsere irdische Heimat verlassen, steht uns eine ewige Wohnung im Himmel bereit.
In diesem festen Glauben bitten wir dich: Gib allen unseren Verstorbenen die Freude des ewigen Lebens. Stärke uns in der Hoffnung auf deine rettende Macht, und tröste uns im Vertrauen auf deine Barmherzigkeit. Bereite uns durch deinen Heiligen Geist für den Tag der Herrlichkeit, an dem du alle Toten auferwecken wirst. Hilf uns, daß wir vor deinem Angesicht bestehen können und dich mit unseren Verstorbenen schauen dürfen in alle Ewigkeit.

A.: Amen.

V.: Herr, gib ihm (ihr) die ewige Ruhe.
A.: Und das ewige Licht leuchte ihm (ihr).
V.: Laß ihn (sie) ruhen in Frieden.
A.: Amen.

3.5 Wortgottesdienst zum glorreichen Rosenkranz

ERÖFFNUNG

V.: Im Namen des Vaters …
A.: Amen.
V.: Unsere Hilfe ist im Namen des Herrn.
A.: Der Himmel und Erde erschaffen hat.

SCHRIFTWORT

Wir hören einen Abschnitt aus dem Brief an die Gemeinde in Ephesus. Er ruft uns auf, in der Trauer über den Tod unseres Verstorbenen N. (unserer Verstorbenen N.) alle Hoffnung auf die Macht Gottes zu setzen.

Aus dem Brief an die Epheser *(Eph 1,17–21)*
Der Gott Jesus Christi, unseres Herrn, der Vater der Herrlichkeit, gebe euch den Geist der Weisheit und Offenbarung, damit ihr ihn erkennt. Er erleuchte die Augen eures Herzens, damit ihr versteht, zu welcher Hoffnung ihr durch ihn berufen seid, welchen Reichtum die Herrlichkeit seines Erbes den Heiligen schenkt und wie überragend groß seine Macht sich an uns, den Gläubigen, erweist durch das Wirken seiner Kraft und Stärke. Er hat sie an Christus erwiesen, den er von den Toten auferweckt und im Himmel auf den Platz zu seiner Rechten erhoben hat, hoch über alle Fürsten und Gewalten, Mächte und Herrschaften und über jeden Namen, der nicht nur in dieser Welt, sondern auch in der zukünftigen genannt wird.

GLAUBENSBEKENNTNIS

V.: Laßt uns im Glauben bekennen, daß Gott lebt und uns die Fülle seines Lebens schenken will.
A.: Ich glaube an Gott, den Vater, …

ROSENKRANZGEBET

Aus dem ersten Brief des Apostels Petrus *(1 Petr 1,21)*
Durch Christus seid ihr zum Glauben an Gott gekommen, der ihn von den Toten auferweckt und ihm die Herrlichkeit gegeben hat, so daß ihr an Gott glauben und auf ihn hoffen könnt.

Erstes Gesätz:
Jesus, der von den Toten auferstanden ist.
(Jesus, der auch N. in seine Auferstehung hineinnehmen wolle.)

Aus dem Brief
des Apostels Paulus an die Kolosser *(Kol 3,14)*
Ihr seid mit Christus auferweckt; darum strebt nach dem, was im Himmel ist, wo Christus zur Rechten Gottes sitzt. Richtet euren Sinn auf das Himmlische und nicht auf das Irdische! Denn ihr seid gestorben, und euer Leben ist mit Christus verborgen in Gott. Wenn Christus, unser Leben, offenbar wird, dann werdet auch ihr mit ihm offenbar werden in Herrlichkeit.

Zweites Gesätz:
Jesus, der in den Himmel aufgefahren ist.
(Jesus, der auch N. im Himmel eine Wohnung geben wolle.)

Aus dem Brief
des Apostels Paulus an die Römer *(Röm 8,14–17)*
Alle, die sich vom Geist Gottes leiten lassen, sind Söhne Gottes, Denn ihr habt nicht einen Geist empfangen, der euch zu Sklaven macht, so daß ihr euch immer noch fürchten müßtet, sondern ihr habt den Geist empfangen, der euch zu Söhnen macht, den Geist, in dem wir rufen: Abba, Vater! So bezeugt der Geist selber unserem Geist, daß wir Kinder Gottes sind. Sind wir aber Kinder, dann auch Erben; wir sind Erben Gottes und sind Miterben Christi, wenn wir mit ihm leiden, um mit ihm auch verherrlicht zu werden.

Drittes Gesätz:
Jesus, der uns den Heiligen Geist gesandt hat.

Aus dem Evangelium nach Lukas *(Lk 1, 46–49)*
Maria sagte:
Meine Seele preist die Größe des Herrn,
und mein Geist jubelt über Gott,
meinen Retter.
Denn auf die Niedrigkeit seiner Magd hat er geschaut.
Siehe, von nun an preisen mich selig alle Geschlechter!
Denn der Mächtige hat Großes an wir getan,
und sein Name ist heilig.

Viertes Gesätz:
Jesus, der dich, o Jungfrau,
in den Himmel aufgenommen hat.

Aus dem zweiten Brief
des Apostels Paulus an Timotheus *(2 Tim 2, 11–13)*
Das Wort ist glaubwürdig:
Wenn wir mit Christus gestorben sind,
werden wir auch mit ihm leben;
wenn wir standhaft bleiben,
werden wir auch mit ihm herrschen;
wenn wir ihn verleugnen,
wird auch er uns verleugnen.
Wenn wir untreu sind,
bleibt er doch treu,
denn er kann sich selbst nicht verleugnen.

Fünftes Gesätz:
Jesus, der dich, o Jungfrau,
im Himmel gekrönt hat.

FÜRBITTEN

V.: Laßt uns das Erbarmen unseres Herrn Jesus Christus anrufen für unseren Verstorbenen ... (unsere Verstorbene ...) und für alle, die um ihn (sie) trauern.
Herr Jesus Christus, du hast den Tod überwunden und bist aus dem Grabe auferstanden: Nimm unseren Ver-

storbenen … (unsere Verstorbene …) in dein unvergängliches Leben auf und stärke uns in der Zuversicht, daß deiner Herrschaft keine Grenzen gesetzt sind. Christus, höre uns.

A.: Christus, erhöre uns.

V.: Du bist aufgefahren in die Herrlichkeit des Vaters: Vergib, was unrecht war im Leben unseres Verstorbenen … (unserer Verstorbenen …), doch vergilt ihm (ihr) auch seine (ihre) guten Taten, und laß uns erkennen, daß wir berufen sind, dich als unser ewiges Ziel in Wort und Tat zu bezeugen.
Christus, höre uns.

A.: Christus, erhöre uns.

V.: Du hast uns den Heiligen Geist als Beistand und Tröster gesandt: Schenk unserem Verstorbenen … (unserer Verstorbenen …) die Fülle deines göttlichen Lebens, das du ihm (ihr) in seiner (ihrer) Taufe verheißen hast, und stärke uns mit den Gaben deines Geistes, damit wir uns deinem Willen anvertrauen.
Christus, höre uns.

A.: Christus, erhöre uns.

V.: Du hast Maria, deine Mutter, in die Herrlichkeit des Himmels erhoben: Nimm unseren Verstorbenen … (unsere Verstorbene …) in die Gemeinschaft aller Heiligen auf und schenk uns die Kraft, nach dem Vorbild deiner Zeugen zu leben und zu sterben.
Christus, höre uns.

A.: Christus, erhöre uns.

V.: Gott und Vater, wir bitten dich, erhalte uns die Liebe zu unseren Verstorbenen, die uns mit Glauben und Hoffnung in das Dunkel des Todes vorausgegangen sind. Gib, daß wir das Zeugnis ihres Lebens nicht vergessen. Wir empfehlen sie deiner väterlichen Liebe. Deine Barmherzigkeit tilge ihre Schuld, deine Güte schenke ihnen die ewige Vollendung in deinem Reich, zu dem du uns durch Jesus Christus, deinen Sohn, berufen hast. Laß uns in Zuversicht zu ihm aufschauen und mit ihm beten: Vater, dein Wille geschehe. Steh uns bei mit deinem Geist, damit die Dunkelheit unserer Fragen sich lichtet und wir auch in der Stunde der Not deine Nähe erfahren. Richte uns auf, tröste uns und stärke uns im Vertrauen auf die Herrlichkeit des ewigen Lebens, das du allen verheißen hast, die dich lieben. Dir sei die Ehre in Ewigkeit.

A.: Amen.

V.: Herr, gib ihm (ihr) die ewige Ruhe.

A.: Und das ewige Licht leuchte ihm (ihr).

V.: Laß ihn (sie) ruhen in Frieden.

A.: Amen.

4. Liturgie als Hilfe in der Trauer

Zusammenhang von Liturgie und Diakonie

Bei der Liturgie im Angesicht des Todes[1] geht es sowohl um die Sterbenden und Toten als auch um die Trauernden. Das Beerdigungsritual hat die Funktion, die Veränderungen in den Beziehungen zwischen Verstorbenen und Trauernden wie auch zwischen den Trauernden und ihrer Umwelt zeichenhaft zum Ausdruck zu bringen. Es stellt den Weg dar, den die Trauernden zu gehen haben, ermöglicht und begrenzt zugleich ihre Emotionen, reduziert ihre Angst vor der Bewältigung der neuen Lebenssituation, spricht ihnen den neuen Status zu, proklamiert diesen Status auch in der Öffentlichkeit und sichert den Trauernden zu, daß sie einen Platz in der Welt der Lebenden behalten und der Zwischenzustand ihrer Isolierung kein permanenter sein werde[2]. Sollen alle diese Aufgaben erfüllt werden, dann kann dies die Liturgie nicht allein leisten, dann müssen liturgisches Handeln und diakonales Tun eng miteinander verbunden sein, dürfen Feier der Liturgie und Gottesdienst des Lebens bei dieser zentralen Sinnfrage nicht auseinanderfallen[3].

Die Ermöglichung der Trauer ist eine Aufgabe, die heute mehr als früher auch von der Liturgie verlangt wird. Noch bis in die jüngste Zeit konnte mit einer Arbeitsteilung zwischen Kirche und christlich geprägter Gesellschaft gerechnet werden: Die Ortsgemeinde, die Nachbarschaft vor allem, kümmerte sich um die Hinterbliebenen, auch das nach fest vorgeprägten Ritualen, die heute weithin verlorengegangen sind. Die gottesdienstliche Begleitung der Trauernden war dann zeichenhafte Verdichtung aus dem Glauben vornehmlich an den Übergängen der verschiedenen Trauerphasen. Die Feier der Liturgie mußte nicht so sehr von der Trauer bestimmt sein, die ja im gesellschaftlichen Umfeld der Hinterbliebenen durchgetragen wurde.

Jüdischer Umgang mit Tod und Trauer als Vorbild?

Der jüdische Umgang mit Tod und Trauer zeigt bis heute, was diese Arbeitsteilung meint[4]. Die Trauernden sind bis nach der Beerdigung von allen religiösen Pflichten befreit. In der dann beginnenden siebentägigen Trauerzeit werden sie nicht allein gelassen und zudem angehalten, ihre Trauer auszuleben. Die Gottesdienste mit ihnen enthalten keine Gebete der Buße und lassen das Halleluja-Gebet weg. Das soll die Trauersituation berücksichtigen, denn ein Trauernder wird für kaum fähig gehalten, Gott zu loben. Dafür gibt es aber in der Liturgie kein Wort der Trauer. Im Mittelpunkt des Begräbnisses stehen das Achtzehngebet und das „Qaddisch der Erneuerung", ein einziger Lobpreis Gottes, in dem die Toten nicht einmal vorkommen[5]. Das Qaddisch wird auch während der Trauerzeit und zum Jahrgedächtnis gesprochen. „Die Hinterbliebenen verkünden das Lob Gottes und ehren damit ihre Verstorbenen und die Erziehung, die sie von ihnen genossen haben, daß sie selbst im größten Schmerz Gottes Größe und seine Gerechtigkeit öffentlich bekennen."[6] Erst nach dem Begräbnis erfolgt ein Trostzuspruch mit Psalm 103,14 und Jesaja 25,8.
Einerseits wird den Hinterbliebenen die Trauer zugestanden im Wissen darum, daß sich jede Verdrängung später

rächen wird. Andererseits trägt die Gemeinde das Gotteslob weiter in der Hoffnung darauf, daß auch die Trauernden bald wieder daran teilnehmen können. Der Spannungsbogen zwischen Trauer und gläubiger Hoffnung wird durchgehalten und jedem das zugemutet, was ihm möglich sein sollte.

Totenliturgie zwischen Klage und Osterjubel

Ganz ähnlich kennt die älteste erhaltene Gestalt der römischen Sterbe- und Begräbnisliturgie des 7./8. Jahrhunderts keine Klage. In einem einzigen Gottesdienst, der mit der Spendung der Wegzehrung beginnt und mit der Bestattung endet, werden alle Handlungen an dem Sterbenden und Toten vom Gebet begleitet; diakonales und liturgisches Handeln stellen eine Einheit dar[7].

Selbstverständlich kann es nicht Aufgabe der Liturgie sein, „den Menschen die Trauer auszureden, sondern vielmehr mit den Trauernden zu trauern, ihnen Mut zu machen, sich in den Prozeß der Trauer einzulassen in der Hoffnung, in ihr nicht unterzugehen“[8]. Die Totenliturgie ist ein Übergangsritus, der in mehrfacher Hinsicht für die Trauernden den Weg zu einem neuen Leben angesichts der Erfahrung des Todes symbolisiert. Dem entspricht in besonderer Weise die Eucharistiefeier, die ja Feier des transitus Domini, des Pascha-Mysteriums ist, des Weges über Leiden und Sterben zur Auferstehung. Die Emmaus-Perikope, die sicher schon von der Herrenmahlfeier der Urgemeinde geprägt ist, zeigt nicht zufällig Jesus als Trauerbegleiter[9] und beschreibt in Kurzform alle Trauerphasen. Von daher ist die Sterbe- und Totenliturgie bis in das frühe Mittelalter vom Mysterium paschale geprägt, das die beiden Seiten der einen Medaille umfaßt: Leiden und Sterben einerseits, Bekenntnis der und Hoffnung auf die Auferstehung andererseits, wobei der österliche Sinn des Todes im Mittelpunkt steht.

Wenn seit dem 10. Jahrhundert der Gerichtsgedanke in den Vordergrund tritt, die Sorge um das Seelenheil der

Verstorbenen in den Mittelpunkt der Liturgie rückt, dann ist damit eine Engführung verbunden, die das österliche Ziel zwar nicht ganz verdrängt, aber doch die Trauerarbeit vermutlich eher behindert als fördert. Die Häufung der Messen und Ablässe für die armen Seelen, die Absolution mit dem Wechselgesang „Libera“ (10. Jh.), die Sequenz „Dies irae“ (13. Jh.), die schwarze Farbe der Gewänder (allgemein seit dem 16. Jh.), die allgemeine Sündenangst und das Bemühen, Gott um jeden Preis gnädig zu stimmen etwa durch das Meßstipendienwesen, „tragen weniger zur Reduzierung der Angst und zur Hoffnung der Angehörigen bei, sie führen vielmehr oft zu einem belasteten Verhältnis der Hinterbliebenen zu den ‚armen‘ Seelen und vermehren die Angst um das eigene Heil“, schreibt völlig zu Recht Ludwig Bertsch.

Er macht dabei zugleich auf eine andere mögliche Engführung durch die nach dem II. Vatikanum erneuerte Liturgie aufmerksam: auf „die Behinderung der Trauer der Angehörigen durch eine einseitige Betonung des österlichen Aspektes in den kirchlichen Übergangsriten. Wie es gefährlich ist, den End- und Zielpunkt des Überganges, die Auferstehung, aus dem Auge zu verlieren und vor allem seine Bedrohung zum Mittelpunkt der Liturgie und Frömmigkeit zu machen, so problematisch ist es auch, zuerst und vor allem das strahlende Ziel des Überganges herauszustellen und die übrigen Stufen zu vernachlässigen ... Wenn in Totengottesdiensten nur österliche Gebete, Lieder und Lesungen ausgewählt werden, die keine Äußerung der Klage, des Schmerzes und der Trauer zulassen, ist eine Engführung gegeben, die dem ganzen Weg des transitus Domini et fidelium nicht entspricht.“[10] Tatsächlich wünscht die Liturgiekonstitution des II. Vatikanums in Art. 81: „Der Ritus der Exsequien soll deutlicher den österlichen Sinn des christlichen Todes ausdrücken ...“ Mit „österlich“ wird hier „paschale“ wiedergegeben, was eben nicht nur Auferstehung, sondern das ganze Pascha-Mysterium meint. Zu fragen wäre daher, ob die Texte und Riten der Liturgie einseitig sind und so Trauer etwa nicht zulassen.

Ein Problem besteht sicherlich darin, daß die liturgischen Feiern im Angesicht des Todes weithin eben nur noch die einzige Heilssorge christlicher Gemeinde um die Trauernden darstellen, der diakonale Aspekt ausfällt und so von der Liturgie verlangt wird, was früher vornehmlich außerhalb des Gottesdienstes beheimatet war. Daß die Liturgie auch Mitte aller Trauerarbeit ist, ist zumindest theologisch keine Frage, da innerhalb der Sendung der Kirche „die Liturgie der Höhepunkt (ist), dem das Tun der Kirche zustrebt, und zugleich die Quelle, aus der all ihre Kraft strömt" (Liturgiekonstitution Art. 10), ein Tun der Gemeinde also, dessen „Wirksamkeit kein anderes Tun der Kirche an Rang und Maß erreicht" (ebd. Art. 7). Das kann aber kaum so verstanden werden, als müßte all das in den Gottesdienst gepackt werden, was bislang gewissermaßen zwischen den verschiedenen liturgischen Feiern und damit vornehmlich außerhalb der Gottesdienste geleistet wurde.

Trauerphasen und Liturgie

Wenn die Liturgie im Kern immer Deutung des Lebens im Lichte des Pascha-Mysteriums ist, dann verwundert es nicht, daß die liturgische Begleitung Trauernder exakt den verschiedenen Trauerphasen entspricht. Und hier ist in Erinnerung zu rufen, was die katholische Sterbe- und Totenliturgie schon immer prägte: Sie ist nicht eine Kasualliturgie zum Begräbnis, sondern steht vielmehr in dem großen Zusammenhang der Sorge der Kirche für die kranken und sterbenden Menschen sowie für die Verstorbenen und Hinterbliebenen.
Daher kennt die Liturgie auch eine vorauslaufende Trauerbegleitung, die eine Trauerbewältigung nach Eintritt des Todes erleichtern kann. So bietet „Die Feier der Krankensakramente" Möglichkeiten der Heilssorge für den Todkranken und als liturgische Sterbebegleitung vor allem die Wegzehrung. Der oft kurzen Phase des Schocks, dem die Hinterbliebenen nach Eintritt des Todes ausgesetzt sind, gelten die Sterbegebete. Die Totenwache bzw. das Toten-

gebet begleitet die meist bis zur Beerdigung währende kontrollierte Phase. Eucharistiefeier und Grablegung sind dann auch eine ganz praktische Liebestat der Gemeinde, wenn sie die Trauer der Hinterbliebenen ernst nimmt und zum Gebet auch noch die körperliche Nähe und menschliche Zuwendung kommen; deshalb ist das Zusammensein über die Liturgie hinaus so wichtig, etwa in Form einer Agape („Beerdigungs-Kaffee“). Dann erst setzen die eigentlichen Probleme für die Trauernden mit der sogenannten regressiven Phase ein, in der die Zerstörung der Lebenswelt durch den Tod deutlicher erfahren wird. Hier sind außerliturgische Hilfen besonders gefordert, etwa ein Besuchsdienst trauererfahrener Gemeindemitglieder (hier könnte auch an die Wiederbelebung von „Bruder-/Schwesternschaften“ gedacht werden, wie sie vereinzelt schon entstanden sind). Die Liturgie setzt die Trauerbegleitung erst wieder mit dem Gedächtnis nach sechs Wochen (römisches Meßbuch: nach 30 Tagen) fort, im Idealfall also parallel zum Abschluß dieser Phase, in der Trauernde besonders gefährdet sind. Das Jahrgedächtnis sollte dann den Abschluß der adaptiven Phase der Trauer darstellen, in der eine erneute Zuwendung zum Leben erfolgt, eine neue Beziehung zu dem Verstorbenen gefunden werden sollte.
Die Liturgie steht also vornehmlich am Übergang von einer Phase der Trauer zu einer anderen, ist also Feier des Glaubens – so ist es wohl idealiter zu denken – immer an einem Punkt, da ein Trauerabschnitt abgeschlossen werden soll und in einen neuen eingetreten wird.

Neubesinnung auf die Verbindung von Liturgie und Diakonie

Die Liturgie kann die Trauerarbeit nicht losgelöst vom diakonalen Tun allein leisten. Es geht um eine Neubesinnung des Zusammenhangs von Liturgie und Diakonie beim Umgang mit den Toten wie den Trauernden. Daher schreiben die deutschen Bischöfe: „Für uns Christen geht es um eine liturgische und diakonische Perspektive: um die helfende Zuwendung an jene, die an Gräbern nach Trost verlangen. Das Ritual ist ein zwar wichtiger, aber nur ein erster Akt der Hilfe zur Trauerarbeit. Diese müßte in Gesprächen vorher und nachher fortgeführt werden. Erster Ansprechpartner für Trauernde ist heute zumeist der Bestatter, dann erst der Seelsorger. Neben der Verkündigung im Gottesdienst und am Grab, neben liturgischen Feiern von Wortgottesdienst bzw. Eucharistie und den einzelnen Stationen bei der Bestattung kommt der Diakonie der Christen, der Gemeinde und der Kirche insgesamt gegenüber den Trauernden besondere Bedeutung zu … Der diakonische Aspekt stellt auch den Grund und die Motivation dar, daß die Kirche auch ihren fernstehenden Gliedern in Gebet und Liturgie das letzte Geleit gibt. Die offiziellen liturgischen Texte nehmen freilich auf solche Situationen zu wenig Bezug bzw. sind dafür nicht passend. Für Menschen, die der Kirche fernstehen, sind Grenzsituationen wie ein Todesfall häufig die einzigen Berührungspunkte mit der Gemeinde oder überhaupt mit der Kirche und ihren Diensten. In der Situation der Trauer gewinnt der christliche Glaube für sie Gesicht und Ausdruck.“[11]

Daß die Liturgie auch in verzweifelter Situation als positiv zur Bewältigung von Trauer erfahren wird, belegt der Bericht eines Ehepaares, das eines von zwei Kindern, den 19jährigen Sohn, durch einen Unfall verlor[12]. Das betrifft vor allem Totengebet wie Beerdigungsgottesdienst, und hier ganz besonders die Verbindung von Liturgie und Diakonie im anschließenden Beisammensein mit der Trauergemeinde: „Auch das war für mich Erkenntniszuwachs und -vertiefung: wie menschlich-menschenfreundlich die Riten und Symbole unserer Kirche sind und wie wichtig sie werden, wo sie ohne Pathos und falsche Verbrämung genutzt werden.“ Dieser Bericht macht aber ganz klar, daß Liturgie ohne die darüber hinausgehende Zuwendung Mitglaubender in der Luft hinge, vielleicht sogar als Blasphemie gekennzeichnet werden könnte.

Kritische Prüfung liturgischen Handelns

Die Grundfrage bleibt aber, ob dem Gottesdienst nicht zuviel aufgebürdet wird, wenn er das alles leisten soll, was von ihm vielfach erwartet wird. Kann die Liturgie wirklich" der individuellen Unfähigkeit eines situationsgerechten Gefühlsausdrucks kollektiv begegnen", wie es Paul Zulehner fordert, wenn das Eingebundensein der Trauernden in Glauben und Gemeinde nicht mehr gewährleistet ist? „Das setzt natürlich voraus, daß „in den Riten" die virulenten menschlichen Gefühle einen Ausdruck und Platz finden können. Möglicherweise müssen ohnedies aus den Vorgaben der Leute (Grabmalkunst, Trauerlieder) neue Ausdrucksformen der Gefühlsverarbeitung im Ritus gefunden werden."[13] Aber läßt sich das in liturgischen Büchern festschreiben, die für den ganzen deutschen Sprachbereich gelten sollen?

Abschließend läßt sich zumindest sagen, unter welchen Aspekten die derzeitige Liturgie kritisch geprüft werden muß[14].

- Sie muß eingebettet sein in eine ganzheitliche Ausrichtung, die die jeweilige Situation in die Liturgie integriert;
- Gebete und Zeichen sollten die ganze Bandbreite emotionaler Empfindungen wiedergeben, also nicht nur von Leben und Auferstehung sprechen, sondern auch Hoffnungslosigkeit, Verzweiflung, Trauer, Hilflosigkeit ausdrücken können;
- leidgeprüfte Menschen dürfen sich nicht als Adressaten rituell ablaufenden Geschehens empfinden, sondern müssen in der Einmaligkeit ihrer Situation angesprochen werden;
- der Ritus sollte Worte enthalten, die die Grunderfahrungen der erlebten Wirklichkeit ausdrücken, verbunden mit einem Zeichen, das angesichts des erlebten Zusammenbruchs von Leben und Hoffnung auf den Gott des Lebens verweist (Formen der Berührung wie Handauflegung, Kreuzzeichen auf die Stirn, Kuß, Umarmung empfehlen sich hier).

„Wenn ein Ritus diese Grunddimensionen beinhaltet. dann wird er noch einmal in solchen Situationen nicht gerade Feier, wohl aber Ausdruck des Lebens sein – Ausdruck von Dankbarkeit ebenso wie von Trauer oder Schuld. Dann wird der Glaube einer sein, der den Menschen gut tut und ihnen zu leben hilft auch im Angesicht des Todes.“[15]

[1] Unter diesem Titel steht die derzeit umfassendste Untersuchung zur Liturgie und deren Umfeld: *H. Becker – B. Einig – P.-O. Ullrich* (Hg.), Im Angesicht des Todes. Ein interdisziplinäres Kompendium (Pietas liturgica 3 u. 4), St. Ottilien 1987.

[2] Vgl. *Y. Spiegel,* Der Prozeß des Trauerns, München – Mainz [4]1981.

[3] Vgl. *K. Richter* (Hg.), Der Umgang mit den Toten. Tod und Bestattung in der christlichen Gemeinde (QD 123), Freiburg – Basel – Wien 1990.

[4] Vgl. *S. Ph. De Vries,* Jüdische Riten und Symbole. Wiesbaden 1981, 253–306.

[5] Vgl. *J. J. Petuchowski,* Gottesdienst des Herzens. Eine Auswahl aus dem Gebetsschatz des Judentums, Freiburg – Basel – Wien 1981.

[6] *L. Trepp,* Der jüdische Gottesdienst. Gestalt und Entwicklung, Stuttgart – Berlin – Köln 1992, 156.

[7] Vgl. *R. Kaczynski,* Sterbe- und Begräbnisliturgie, in: *H. B. Meyer* (Hg.), Gottesdienst der Kirche. Handbuch der Liturgiewissenschaft 8, Regensburg 1984, 209f.

[8] *P. M. Zulehner,* Heirat – Geburt – Tod, Wien – Freiburg – Basel 1976, 224f.

[9] Lk 24,13–35; vgl. u.a. *R. Bärenz,* Die Trauernden trösten. Für eine zeitgemäße Trauerpastoral. München 1983, 73–75.

[10] *L. Bertsch,* Befähigung zur Trauer, in: *Becker,* a.a.O., 912f.

[11] Unsere Sorge um die Toten und die Hinterbliebenen, Bestattungskultur und Begleitung von Trauernden aus christlicher Sicht (Die deutschen Bischöfe 53), hg. vom Sekretariat der Deutschen Bischofskonferenz, Bonn 1994, 50f.

[12] *C. und J. Grewe,* Was Trauernden helfen kann, in: Gottesdienst 21 (1988) 161–163.

[13] *P. M. Zulehner,* Übergänge (Pastoraltheologie 3), Düsseldorf 1990, 39.

[14] *W. Schweidtmann,* Der Umgang mit Toten und Hinterbliebenen im Krankenhaus, in: *Richter,* a.a.O., 81–82.

[15] Ebd. 92.

5. *Das Andenken an die Verstorbenen*

5.1 Der Glaube an die Auferstehung

In einer Welt, in der der christliche Glaube zunehmend an Bedeutung zu verlieren scheint und in der der Christ den Tod der ihm Nahestehenden vor allem auch einer nichtchristlichen Umwelt anzuzeigen hat, kann es kaum verwundern, daß der Hoffnung auf die Auferstehung der Toten selbst in christlichen Anzeigen nur eine geringe Bedeutung zukommt. Beerdigungsinstitute, Zeitungsagenturen und Buchdruckereien, Kranzbindereien und Steinmetzbetriebe tragen dem Säkularisierungstrend Rechnung und legen den Hinterbliebenen eine Auswahl von Texten und Sprüchen vor, in der die zum Kern der apostolischen Verkündigung gehörende Botschaft von der Auferstehung (vgl. *1 Kor 15,1–58*) kaum noch eine Rolle spielt. Bedenkt man, daß der Hinterbliebene in einer Umwelt, die den Tod an den Rand gedrängt hat – so daß vom „totgeschwiegenen Tod" gesprochen werden kann –, den Vorlagen dieser Institute oftmals ausgeliefert ist, ihnen die Auswahl von Anzeigen, Bildern usw. überläßt, so ist es nicht erstaunlich, daß wir in diesen Dokumenten christlichen Sterbens „Zeichen der Auferstehung" immer seltener finden.
Doch selbst dort, wo sich Hinterbliebene um eine christliche Sinndeutung des Todes bemühen, ist allzuoft nur eine unzureichende Bezeugung des Auferstehungsglaubens festzustellen, obwohl die Teilnahme an Tod und Auferweckung Christi zum Kern des christlichen Glaubens gehört. Als Zeichen des Glaubens dominieren zumeist Kreuze, Bilder von Heiligen, besonders der Mutter Jesu. Oft sind dies Bilder des Todes, der Trauer und des Leids. So sinnvoll dies sein kann, so sehr ist zu bedauern, daß dem Glauben als zuversichtliche, sieghafte und freudige Erwartung der kommenden heilen Welt kaum Ausdruck verliehen wird.
Dieses beunruhigende Phänomen heutiger Frömmigkeit ist aber nicht allein auf einen allgemein schwindenden Glauben zurückzuführen. Theologie, Verkündigung und

selbst die Liturgie haben allzu lange in diesem zentralen Stück des Glaubens „gesündigt“. Die österliche Sicht des christlichen Todes wird erst in der erneuerten Totenliturgie hervorgehoben, ohne daß die übrigen Aspekte, wie die Bitte um Vergebung der Schuld oder berechtigte Trauer, ausgeschlossen sind.

Aufgrund einer lange vorherrschenden theologischen Verkündigung nimmt es nicht wunder, daß in den Texten und Zeichen für die Toten eine spiritualistische Frömmigkeit im Vordergrund steht, die den Leib dem Grab und die Seele dem Himmel überläßt. Zu sehr wird die Botschaft der Hoffnung hier eingeschränkt auf das Heil der Seele. Nicht das unaufhörliche Leben der Seele, sondern der neue leibhaftige Mensch ist das Ziel der christlichen Hoffnung, und nicht der Himmel als Ort seliger Geister, sondern die neue Welt als Stätte der neuen Menschheit ist das umfassende Ziel gläubiger Erwartung.

Bekundungen von der Art „Wie schön ist die Welt, wie schön aber muß es erst im Himmel sein“ gehen am Ziel christlicher Hoffnung vorbei. Der Glaube wird zu schwach bezeugt, wenn er als Trost nur den Ausblick auf die größere Schönheit des Himmels und damit den endgültigen Abschied von der Erde anbietet. Und die Formel, nach der Gott den Verstorbenen in sein „ewiges Reich heimholt“, macht ebenfalls den Verlust der kosmischen Hoffnung deutlich. Es geht doch vielmehr darum, nicht nur den jenseitigen Himmel, sondern die Herrschaft Gottes in der neuen Schöpfung, hier unter uns beginnend, zu bezeugen. Wird diese Herrschaft Gottes in der Welt offenbar, ist die Macht des Todes für immer vernichtet. Wenn aber in Anzeigen, Texten und Inschriften der Verstorbenen der endgültige und totale Sieg der Herrschaft Gottes bezeugt wird, dann vollzieht der Glaube durch dieses Zeugnis das, was seine vornehmste Aufgabe ist: Ehrung, Lob und Preis Gottes!

Wenn irgendwo das Bekenntnis dieses Glaubens notwendig ist, dann doch angesichts des Todes. So ist die Bedeutung der vom Glauben her gestalteten Texte und Symbole für die Toten als christliches Zeugnis der Hoffnung für die

heutigen Menschen, die angesichts ihrer Welterfahrung nicht mehr zu hoffen vermögen, sicherlich von größter Bedeutung.
In der Verwendung von Text, Symbol und figürlicher Darstellung als der drei Möglichkeiten praktischer Gestaltung muß die aus göttlicher Verheißung aufsteigende Hoffnung erkennbar werden: Das Ende ist das Heil und nicht das Nichts, das Leben und nicht der Tod, der Sieg und nicht der endgültige Untergang. Das soll nicht im Sinne einer Werbung geschehen, sondern in selbstverständlicher, absichtsloser und schlichter Darstellung, die Ausdruck der Hoffnung und Wahrheit zu sein vermag.

Das Zeugnis im Wort

In erster Linie kommen Texte aus der Heiligen Schrift in Betracht, die von der Auferstehung handeln. Hierin drückt sich der Glaube am eindringlichsten aus. Dabei ist durchaus auch an längere Texte zu denken. An zweiter Stelle sind Texte aus der Liturgie, der des Westens wie der des Ostens, aus dem Stundengebet der Kirche und aus den Kirchenliedern zu nennen.
Bei der Ausführung ist auf die Qualität des Schriftbildes zu achten. Der Text sollte jeweils von den Namen und Daten der Verstorbenen deutlich abgehoben sein.

AUS DER HEILIGEN SCHRIFT

In deine Hände leg' ich voll Vertrauen meinen Geist; du hast mich erlöst, Herr, du treuer Gott. *(Ps 31,6)*

Gott, du mein Gott, dich suche ich, meine Seele dürstet nach dir. Nach dir schmachtet mein Leib wie dürres, lechzendes Land ohne Wasser. *(Ps 63,2)*

Ich bleibe immer bei dir, du hältst mich an meiner Rechten. Du leitest mich nach deinem Ratschluß und nimmst mich am Ende auf in Herrlichkeit. *(Ps 73,23–24)*

Auch wenn mein Leib und mein Herz verschmachten, Gott ist der Fels meines Herzens und mein Anteil auf ewig. *(Ps 73,26)*

Ich will dir danken, Herr, mein Gott, aus ganzem Herzen, will deinen Namen ehren immer und ewig. Du hast mich den Tiefen des Totenreichs entrissen. Denn groß ist über mir deine Huld. *(Ps 86,12–13)*

Ich sättige ihn mit langem Leben und lasse ihn schauen mein Heil. *(Ps 91,16)*

Lobe den Herrn, meine Seele, und vergiß nicht, was er dir Gutes getan hat: der dir all deine Schuld vergibt und all deine Gebrechen heilt, der dein Leben vor dem Untergang rettet und dich mit Huld und Erbarmen krönt. *(Ps 103,2–4)*

Ich werde nicht sterben, sondern leben, um die Taten des Herrn zu verkünden. *(Ps 118,17)*

Die mit Tränen säen, werden mit Jubel ernten. *(Ps 126,5)*

Gott hat den Tod nicht gemacht und hat keine Freude am Untergang der Lebenden. *(Weish 1,13)*

Kann denn eine Frau ihr Kind vergessen, eine Mutter ihren eigenen Sohn? Und selbst, wenn sie ihr Kind vergessen würde: Ich vergesse dich nicht. *(Jes 49,15)*

Selig sind die Trauernden, sie werden getröstet werden. *(Mt 5,4)*

Auf seinen Namen werden die Völker ihre Hoffnung setzen. *(Mt 12,21)*

Gott ist nicht der Gott der Toten, sondern der Gott der Lebenden. *(Mt 22,32)*

Seid wachsam! Denn ihr wißt nicht, an weichem Tag euer Herr kommt! *(Mt 24,42)*

Du bist ein guter und treuer Diener. Du hast das wenige zuverlässig verwaltet, ich will dir viel anvertrauen. Komm, nimm teil am Festmahl deines Herrn! *(Mt 25,21)*

Kommt her, die ihr von meinem Vater gesegnet seid, nehmt das Reich in Besitz, das am Anfang der Welt für euch geschaffen worden ist! *(Mt 25,34)*

Fürchte dich nicht, du kleine Herde! Euer Vater hat beschlossen, euch das Reich zu geben. *(Lk 12,32)*

Wohl den Knechten, die der Herr wach findet, wenn er kommt! Amen, ich sage euch: Er wird sein Gewand hochbinden, sie am Tisch Platz nehmen lassen und sie alle bedienen. *(Lk 12,32)*

Vater, in deine Hände lege ich meinen Geist. *(Lk 23,46)*

Gott hat die Welt so sehr geliebt, daß er seinen einzigen Sohn hingab, damit jeder, der an ihn glaubt, nicht zugrunde geht, sondern das ewige Leben hat. *(Joh 3,16)*

Wer an den Sohn glaubt, hat das ewige Leben. *(Joh 3,36)*

Die Stunde kommt, in der die Toten die Stimme des Sohnes Gottes hören werden; und alle, die sie hören, werden leben. *(Joh 5,25)*

Wer zu mir kommt, den werde ich nicht abweisen. *(Joh 6,37)*

Es ist der Wille meines Vaters, daß alle, die den Sohn sehen und an ihn glauben, das ewige Leben haben und daß ich sie auferwecke am Letzten Tag. *(Joh 6,40)*

Ich sage euch: Wer glaubt, hat das ewige Leben. *(Joh 6,47)*

Ich bin das Licht der Welt. Wer mir nachfolgt, wird nicht in der Finsternis gehen, sondern er wird das Licht des Lebens haben. *(Joh 8,12)*

Wenn jemand an meinem Wort festhält, wird er den Tod nicht schauen in Ewigkeit. *(Joh 8,51)*

Ich bin gekommen, damit sie das Leben haben und es in Fülle haben. *(Joh 10,10)*

Ich bin die Auferstehung und das Leben: Wer an mich glaubt, wird leben, auch wenn er stirbt. *(Joh 11,25)*

Wenn das Weizenkorn nicht in die Erde fällt und stirbt, bleibt es allein; wenn es aber stirbt, bringt es reiche Frucht. *(Joh 12,24)*

Wir wurden mit ihm begraben durch die Taufe auf den Tod, damit so, wie Christus durch die Herrlichkeit des Vaters von den Toten auferweckt wurde, auch wir in dieser neuen Wirklichkeit leben. *(Röm 6,4)*

Sind wir mit Christus gestorben, so glauben wir, daß wir auch mit ihm leben werden. *(Röm 6,8)*

Ich bin überzeugt, daß die Leiden der gegenwärtigen Zeit nichts bedeuten im Vergleich zu der Herrlichkeit, die an uns offenbar werden soll. *(Röm 8,18)*

Ob wir leben oder ob wir sterben, wir gehören dem Herrn. Denn Christus ist gestorben und lebendig geworden, um Herr zu sein über Tote und Lebende. *(Röm 14,8–9)*

Wir verkündigen, was kein Auge gesehen und kein Ohr gehört hat, was keinem Menschen in den Sinn gekommen ist: das Große, das Gott denen bereitet hat, die ihn lieben. *(1 Kor 2,9)*

Gott hat den Herrn auferweckt; er wird durch seine Macht auch uns auferwecken. *(1 Kor 6,14)*

Wir wissen, daß der, welcher Jesus, den Herrn, auferweckt hat, auch uns mit Jesus auferwecken wird. *(2 Kor 4,14)*

Für mich ist Christus das Leben und Sterben Gewinn. *(Phil 1,21)*

Unsere Heimat aber ist im Himmel. Von dorther erwarten wir auch Jesus Christus, den Herrn, als Retter, der unseren armseligen Leib verwandeln wird in die Gestalt seines verherrlichten Leibes, in der Kraft, mit der er sich alles unterwerfen kann. *(Phil 3,20–21)*

Trauert nicht wie die anderen, die keine Hoffnung haben. *(1 Thess 4,13)*

Wir wollen euch über die Verstorbenen nicht in Unkenntnis lassen, damit ihr nicht trauert wie die anderen, die keine Hoffnung haben. Wenn Jesus – und das ist unser Glaube – gestorben und auferstanden ist, dann wird Gott durch Jesus auch die Verstorbenen zusammen mit ihm zur Herrlichkeit führen. *(1 Thess 4,13–14)*

Das Wort ist glaubwürdig: Wenn wir mit Christus gestorben sind, werden wir auch mit ihm leben. *(2 Tim 2,11)*

Wir haben hier keine Stadt, die bleibt, sondern wir suchen die künftige. *(Hebr 13,14)*

Gepriesen sei der Gott und Vater unseres Herrn Jesus Christus: Er hat uns in seinem großen Erbarmen neu geboren, damit wir durch die Auferstehung Jesu Christi von den Toten eine lebendige Hoffnung haben und das unzerstörbare, makellose und vergängliche Erbe empfangen, das im Himmel für euch aufbewahrt ist. *(1 Petr 1,3–4)*

Wer den Willen Gottes tut, bleibt in Ewigkeit. *(1 Joh 2,17)*

Erschrick nicht! Ich bin der Erste und der Letzte und der Lebendige. Ich war tot, doch ich lebe in Ewigkeit, und ich habe die Schlüssel des Todes und der Welt des Todes. *(Offb 1,17f.)*

Sei treu bis in den Tod; dann werde ich dir den Kranz des Lebens geben. *(Offb 2,10)*

Jedem, der siegt, werde ich gewähren, mit mir auf meinem Thron zu sitzen, wie auch ich gesiegt und mich mit meinem Vater auf seinen Thron gesetzt habe. *(Offb 3,21)*

Selig sind die Toten, die im Herrn sterben. *(Offb 14,13)*

Selig, wer zum Hochzeitsmahl des Lammes eingeladen ist. *(Offb 19,9)*

Er wird jede Träne aus ihren Augen wischen: Der Tod wird nicht mehr sein, nicht Trauer noch Klage, noch Mühsal. Denn die alte Welt ist vergangen. *(Offb 21,4)*

Der auf dem Thron saß, sprach: Neu mache ich alles. *(Offb 21,5)*

Vgl. auch BF S. 147–152.

AUS DER RÖMISCHEN LITURGIE

Der Herr ist auferstanden, er ist wahrhaft auferstanden. Halleluja. *(Ostersonntag)*

Dein Kreuz, o Herr, verehren wir, und deine heilige Auferstehung preisen und rühmen wir: Siehe, durch das Holz des Kreuzes kam Freude in alle Welt. *(Karfreitag)*

Der Herr hat das Tor zum Leben aufgetan, zur Heimkehr in das Land, wo kein Tod mehr ist, in das Land der ewigen Freude. *(Totenliturgie)*

Du bist die Ruhe nach Arbeit und Mühen, du bist das Leben nach dem Tod, Herr, gib ihnen deinen Frieden! *(Totenliturgie)*

Christus führt uns aus der Vergänglichkeit hinüber in das ewige Leben. *(Totenliturgie)*

Jesus Christus ist für uns alle gestorben, damit wir in Ewigkeit leben. *(Totenliturgie)*

Christus ist das Heil der Welt und das Leben der Menschen und die Auferstehung der Toten. *(Totenliturgie)*

Christus leuchte ihm (ihr) als ewiges Licht. Die Liebe aber, die uns mit ihm (ihr) verbindet, möge fortdauern in der Gemeinschaft der Heiligen. *(Aus der Begräbnisfeier)*

Deinen Gläubigen, o Herr, wird das Leben gewandelt, nicht genommen. Und wenn die Herberge der irdischen Pilgerschaft zerfällt, ist uns im Himmel eine ewige Wohnung bereitet. *(Präfation)*

Der Herr tue ihm (ihr) das Tor zum Paradies auf, zur Heimkehr in das Land, wo kein Tod mehr ist, in das Land der ewigen Freude. *(Totenliturgie)*

Glückselig alle, die nicht sehn und dennoch fest im Glauben stehn; sie werden mit ihm auferstehn.

(Aus einem Osterlied)

Herr, gib ihm (ihr) das ewige Leben, und das ewige Licht leuchte ihm (ihr). Ich weiß, daß mein Erlöser lebt. Halleluja! Im Kreuz unseres Herrn Jesus Christus ist Auferstehung und Heil. *(Aus der Begräbnisfeier)*

In Jesus Christus erstrahlt uns die Hoffnung, daß wir zur Seligkeit auferstehen. *(Präfation)*

Jesus Christus ist das Heil der Welt und das Leben der Menschen und die Auferstehung der Toten. N., lebe ewig in Christus! *(Altchristlicher Ruf)*

Vollenden wir den Lebenslauf, nimm uns in deine Liebe auf, daß unser Herz dich ewig preist, Gott Vater, Sohn und Heil'ger Geist. *(Hymnus der Weihnachtszeit)*

Wir erwarten die Auferstehung der Toten und das Leben der kommenden Welt. *(Credo)*

AUS DER BYZANTINISCHEN LITURGIE

(Zitiert nach Osterjubel der Ostkirche, Münster o. J.; Hymnen der Ostkirche, Münster[2] 1960.)

Christus, dein Grab ist unsrer Auferstehung Hoffnung.

Aus Liebe zu uns hat er erduldet das Kreuz, durch den Tod vernichtet den Tod.

Deine Auferstehung, Christus, hat erhellt die ganze Welt. Ehre sei dir!

Den Tod zertratest du, am dritten Tag standest du auf, Unvergänglichkeit reichend den Menschen und das große Erbarmen.

Christus, unser Erretter, ließ sich kreuzigen aus Liebe zu uns, ließ sich freiwillig übergeben dem Grab und ist von den Toten erstanden, das All zu retten.

AUS KIRCHENLIEDERN

Es eignen sich viele Strophen und Verse aus Liedern des „Gotteslob“, z. B.:

Osterzeit (213–238), z. B.:

Verklärt ist alles Leid der Welt,
des Todes Dunkel ist erhellt.
Der Herr erstand in Gottes Macht,
hat neues Leben uns gebracht.

Wir sind getauft auf Christi Tod
und auferweckt mit ihm zu Gott.
Uns ist geschenkt sein Heilger Geist,
ein Leben, das kein Tod entreißt.

Der Herr hat uns befreit,
auf ewig besteht sein Bund.

Wo ist dein Sieg, o bittrer Tod?
Du selber mußt erbeben.
Der mit dir rang, ist unser Gott,
Herr über Tod und Leben.

Jesus hat den Tod bezwungen
und uns allen Sieg errungen.

Was im Tode scheint verloren
wird in Christus neu geboren.

Vertrauen und Bitte (289–311), z. B.:

Denn dies hat Gott uns zugesagt:
Wer an mich glaubt, sei unverzagt.
Des Lebens Fülle ist sein Teil,
und schauen wird er einst mein Heil.

Was Gott tut, das ist wohlgetan,
dabei will ich verbleiben.

Es mag mich auf die rauhe Bahn
Not, Tod und Elend treiben.

Gott liebt diese Welt.
In den Todesbanden
keine Macht ihn hält.
Christus ist erstanden:
Leben für die Welt.

Jesus Christus (548–568), z. B.

O sei uns nah mit deinem Licht,
mit deiner reichen Gnade,
und wenn du kommst zu dem Gericht,
Christ, in dein Reich uns lade.

Tod und Vollendung (652–664), z. B.:

Nur einer gibt Geleite,
das ist der Herre Christ;
er wandert treu zur Seite,
wenn alles uns vergißt.

TEXTE DES GLAUBENS UND VERTRAUENS

Wenn wir an Christus glauben, wollen wir auch seinen Worten und Verheißungen Vertrauen schenken. Da wir in Ewigkeit nicht sterben werden, laßt uns in froher Gewißheit zu Christus eilen, mit dem wir immerdar leben und herrschen sollen. *(Cyprian)*

Das Leiden des Herrn bedeutet Heil für das Leben der Menschen. Dazu wollte er für uns sterben, daß wir an ihn glauben und ewig leben. *(Ambrosius)*

Wir danken Gott, daß du unser warst, ja mehr, daß du unser bist, denn alles lebt in Gott, und wer immer heimkehrt zum Herrn, bleibt in der Familie. *(Hieronymus)*

Du, o Herr, hast ihn (sie) uns geliehen, und er (sie) war unsere Freude. Du, o Herr, hast ihn (sie) uns genommen, und wir geben ihn (sie) dir zurück ohne Murren – aber das Herz voll Wehmut. *(Hieronymus)*

Ihr aber, die ihr mich so geliebt habt, seht nicht auf das Leben, das ich beendet habe, sondern auf das, welches ich beginne. *(Augustinus)*

Laß mich sterben, mein Gott, damit ich lebe.
(Augustinus)

Aus dem Leben ist er zwar geschieden, aber nicht aus unserem Leben; denn wie vermöchten wir, ihn tot zu wähnen, der so lebendig unserem Herzen innewohnt.
(Augustinus)

Warum soll der Sterbliche, für den der ewige, lebendige Gott gestorben ist, nicht ewig leben. *(Augustinus)*

Gelobt seist du, mein Herr, durch unsern Bruder, den leiblichen Tod. Kein lebender Mensch kann ihm entrinnen. Weh denen, die sterben in tödlichen Sünden! Selig, die der Tod trifft in deinem heiligsten Willen; denn der zweite Tod kann ihnen nichts antun.
(Aus dem Sonnengesang des hl. Franziskus)

Wer stirbt, erwacht zum ewigen Leben.

Wenn uns das Leben gefällt, darf uns der Tod nicht abstoßen, denn er kommt aus der Hand des gleichen Meisters.
(Michelangelo)

Ich sterbe, aber meine Liebe zu euch stirbt nicht; ich werde euch vom Himmel aus lieben, wie ich es auf Erden getan. *(Johannes Berchmans)*

Es gibt keine andere Brücke in den Himmel als das Kreuz. *(Abraham a Santa Clara)*

Ich bin neben euch, ich bin euch nur aus den Augen genommen. *(Kaiserin Maria Theresia)*

Die Zeit, Gott zu suchen, ist dieses Leben, die Zeit, Gott zu finden, ist der Tod, die Zeit, Gott zu besitzen, ist die Ewigkeit. *(Franz von Sales)*

Am Herzen Gottes finden wir jene, die unserem Auge entschwunden sind, wieder. *(J. M. Sailer)*

Herr, dir in die Hände sei Anfang und Ende, sei alles gelegt. *(Eduard Mörike)*

Nicht der Tod wird mich holen kommen, sondern der liebe Gott. *(Theresia vom Kinde Jesu)*

Leben heißt, sich wandeln; und vollkommen sein heißt, sich oft gewandelt haben. *(J. H. Newman)*

Die einzige wirkliche Zukunft ist das ewige Leben.
(Charles de Foucauld)

Von guten Mächten wunderbar geborgen, erwarten wir getrost, was kommen mag. Gott ist mit uns am Abend und am Morgen, und ganz gewiß an jedem neuen Tag.
(Dietrich Bonhoeffer)

Je schöner und voller die Erinnerung, desto schwerer ist die Trennung. Aber die Dankbarkeit verwandelt die Erinnerung in eine stille Freude. Man trägt das vergangene Schöne nicht wie einen Stachel, sondern wie ein kostbares Geschenk in sich. *(Dietrich Bonhoeffer)*

Für jene, die in Gott verbunden sind, gibt es keine Trennung. *(Pius XII.)*

Der Tod ist die uns zugewandte Seite jenes Ganzen, dessen andere Seite Auferstehung heißt. *(Romano Guardini)*

Werde an Gottes Herzen nicht irre, wenn du auch einmal seine Hand nicht verstehst. *(E. Frommel)*

Wir wollen nicht trauern, daß wir ihn verloren haben, sondern dankbar dafür sein, daß wir ihn gehabt haben, ja, auch jetzt noch besitzen, denn wer heimkehrt zum Herrn, bleibt in der Gemeinschaft der Gottesfamilie und ist nur vorausgegangen.

KURZFORMELN DES GLAUBENS UND DER HOFFNUNG

Ich erwarte (Wir erwarten) die Auferstehung der Toten und das Leben der kommenden Welt. *(Credo)*

Unsere Heimat ist im Himmel. *(Phil 3,20)*

Ob wir leben oder sterben, wir gehören dem Herrn. *(Röm 14,9)*

Unruhig ist unser Herz, bis es ruht in dir, o Gott. *(Augustinus)*

Herr, gib ihnen (ihm, ihr) die ewige Freude!

Herr, gib ihnen (ihm, ihr) das ewige Leben!

Das ewige Licht leuchte ihnen (ihm, ihr)!

In Gottes Frieden.

Christus nehme dich auf!

Ich bin die Auferstehung und das Leben. *(Joh 11,25)*

Selig sind die Toten, die im Herrn sterben. *(Offb 14,13)*

Christ ist erstanden von der Marter alle.

Ich weiß, daß mein Erlöser lebt!

Jesus lebt – mit ihm auch ich!

Dein Reich komme!

Herr, dein Wille geschehe, auch wenn ich ihn nicht verstehe.

Wer da stirbt, erwacht zum ewigen Leben. *(Franz v. Assisi)*

Es gibt keinen Abschied für diejenigen, die in Gott verbunden sind. *(Pius XII.)*

Gott erfüllt, was er verspricht; dies ist meine Zuversicht. *(Kirchenlied)*

Wie mein Gott will, bin ich bereit, er ist mir lieb vor allen! *(Kirchenlied)*

Der Herr ist unser Friede, bei ihm sind wir geborgen. *(Kirchenlied)*

Ich komme wieder zu euch, denn ich lebe, und auch ihr sollt leben. *(Joh 14,3)*

Ich gehe hin, euch eine Wohnung zu bereiten. *(Joh 14,2)*

Die aber am Ziel sind, haben Frieden.

Sei getreu bis in den Tod, und ich will dir die Krone des ewigen Lebens geben. *(Offb 2,10)*

Freuet euch und frohlocket, denn euer Lohn ist groß im Himmel. *(Mt 5,12)*

Nun aber bleiben: Glaube, Hoffnung, Liebe.
(1 Kor 13,13)

Unsere Heimat ist der Himmel. *(Phil 3,20)*

Gott mit euch im ewigen Frieden.

Herr, erbarme dich.

Der Herr des Friedens gebe euch Friede auf ewig.
(2 Thess 3,16)

Die Liebe ist stärker als der Tod.

Nicht verloren, nur vorangegangen.

Dir in die Hände sei Anfang und Ende – sei alles gelegt.

Der Herr hat es gegeben, der Herr hat es genommen. Der Name des Herrn sei gelobt.

In Staub zerfällt, was wir gesät – was wir erwarten, ist die Herrlichkeit des Herrn. *(1 Kor 15,43)*

Der Herr schenkt Gnade und Herrlichkeit. *(Ps 83,12)*

Vater, nicht mein Wille geschehe, sondern der deine.
(Lk 22,42)

Das Zeugnis im Symbol

Funktion des Symbols ist es, Zeichen für eine Wirklichkeit zu sein, die nicht allein rational faßbar ist. Im Unterschied zu einer figürlichen Darstellung weist das Symbol über sich hinaus auf etwas außer ihm selbst. Im profanen Bereich mag der Siegespokal für sich von geringem Wert sein. Als Zeichen der Ehrung wird er erst wert- und sinnvoll. Es braucht zumeist also das deutende Wort, durch das seine Bedeutung als Zeichen festgelegt wird. So ist die Ähre, für sich genommen, keineswegs ein Zeichen der Auferstehung; in Verbindung mit dem Wort der Schrift „Was gesät wird, ist verweslich, was auferweckt wird, unverweslich" (1 Kor 15,42) kann sie dieses Wort deuten. Ähnliches gilt auch für die anderen Zeichen.

SYMBOLE GOTTES UND CHRISTI SIND

Das Kreuz: Aus Liebe zu uns hat er erduldet das Kreuz, durch den Tod vernichtet den Tod.
(Byzantinische Liturgie)

Dein Kreuz, o Herr, verehren wir, und deine heilige Auferstehung preisen und rühmen wir: Siehe durch das Holz des Kreuzes kam Freude in alle Welt. *(Karfreitag)*

Die Hand: Die Rechte des Herrn wirkt mit Macht. Ich werde nicht sterben, sondern leben ... *(Ps 118,16f.)*

Das Lamm: Selig, wer zum Hochzeitsmahl des Lammes geladen ist. *(Offb 19,9)*

Der Kranz: Sei treu bis in den Tod; dann werde ich dir den Kranz des Lebens geben. *(Offb 2,10)*

Der gute Hirt: Ich bin der gute Hirt; ich kenne die Meinen, und die Meinen kennen mich. *(Joh 10,14)*

Das Licht (als Kerze oder Flamme): Ich bin das Licht der Welt. Wer mir nachfolgt, wird nicht in der Finsternis umhergehen, sondern wird das Licht des Lebens haben. *(Joh 8,12)*
Vgl. auch Jes 60,19; Ps 27,1; Mt 25,1–13.

Die Ähre: Was gesät wird, ist verweslich, was auferweckt wird, unverweslich. *(1 Kor 15,42)*
Wenn das Weizenkorn nicht in die Erde fällt und stirbt,

bleibt es allein; wenn es aber stirbt, bringt es reiche Frucht. *(Joh 12,24)*

Der Fisch: Sein griechischer Name bildet die Anfangsbuchstaben für das Bekenntnis „Jesus Christus Gottessohn Erlöser“.

Der Pfau: Sein Rad bildet den Kreis und die Sonne nach, beide Zeichen der Fülle und des Lebens.

BESONDERE ZEICHEN
DER AUFERSTEHUNGSHOFFNUNG SIND:

Der Anker: Vgl. Hebr 6,18ff.: der Anker unserer Hoffnung.

Die Palme: Vgl. Offb 7,9: die Geretteten vor dem Throne Gottes mit weißen Kleidern und Palmzweigen in den Händen.

Das Zeugnis im Bild

Figürliche Bilder bezeichnen Konkretes, Einmaliges und Geschichtliches im Unterschied zu den das Allgemeingültige ausdrückenden Symbolen. Da unser Glaube ein geschichtlicher Glaube ist, hat die figürliche Darstellung eine besondere Bedeutung. Für den heutigen Menschen gibt es da allerdings einige Probleme.
Kaum noch vertraut sind uns Bilder aus dem Bereich des Alten Testaments, die als „Typen“ der Auferstehungswirklichkeit gelten können, wie etwa Noe, Mose, Jona.
Aus den Schriften des Neuen Bundes ist die Gestalt der Engel mit den Posaunen oft abgebildet worden als Bild des Wortes Gottes, das die Toten erweckt, als Bild des Gerichtes *(Offb 8,6–11.19;* vgl. *1 Thess 4,16; 1 Kor 15,52).* Die Auferstehung Jesu hat einen existentiellen Bezug für Tote wie Hinterbliebene. Die Begebenheiten der Auferstehung – der Auferstandene selbst, die Frauen vor dem leeren Grab, der Auferstandene beim Mahl mit den Jüngern – werden abgebildet, um sie als Grund, Anfang und Urbild der Auferstehung und Erhöhung der Toten zu zeigen.

Eher Abstand genommen werden sollte von früher beliebten Motiven wie den Totenerweckungen – Jüngling von Naim, Lazarus, Tochter des Jairus –, deren Zeichenfunktionen problematischer als die der Auferstehung Jesu sind. Sie bedeuten eher Rückkehr ins frühere Leben, während die Auferstehung Jesu die Umwandlung bezeichnet.

Der Prophet Jona: Es wird diesem Geschlecht kein anderes Zeichen gegeben werden als das Zeichen des Propheten Jona. Denn wie Jona drei Tage und drei Nächte im Bauch des Fisches war, so wird der Menschensohn drei Tage und drei Nächte im Herzen der Erde sein *(Mt 12,39f.).*

Die Verstorbenen in Abrahams Schoß, dem Vater aller Glaubenden *(vgl. Lk 16,22).*

All diese Symbole wurden in der Alten Kirche kombiniert und können auch heute sprechende Zeichen sein.

Auch die Hauptdarstellung auf dem Totenbild braucht sich nicht auf Kreuz, Michelangelos Pietà und die „Betenden Hände“ zu beschränken:
Die Kunstverlage der Abteien von Beuron, Maria Laach und Ettal halten eine große Auswahl an Bildmotiven bereit, die die Druckereien oder Pfarrgemeinden am Ort in einer Auswahl vorrätig haben können. Denkbar ist auch, daß eine Gemeinde entsprechende Kunstwerke aus der Pfarrkirche den Hinterbliebenen anbietet.
Alle Darstellungen von Szenen um Leiden, Tod und Auferstehung des Herrn sind anläßlich des Todes eines Christen passend. Besonders bieten sich hier neben den herkömmlichen Motiven an die Erscheinung des Auferstandenen vor Maria Magdalena, den Jüngern von Emmaus, Thomas oder den anderen Aposteln oder das ostkirchliche Motiv des Karsamstags, der Abstieg Jesu in das Reich des Todes zwischen seinem Tod und seiner Auferstehung.
Zu überlegen ist, ob ein Bild des Namenspatrons des Verstorbenen oder ein anderes Motiv gewählt werden kann, zu dem er eine besondere Beziehung hatte: ein von ihm be-

suchtes Wallfahrtsbild, ein Hof- oder Wegkreuz, ein besonders verehrter Heiliger.

5.2 Todesanzeigen

Die Mitteilung über den Tod eines Menschen als Zeitungsanzeige oder als Briefkarte sollte bereits ein Zeugnis des Glaubens des Verstorbenen bzw. des Glaubens der Hinterbliebenen an die Auferstehung sein. Ein christliches Symbol wie Kreuz oder Osterkerze sowie ein Text aus der Heiligen Schrift oder der Liturgie bringt dabei den christlichen Glauben meist besser zum Ausdruck als irgendein dazu vielleicht noch schwulstiger Vers.
Im folgenden werden einige Beispiel von Anzeigengestaltungen wiedergegeben. Die Gestaltungselemente können ebenso wie Format und Symbole selbst zusammengestellt werden. Die oben angegebenen Beispiele für ein christliches Zeugnis in Wort, Symbol und Bild können dafür verwendet werden.

Der Veritas-Verlag Linz schlägt in seinen „Hilfen für das christliche Begräbnis" vor, daß die Todesanzeige enthalten sollte:

I. ein christliches Symbol
II. einen Schrifttext oder einen christlichen Spruch
III. den Haupttext
IV. eine Würdigung des Verstorbenen
V. die Termine für Totenwache, Begräbnisgottesdienst und Begräbnis
VI. die Namen der Angehörigen.

Dafür einige Beispiele:

I.

II. Je schöner und voller die Erinnerung,
desto schwerer ist die Trennung.
Aber die Dankbarkeit
wandelt die Erinnerung in stille Freude.
Man trägt das vergangene Schöne
nicht wie einen Stachel,
sondern wie ein kostbares Geschenk in sich.
(Dietrich Bonhoeffer)

III. **Günther Otte**

* 6.1.1933 in Leipzig
† 7.9.1995 in Telgte

IV. Gott rief ihn
– für uns unfaßbar früh –
zu sich in seine immerwährende Liebe.
Bewußt und tapfer hat er die Monate
seiner schweren Krankheit durchlitten.
Mit ihm glauben wir
an ein Leben in Fülle bei Gott.
Wir sind sehr traurig,
daß er nicht mehr in unserer Mitte lebt,
aber wir sind dankbar
für alle gemeinsame Zeit;
seine Liebe und alles, was ihm wichtig
war, soll in uns lebendig bleiben.

VI. **Marie-Theres Otte** geb. Niemann
und alle Angehörigen

V. Die Eucharistiefeier findet am Mittwoch, dem 13. September 1995, um 14.00 Uhr in der Pfarrkirche St. Johannes zu Telgte statt; anschließend ist die Beerdigung von der Friedhofskapelle aus.
Dem Wunsch des Verstorbenen entsprechend, bitten wir statt eventuell zugedachter Blumen oder Kränze um eine Spende zugunsten der Otomikinder in Mexiko oder der Tschernobylkinder, Kto.-Nr. 780 000 bei der Volksbank Telgte BLZ 400 626 24.

I.

II,

Selig sind die Toten,
die im Herrn sterben.
(Offb 14,13)

III. Gott, der Ursprung und das Ziel unseres Lebens,
hat unseren lieben Vater, Herrn

Franz Eder

Tischlermeister in Perg

am 3. Oktober 1985 um 5 Uhr früh
im 67. Lebensjahr
nach langer Krankheit zu sich gerufen.

IV. Er sorgte als guter Vater in vorbildlicher Weise für seine Familie, übte seinen Beruf mit Fleiß und Hingabe aus und stellte seine Zeit auch gerne in den Dienst der Öffentlichkeit. Wie er als Christ seinen Glauben bezeugt hat, so starb er auch in der Hoffnung auf die Auferstehung, gestärkt durch die Sakramente der Kirche.

V. Die Totenwache wird am Mittwoch und Donnerstag um 19.30 Uhr in der Pfarrkirche gehalten.
Das Begräbnis ist am Freitag, dem 6. Oktober, um 14 Uhr in Perg.

VI. **Franz, Maria und Erich Eder**
Kinder

Perg, Linzer Straße 120, am 3. Oktober 1985

II. Wenn du bei Nacht die Sterne anschaust,
wird es dir sein, als lachten alle Sterne,
weil ich auf einem dieser Sterne wohne,
weil ich auf einem von ihnen lache.
Und wenn du dich getröstet hast,
wirst du froh sein mich gekannt zu haben.

(Antoine de Saint-Exupéry)

III. **Dr. rer. nat. Rainer Horstmann**

* 26. Februar 1964 † 23. August 1995

IV. Mit ihm haben wir Glück und Leid, Kraft und Sinn erlebt.
In Vertrauen auf Gott ist er seinen Weg gegangen.
Wir sind sehr traurig.

VI. Reinhild Horstmann geb. Schmitz
mit Katharina

48147 Münster, den 23. August 1995

Die Feier der Eucharistie findet statt am Samstag, dem 26. August 1995, um 9.00 Uhr in der Pfarrkirche Hl.
V. Kreuz, Hoya Straße, in Münster.

Die Beerdigung ist um 13.00 Uhr auf dem Friedhof in Bocholt-Mussum.

Wir laden freundlich dazu ein.

Sein neues Leben hat begonnen …

N. N.

* 30. 8. 1993 † 4. 8. 1995

8911 Thaining **Familie**

Die Beerdigung findet am Mittwoch, dem 7. August 1995, um 11.00 Uhr in Thaining statt.

II. „Wird das, was dahinter auf mich wartet,
allem Hoffen wohl entsprechen?“

III. Wir trauern um

JOHANNES KÖHLER

* 13.9.1947 † 10.3.1991

IV. Schweren Herzens nahm er von uns Abschied.
Sein tiefer Glaube half ihm und tröstet uns.
Wir sind dankbar für die Art, wie er mit uns lebte und für das Zeugnis seines bewußten Leidens und Sterbens.
Wir trauern um meinen lieben Mann,
unseren guten Vater, unseren Sohn und Bruder.

Für die Familie:

VI. Christa Köhler mit
Christoph, Tobias und Sebastian

V. Die Beerdigung ist am Donnerstag, 14. März, 14.30 Uhr
auf dem Friedhof in Münster-Nienberge.

Anschließend feiern wir Gottesdienst in der Nienberger Pfarrkirche.
Nach dem Gottesdienst laden wir ein zum Kaffee
in das Gasthaus „Zur Post“.

Der Herr über Leben und Tod
nahm unsere Mutter

N. N.

am 10. August 1991 im Alter von 79 Jahren nach längerer Krankheit zu sich in die ewige Heimat.

Die Sakramente der Kirche waren ihr ein Leben lang Trost und Hilfe.

Hengersberg, den 11.8.1991

im Namen aller Verwandten

Das Wort ist wahr:
Wenn wir mit Christus gestorben sind,
werden wir auch mit ihm auferstehen.
2 Tim 2,11

N. N.

geb. 1904 gest. 1995

Im Glauben an die Auferstehung mit Christus verstarb heute meine liebe Frau, unsere gute Mutter, Schwiegermutter, Großmutter und Urgroßmutter, gestärkt mit der heiligen Eucharistie.

Um ein Gebet für die Verstorbene bitten:
N. N.
Neuss, den 13. 2. 1995

Die Beerdigung ist am Freitag, dem 17. 12. 1995, um 11 Uhr von der Leichenhalle aus. Anschließend ist die Eucharistiefeier in der Pfarrkirche St. Pius.

Statt zugedachter Blumen bitten wir auf Wunsch der Verstorbenen um eine Spende für die Caritas.

II. Gut ist es,
I. mit der Gemeinde zu leben,
gut, in ihr zu sterben.

III. **Maria Richter**

Am 19. März 1908 in Aussig geboren,
um zu sterben.
Am 10. Januar 1996 in Frankfurt/Oder gestorben,
um zu leben.

15232 Frankfurt/Oder

VI. Gotthard Richter

Klemens und Brigitta Richter
Dietlind und Jürgen Richter Leifken
und die Urenkel Linus und Julius

V. Die Grablegung auf dem Hauptfriedhof in Frankfurt/Oder ist am Dienstag, dem 16. Januar 1996, um 9 Uhr, anschließend Auferstehungsgottesdienst in der Pfarrkirche Hl. Kreuz, danach Agape im Kolbe-Haus.

Zwei Beispiele für eine von den Verstorbenen noch zu Lebzeiten vorbereitete Anzeige:

Das ist unser Glaube:
Wenn Jesus gestorben und auferstanden ist,
dann wird Gott durch Jesus auch die Verstorbenen
zusammen mit ihm zur Herrlichkeit führen. *1 Thess 4, 14*

Allen Verwandten, Freunden und Bekannten zeige ich,

Alfred Twehues

nach Monaten der Ungewißheit und des Zweifels, des Protestes und der Klage, nun aber in der Hoffnung auf Gott, der mir und meiner Familie

Irmgard, Yvonne und Stephan
Twehues

das Unzumutbare zumutet, meinen Tod an.

Geboren am 19. 4. 1942,
der Auferstehung entgegen am 29. 7. 1983.

Als Ausdruck unserer Hoffnung, daß der Tod nicht das letzte Wort ist, begehen wir die Eucharistiefeier und meine Grablegung am Dienstag, dem 2. August 1983, um 14.30 Uhr in der St. Johanneskirche in Bösensell.

Anschließend laden wir zum Kaffeetrinken in die Gaststätte Temme ein.

Todesanzeige

Aus besonderem Grund möchte ich, N. N., Arzt, meinen heute erfolgten Tod selbst bekanntgeben, da mir dieses einmalige Ereignis die seltene Gelegenheit gibt, all denen, die meinen Lebensweg durch Erziehung, Vorbild, Belehrung, Kritik, vor allem aber auch durch nie nachlassende Liebe und Treue reich und glücklich gestaltet haben, noch einmal aus dem vollen Ernst der Stunde heraus zu danken. Denn mit dieser Empfindung habe ich Abschied genommen. Sie hat mich mit einer solchen Freude erfüllt, daß ich alle darum bitte, mir nicht nachzutrauern, sondern sich mit mir zu freuen und mit gleicher Zuversicht und Gelassenheit weiterzuleben, um des großen, dem Menschen versprochenen Segens teilhaftig zu werden.

Beim Haupttext oder bei der Würdigung des Verstorbenen wird oft angegeben, daß er *die Sakramente empfangen* hat. Das kann in folgender Weise geschehen:

Gestärkt durch die Eucharistie, die er / sie im Glauben an Jesus Christus empfangen hat

Vorbereitet durch den Empfang der Eucharistie

Gestärkt durch die Wegzehrung.

Unbedingt vermieden werden sollten Zufügungen wie:

Nach Empfang der Letzten Ölung.

Auch Nach Empfang der Krankensalbung ist angesichts der Neuordnung der Salbung als Sakrament für die Kranken problematisch. Das Sakrament der Sterbenden ist die Eucharistie als Wegzehrung.

Konnte der Verstorbene *die Wegzehrung in der Eucharistie nicht mehr empfangen,* kann es heißen:

Vorbereitet durch ein christliches Leben
Er starb im Glauben an Jesus Christus
Nach einem Leben aus dem Glauben
Im Glauben an seinen Schöpfer und Gott
Im Glauben an die Auferstehung.

Unbedingt vermieden werden müssen Sätze wie:

Möge ihm die Erde leicht sein;
Er ist für immer von uns gegangen;
Er wurde uns auf ewig entrissen;
Die Mutter war's, was braucht's der Worte mehr;
Wir werden uns nie mehr wiedersehn;
Gott hat unseren
kleinen Liebling zu einem Englein gemacht;
Geliebt, beweint und unvergessen;
Ihr liebes gutes Mutterherz
nahm sie zu Gott nun himmelwärts.
Das eigentlich Christliche kommt hierin nicht mehr zum Ausdruck.

Sinnvoll ist auch ein *Bezug zur Taufe.* Ein solches Glaubenszeugnis legt sich angesichts des Todes nahe. Leider haben wir kein allgemein verbindliches Symbol dafür. Der Geburtstag wird mit einem Stern gekennzeichnet, der Todestag mit einem vorangestellten Kreuz. Analog käme ein Symbol für das Sakrament des Wassers infrage, etwa ≈. So könnte auf einer Anzeige stehen: * 15.1.1948 ≈ 6.2.1948 † 30.8.1995.

Aus den neuen Bundesländern kommt ein achtseitiges Faltblatt unter dem Titel „Der Tod kam in unser Haus, aber er hat nicht das letzte Wort", mit dem einer total säkularisierten Umwelt der Tod eines Christen angezeigt und christliches Handeln angesichts des Todes verdeutlicht werden kann. Es finden sich kurze Hinweise zum Rätsel des Todes, der guten Nachricht der Bibel, zu Trauer und Trost, zum Handeln zwischen Tod und Begräbnis, zur Eucharistiefeier und zum Begräbnis selbst, zum Totengedächtnis wie zum Gebet für die Verstorbenen. Auf der Rückseite können die Angaben zum Gottesdienst und zum kirchlichen Begräbnis eingetragen werden: Verlagsgesellschaft Benno-Bernward-Morus, Best.-Nr. 4060).

Für die *Bezeichnung des Begräbnisgottesdienstes* kann verwendet werden:

Die Eucharistie findet statt
Wir feiern die Eucharistie
Das Requiem wird gefeiert
Die Begräbnismesse wird gefeiert
Der Wortgottesdienst anläßlich der Beerdigung
(Begräbnis, Grablegung) findet statt
Wir gedenken ihrer (seiner) beim Gottesdienst am

Vermieden werden sollten:

Die Seelenmesse wird gehalten/gelesen
Die Totenmesse wird gehalten
Der Trauergottesdienst findet statt.

Wenn Anzeigen zunehmend auch einen Hinweis darauf enthalten, daß anstelle von Kranz- und Blumenspenden eine *Spende für einen guten Zweck* erbeten wird, dann ist dies eine sinnvolle Entwicklung eines neuen Brauches, der Liturgie und Diakonie miteinander verbindet. Das gilt besonders dann, wenn der Verstorbene zu dem Anliegen in seinem Leben eine Beziehung hatte. Der Verwendungszweck der Spende (z.B. für Misereor, Adveniat, Missio, Caritas) und die Bankverbindung müssen auf der Anzeige angegeben werden.

Formulierungsbeispiele für den Text in der Todesanzeige

Gläubig und voller Zuversicht fand sie, nach langer Krankheit, heim in den Frieden Gottes …

Vorbereitet durch ein christliches Leben verstarb heute …

In großer Trauer und tiefer Dankbarkeit nehmen wir Abschied von …

Im Glauben an die Auferstehung mit Christus und gestärkt durch das Sakrament der Eucharistie verstarb …

Gott, der Herr über Leben und Tod, nahm heute plötzlich und unerwartet … zu sich in sein Reich.

Wir sind erschüttert durch den Tod von …, der uns so früh entrissen wurde. Der Herr über Leben und Tod lasse uns Trost finden in der Hoffnung …

Gott, der Herr über Leben und Tod, hat … heimgeholt in den ewigen Frieden.

Gott, der Allmächtige, hat … in die ewige Heimat gerufen.

Unser lieber, guter Vater … ist im Glauben an die Auferstehung gestorben. Christus, der Sieger über den Tod, hat … in sein Reich gerufen.

Nach langer, geduldig ertragener Krankheit rief Gott meinen lieben Mann und unseren guten Vater wohlvorbereitet zur ewigen Freude. Er wurde am 2. Mai 1944 geboren und starb, gestärkt durch die Wegzehrung, am 7. Juli 1995 im Krankenhaus in …

Der gütige und barmherzige Gott hat unsere liebe Mutter und Großmutter, … am frühen Morgen des Sonntags nach kurzem, schwerem Leiden, vorbereitet durch den Empfang der Sakramente, im 48. Lebensjahr zu sich gerufen.

Unsere liebe Mutter und Tante, …, hat nach einer kurzen Krankheit am … ihren irdischen Lebensweg vollendet und ist heimgegangen zu ihrem Herrn und Schöpfer.

Völlig unerwartet für uns alle starb unser Sohn und Bruder, … am 3. Oktober 1995 durch einen Arbeitsunfall. Er stand erst im 24. Lebensjahr.

In Trauer um meinen lieben Mann und unseren guten Vater, aber in der Zuversicht auf ein Wiedersehen geben wir bekannt, daß Herr … nach einer mit großer Geduld ertragenen Krankheit … im 56. Lebensjahr, gestärkt durch die Wegzehrung, im Krankenhaus in Wels gestorben ist.

In großer Trauer, aber im Glauben an die Auferstehung, geben wir Nachricht vom Tod meiner Frau, unserer guten Mutter, … die am … nach langem Leiden, gestärkt durch die heiligen Sakramente, im 57. Lebensjahr von uns gegangen ist.

Wir nehmen Abschied von unserer guten und lieben Schwester … Gläubig und voller Zuversicht fand sie, nach kurzer Krankheit, heim in den Frieden Gottes.

Nach einem Leben der Liebe für Gott und die Menschen hat Gott … im 80. Jahr zu sich gerufen. Ihre Kinder und Enkel trauern um sie in Dankbarkeit für das Vorbild, das sie ihnen war, und für die Fülle an Güte und Sorge, mit der sie sie allzeit umgeben hat.

Unsere Familie ist nicht mehr die, die sie war. Bei einem Autounfall am … in Schweden wurden wir alle zwar mehr oder weniger verletzt, doch der Mittelpunkt unserer Familie, die Jüngste unter uns, …, mußte dies unbegreiflicherweise mit dem Leben bezahlen. Eben erst acht Jahre alt geworden, zeigte sie uns, worauf Jesus hin zielt, wenn er sagt: „Wenn ihr nicht umkehrt und wie die Kinder werdet, könnt ihr nicht in das Himmelreich kommen." (Mt 18,3) ... brachte uns ihre Zuneigung deutlich zum Ausdruck und stiftete immer wieder Versöhnung in unserer Familie. Sie war voller Lebenslust. Nicht nur wir sind dankbar für dieses Leben.

Worte und Erklärungsversuche helfen uns jetzt nicht. Wir glauben und hoffen: „Gott hat den Tod nicht gemacht und hat keine Freude am Untergang der Lebenden" (Weish 1,13). In diesem Sinne bitten wir um Ihr Gebet. Als Zeichen der Hoffnung in Tod und Trauer feiern wir das Herrenmahl und die Grablegung am Freitag.

Genau drei Jahre nach dem Unfalltod unserer jüngsten Tochter und Schwester ... müssen wir unseren Sohn und Bruder ... beerdigen. Er war im 19. Lebensjahr und starb am 14. Juli 1982 bei einem Verkehrsunfall. Als Ausdruck der uns verbleibenden Hoffnung feiern wir die Eucharistie und Grablegung am Montag.

... hat am 9. August 1995 im Alter von 59 Jahren ihre diesseitige Wanderschaft zu einem guten Ende gebracht. Getragen von zuverlässigen Freundschaften, konnte sie jahrelange Krebserkrankung, die ihr nichts an Schmerzen ersparte, in vielfältig bewunderter Stärke aushalten. Bis zum Beginn ihres wochenlangen Sterbens diente sie ihrer Lebensaufgabe, Freude am Wort des lebendigen Gottes zu vermitteln.

... am 18. Juli 1936 geboren, um zu sterben – am 9. Juli 1995 gestorben, um zu leben.

Geboren am ..., der Auferstehung entgegen am ...

5.3 Totenbilder (Totenzettel)

Das Totenbild soll das Andenken an einen Verstorbenen in der Erinnerung lebendig erhalten. Es wird bei Beerdigung und/oder Begräbnismesse verteilt oder auch verschickt.
Ein vierseitiges Totenbild läßt neben einem Lebensabriß, einem Schriftwort oder Gebet, einem Symbol auch Raum für ein Bild des Verstorbenen. Auf einen Trauerrand kann verzichtet werden. Bei Totenbildern, die im allgemeinen mehr Raum als eine kurze Todesanzeige lassen, ist die Gefahr noch größer, daß neben den oben als nicht opportun genannten Formulierungen Texte wie folgende auftauchen, die unbedingt vermieden werden sollten:

„Als Gott die Englein zählte,
sah er, daß noch eines fehlte,
er kam und wählte."
„Scheiden ist des Menschen Los
und ist der Schmerz auch noch so groß.
Wir müssen voneinander gehn
und werden uns nie wiedersehn."

Der Totenzettel baut sich aus Elementen auf, die zum Teil die gleichen sein können wie in der Anzeige.

Handelt es sich um *zwei Seiten,* kann die Vorderseite ein Kunstbild oder einen künstlerisch gestalteten Spruch enthalten,
die Rückseite ein Bild des Verstorbenen mit Lebensdaten oder nur entsprechendem Text, z. B.:

Zum
frommen
Gedächtnis

N. N.

gestorben am 10. 8. 1991

Der Herr über Leben und Tod hat unsere Mutter im Alter von 79 Jahren nach längerer Krankheit zu sich gerufen.

*

Allmächtiger Gott und Vater, wir glauben und bekennen, daß du deinen Sohn für uns in den Tod dahingegeben und am dritten Tag zu neuem Leben erweckt hast.
In diesem Glauben ist unsere Mutter von uns gegangen.
Wir bitten dich für sie, die in Christus gestorben ist:
Laß sie auferstehen mit Christus. Amen.

(Totenliturgie)

Zum Sterbeandenken an

N. N.

gestorben am 3. 9. 1992

Der barmherzige Gott hat unsere Tochter nach langem Leiden, vorbereitet durch ein christliches Leben und die Sakramente der Kirche, im 27. Lebensjahr zu sich heimgeholt.

*

Wir wollen nicht so sehr trauern, weil wir dich verloren haben, wir denken dankbar an die Zeit, in der wir dich haben durften.

Bei *vierseitigen Zetteln* kann
die Vorderseite wie bei zweiseitigen Totenbildchen gestaltet sein, z.B. durch ein Wort wie: Das Ende heißt nicht Tod, sondern Leben.
Die Rückseite kann ein Schriftwort enthalten oder die Fortsetzung der Innenseiten.
Die Innenseite links (Seite 2) kann die persönlichen Lebensangaben auch mit Foto des Verstorbenen enthalten.

Die Innenseite rechts (Seite 3) z. B. Gebet, Schriftwort, Text aus der Liturgie. Denkbar ist auch folgendes Beispiel:

(Seite 2)	(Seite 3)
Foto	†
	Gedenkt im Gebet des Herrn **N. N.**
„Ich bin die Auferstehung und das Leben; wer an mich glaubt, wird leben, auch wenn er stirbt.“ *(Joh 11, 25)*	der am 19. Februar 1985 nach kurzer Krankheit im 57. Lebensjahr, versehen mit den Sakramenten der Kirche, von Gott heim- gerufen wurde.

Es bieten sich viele Variationsmöglichkeiten an, die auch individuelle Gestaltungen ermöglichen.

Gebete für Totenzettel

Barmherziger Gott, führe ihn (sie) vom Tod zum Leben, aus dem Dunkel zum Licht, aus der Bedrängnis in deinen Frieden.

Gott, du allein bist gut und barmherzig. An dich hat er (sie) geglaubt und auf dich gehofft. Führe ihn (sie) zur wahren

Heimat, laß ihn (sie) die ewige Freude genießen und in deinem Frieden geborgen sein.

Gott, du bist reich an Erbarmen für alle, die zu dir kommen. Schenke deinem Diener (deiner Dienerin) ... seligen Frieden, ewige Ruhe und den Glanz deines Lichtes.

Gütiger Gott, du hast uns durch den Tod und die Auferstehung deines Sohnes erlöst. Sei deinem Diener (deiner Dienerin) N. gnädig, der (die) das Geheimnis unserer Auferstehung gläubig bekannt hat, und laß ihn (sie) auf ewig deine Herrlichkeit schauen.

Gütiger Vater, in deine Hände empfehlen wir deinen Diener (deine Dienerin) und hoffen zuversichtlich, daß er (sie) bei Christus ist. Wir danken dir für alles Gute, das wir durch ihn (sie) erfahren durften.

Gütiger Vater, wir bitten dich, nimm ihn (sie) auf und gib ihm (ihr) Wohnung und Heimat bei dir. Uns aber, die zurückbleiben, gib die Kraft, einander zu trösten mit der Botschaft des Glaubens, bis wir alle vereint sind bei dir.

Herr, unser Gott, du hast deinem Diener (deiner Dienerin) N. die Gnade des christlichen Glaubens geschenkt. Vollende das Werk, das du in ihm (ihr) begonnnen hast und führe ihn (sie) zur ewigen Freude.

Herr, unser Gott, laß deinen Diener (deine Dienerin/ihn/sie) im Licht der Wahrheit dein Angesicht schauen und in dir die Vollendung finden.

O Gott, wir sind voller Trauer über den Tod unseres Kindes, das so früh zu dir heimgegangen ist. Tröste uns durch die gläubige Zuversicht, daß unser Kind im Himmel das ewige Vaterhaus gefunden hat.

Wie er (sie) in Christus gestorben ist, so laß ihn (sie) auch durch Christus auferstehen.

Gott, schenke deine Herrlichkeit, deine Zukunft und deine Treue diesem Menschen. Wir glauben nicht, daß sein Leben umsonst war und alles, was er für Menschen bedeutet hat, nun verloren ist. Vielmehr halten wir fest an dem Glauben, an dem er selbst festgehalten hat bis zu seinem Tod, dem Glauben an dich, den Gott des Lebens, der du niemanden verlorengehen läßt, der auf dich vertraut (nach H. Oosterhuis).

5.4 Kranzschleifen

Blumen und Kränze gelten seit ältester Zeit als Zeichen des Lebens (vgl. Jak 1,12; Offb 2,10). Paulus, der das Leben mit einem Wettkampf vergleicht, spricht vom Siegeskranz (1 Kor 9,25; vgl. auch 1 Thess 2,19; 2 Tim 2,5; 4,8). Heute sind sie zugleich Ausdruck der Beziehung zu dem Verstorbenen. Be315
ides sollte im Aufdruck der Kranzschleife deutlich werden durch einen sinnvollen kurzen Text.
Vermieden werden sollten Worte wie „Letzter Gruß“ oder „Ruhe sanft“.

Beispiele für Aufschriften:

links:

Verbunden über das Grab hinaus
Im Vertrauen auf Gott
In Liebe (und Treue)
Im Hoffen auf Christus
Im Glauben an das ewige Leben
In Dankbarkeit
Lebe in Christus
Christ soll unser Trost sein
Herr, schenke ewige Freude
Christus nehme dich auf
Dein Reich komme
Gib ihm(r) die ewige Freude
Gib ihm(r) das ewige Leben

rechts:

Deine Familie
Dein Mann / Deine Frau
Deine Kinder
Deine Geschwister
Deine Arbeitskollegen

Im Glauben an die Aufer-
  stehung
Verbunden im Glauben
Verbunden in Hoffnung
Durch den Tod zum Leben

Die Farbe der Kranzschleife muß keineswegs schwarz sein. Es empfehlen sich durchaus Farben wie: weiß, grün, dunkelrot, violett.

5.5 Beileidskarten

Ähnlich wie für Totenbilder und Danksagungen bieten verschiedene Verlage auch für Beileidskarten Vordrucke an, die Texte mit christlichem Inhalt wiedergeben. Für Beileidskarten sind dies oft vierseitige Briefkarten, auf deren dritter Seite ein eigenes Wort der Anteilnahme eingefügt werden kann, z.B.:

Im Glauben an die gemeinsame Auferstehung und dem Versprechen, des Verstorbenen im Gebet zu gedenken, spreche ich Ihnen meine herzliche Teilnahme aus.

Im Glauben an die Auferstehung spreche ich Ihnen meine innige Teilnahme aus.

Einige Verlage bieten dafür auch mehrseitige Heftchen an, die neben einem Bild oder Symbol Meditationstexte oder auch Schriftworte enthalten.

Es gibt auch die Möglichkeit, die Anteilnahme mit einem Gebetsgedenken im Rahmen einer Meßfeier zu verbinden (zum Meßstipendium s. S. 315). Auf der Beileidskarte könnte dann stehen:

Wir möchten Ihnen unsere innige Anteilnahme bekunden. Zum Zeichen unserer Gemeinschaft im Glauben mit Ihnen und dem Verstorbenen haben wir beim Pfarramt … um das Gebetsgedenken für … in einem Gottesdienst gebeten, der am … als Eucharistie gefeiert wird.

5.6 Danksagungen

Es ist ein zutiefst christliches Verhalten, all jenen zu danken, die für den Verstorbenen gebetet und die Hinterbliebenen getröstet haben. Viele tun es durch eine Anzeige in der Zeitung oder durch Briefkarten. Es kann auch ein Totenbild beigefügt sein.
Wo das Sechswochenamt Brauch ist, wird die Danksagung oft mit einer Einladung zur Teilnahme an dieser Eucharistiefeier verbunden.

Wir danken herzlich allen, die unserer lieben Mutter

N. N.

das letzte Geleit gaben und ihre Teilnahme in Wort und Schrift, durch Blumen- und Kranzspenden bekundeten.

Geschwister Sorgenicht

Heidelberg, im Oktober 1994

Das Sechswochenseelenamt ist am Samstag, dem 19. Oktober 1994, um 9.00 Uhr in der Herz-Jesu-Pfarrkirche zu Heidelberg.

In diesen Tagen des tiefen Leides war es uns ein großer Trost, nicht allein gelassen zu sein.

Allen, die uns persönlich, besonders aber durch die Teilnahme bei der Eucharistiefeier und der Beerdigung gezeigt haben, wie sehr sie unser gemeinsames Leid mittragen, danken wir aufrichtig.

N. N.

Für alle Zeichen der Verbundenheit und des Trostes, die wir beim Heimgang meiner lieben Frau, unserer guten Mutter

N. N.

erfahren durften, möchten wir auf diesem Weg herzlich danken. Die Nacht des Todes ist der Beginn eines neuen Tages, der keinen Abend kennt. In dieser Zuversicht des Glaubens danken wir besonders für den Dienst der Fürbitte. Der Herr führe seine Dienerin zum Licht des ewigen Lebens.

N. N.

Das Sechswochenamt, zu dem wir freundlich einladen, feiern wir am … in der Pfarrkirche.

Weitere Möglichkeiten der Formulierung:

In den Tagen der Trauer um unseren Verstorbenen … haben Sie durch Ihre Anteilnahme Trost erwiesen. Wir danken Ihnen dafür und für Ihr Gebet. N. N.

In dem schweren Leid, das uns getroffen hat, haben wir viel herzliche Anteilnahme erfahren dürfen, die in Wort und Schrift, durch Blumen, Kränze und Begleitung zur letzten Ruhestätte ausgedrückt worden ist.
Dafür sagen wir unseren herzlichen Dank.

N. N.
im Namen aller Angehörigen

In Dankbarkeit bin ich allen verbunden, die beim Tode meines lieben Mannes, unseres guten Vaters, Großvaters und Bruders aufrichtige Teilnahme bekundet haben, die an der Beisetzung teilnahmen sowie denen, die durch trostreiche Briefe und Blumenspenden ihr Mitgefühl zum Ausdruck brachten.
Im Namen aller Angehörigen

Zum Heimgang unserer lieben Mutter N. N. haben wir viele Beweise aufrichtiger Anteilnahme erfahren. Wir danken für den christlichen Dienst am Krankenbett, in der Kirche und am Grab. Wir bitten, unserer lieben Verstorbenen auch weiterhin im Gebet zu gedenken. N. N.

In diesen Tagen des Leids war es uns ein großer Trost, nicht alleingelassen zu werden. Allen, die uns persönlich, besonders aber durch die Teilnahme bei der Eucharistiefeier und der Beerdigung gezeigt haben, wie sehr sie unseren Schmerz mittragen, danken wir aufrichtig. N. N.

Ein sinnvoller Brauch ist es auch, zum Jahrgedächtnis einzuladen. Dafür kommt wohl zumeist die Zeitungsanzeige in Betracht, in der auf die gemeinsame Eucharistiefeier hingewiesen wird.

	Im Gedenken an meinen lieben Mann, unseren guten Vater, Schwiegervater und Großvater feiern wir das
PETER ROSEN	erste Jahresgedächtnis seines Todes als Eucharistie
* 14. 2. 1922 † 15. 8. 1995	am Samstag, dem 19. Oktober, um 9.00 Uhr in der Pfarrkirche St. Johann, Frankfurt, Hauptstr.
	Maria Rosen

5.7 Grabmalgestaltung

Die Friedhofs- und Grabmalgestaltung ist Ausdruck des Umgangs mit Tod und Toten durch die Lebenden. Christen bekunden dabei in Text und Bild nicht zuletzt gegenüber einer nichtchristlichen Öffentlichkeit, in der eine Pluralität von Sinndeutungen des Todes zunimmt, die aus göttlicher

Verheißung aufsteigende Hoffnung: Das Ende ist das Heil und nicht das Nichts, das Leben und nicht der Tod.
Es wird nur noch in wenigen Gegenden und auf kircheneigenen Friedhöfen möglich sein, den Friedhof in seiner Gesamtaussage zum Zeugnis des Auferstehungsglaubens werden zu lassen. Um so mehr ist es Aufgabe der Christen, an ihren Gräbern Christus, den Auferstandenen, zu bezeugen. Dabei ist es sicher ideal, wenn die Hinterbliebenen bei einem Künstler einen eigenen Grabstein in Auftrag geben, der gewöhnlich nicht teurer ist als die Katalogangebote großer Firmen mit ihren ästhetisch häufig unbefriedigenden Ausführungen. Im Gespräch mit einem Steinmetzen oder einem anderen Künstler klären sich Thema und Gestaltung solch eines einmaligen Grabsteins und bezeugen nach der Aufstellung die Unverwechselbarkeit des Verstorbenen und seiner Beziehung zu Leben und Glauben. Daß dies möglich ist, wenn eine Gemeinde sich dessen annimmt und Hinterbliebene entsprechend berät und mit Künstlern zusammenführt, zeigt das Beispiel von Havixbeck in Westfalen (Katholisches Pfarramt, D-48329 Havixbeck, Tel. 02507/1276).
Ist eine individuelle Lösung nicht möglich, sollte auch bei der Gestaltung vorgefertigter Steine darauf geachtet werden, daß sie nicht nur ein Monument des Todes, sondern ein Dokument des Lebens sind. Insgesamt gilt, was schon allgemein zur Gestaltung des Gedächtnisses an die Verstorbenen gesagt wurde. Texte aus der Heiligen Schrift und der Liturgie eignen sich für Anzeigen wie für Grabinschriften.

Weitere Informationen:

Arbeitsgemeinschaft Friedhof und Denkmal e. V., Ständeplatz 13, 34117 Kassel

M. Ausel, Monumente des Todes – Dokumente des Lebens? Christliche Friedhofs- und Grabmalgestaltung heute (Münsteraner Theologische Abhandlungen 1), Altenberge 2. Aufl. 1990.

5.8 Grableuchte

In den letzten Jahrzehnten hat sich der Brauch stark verbreitet, Grableuchten auf den Gräbern aufzustellen. Für Christen ist dies eine besonders sinnvolle Weise des Gedenkens, verweist das brennende Licht doch auf die Osterkerze und somit auf Auferstehung und ewiges Leben bei Gott.

Gewöhnlich wird vor allem im ersten Jahr nach der Grablegung häufig ein Grablicht entzündet. Zu überlegen ist, ob dies nicht auch im Zusammenhang mit dem liturgischen Totengedächtnis erfolgen kann. So bietet sich eine bewußte Übertragung des Lichtes von der Osterkerze beim Sechswochengedächtnis wie beim Jahresgedächtnis an. Am Allerseelentag und in der Osternacht könnte dies zum Brauch für die ganze Gemeinde werden: Das Osterlicht kann aus dem Gottesdienst direkt auf die Gräber übertragen werden. Das ist selbst dort denkbar, wo der Friedhof nicht in unmittelbarer Nähe zur Kirche liegt. Zumindest an Allerseelen kann, wenn zum Gottesdienst in der Kirche die Osterkerze brennt, das Licht vom Altardienst mit zur Friedhofshalle gebracht und dort den Teilnehmern am Totengedächtnis für ihr Grab übergeben werden.

Hingewiesen werden sollte beim Kauf der Grablichter darauf, daß es auch biologisch abbaubare, also nicht aus Kunststoff bestehende Grablichter gibt.

Das christliche Begräbnis

1. Aspekte der Feiergemeinschaft

Die heutige deutschsprachige Beerdigungsliturgie, die im ganzen Sprachbereich gefeiert wird, ist inzwischen mehr als zwanzig Jahre alt: „Die kirchliche Begräbnisfeier“ erschien 1973; „Die Meßfeier für Verstorbene“ erhielt ihre heutige Form im deutschsprachigen Meßbuch von 1975. Grundsätzlich scheint der Schritt vom diözesanen bzw. nationalen Ritus zu einer länderübergreifenden Gestalt im deutschen Sprachbereich gelungen. Jedenfalls wurde noch keine Revision des Beerdigungsritus vorgelegt, wie das bei der Feier der Trauung und der Krankensakramente der Fall ist. Dies dürfte verschiedene Gründe haben.

1.1 Flexibilität und Auswahlmöglichkeiten

Hier ist vor allem auf die große Flexibilität des Beerdigungsritus und die vielen Auswahlgebete für eine Anpassung des Ritus an die jeweiligen Verhältnisse des konkreten Sterbefalles hinzuweisen, die es früher nicht gab:

1. drei Stationen: Trauerhaus (Friedhofskapelle etc.) – Kirche – Grab;
2. drei Stationen: Trauerhaus – Grab – Kirche;
3. drei Stationen: Kirche – Trauerhalle – Grab;
4. zwei Stationen: Friedofskapelle – Grab;
5. eine Station: Friedhof oder Grab oder Krematorium usw.
6. Kinderbegräbnis;
7. Urnenbeisetzung.

Diese Flexibilität hat weitgehend den Veränderungen der letzten beiden Jahrzehnte im Umgang mit dem Tod standgehalten. Zu diesen Veränderungen gehören der in manchen Fällen schon übliche Verzicht auf eine Beerdigungsmesse und die Feier eines Wortgottesdienstes statt dessen (entweder wegen des Priestermangels oder weil die Umstände eine Eucharistiefeier nicht angemessen erscheinen lassen), die Zusammenlegung von Beerdigungsmessen für verschiedene Verstorbene und die Beerdigungsmesse als normale Werktagsmesse einer Gemeinde unter Berücksichtigung des Sterbefalles.
Viele frei zu formulierende Elemente, die die konkrete Situation berücksichtigen, gab es vordem überhaupt nicht. Oft schaffen die ersten Sätze der Einführung das Klima, in dem die Betroffenen spüren können, ob eine Solidarität mit ihrer Situation hergestellt wird oder nicht. Allzu routiniertes Handeln ohne Rücksicht auf die existentielle Betroffenheit kann bis zum öffentlichen Protest führen. So gibt es durchaus Danksagungen, in der alle wegen ihrer Dienste gelobt werden, der Pfarrer aber ausdrücklich ausgenommen wird, weil er die notwendige Einfühlsamkeit habe fehlen lassen. Die Menschen erwarten ein Eingehen auf ihre besondere Situation.
Ansätze dafür sind in den liturgischen Büchern durchaus vorhanden. Das zeigen die 14 „Gebete in besonderen Fällen“ mit Texten u.a. „für einen plötzlich Verstorbenen“, „nach langem Leiden Verstorbenen“ und „in besonderen Situationen“, wobei etwa an Suizid zu denken ist. „Bei Katastrophen“ wird ausdrücklich darauf hingewiesen, daß eine solche Situation besondere Einfühlung verlangt, die Gebete schriftlich formuliert werden sollen, da hier besonders jedes Wort abzuwägen sei. Auch von den übrigen Gebeten wird gesagt, bisweilen sei es angebracht, die Texte durch Auslassungen oder kleinere Ergänzungen noch weiter anzupassen (vgl. PE Nr. 23).
Noch mehr als bei den Gebeten gibt es auch bei den biblischen Lesungen eine (in der 2. Auflage des Meßlektionars stark aufgestockte) Auswahl. Sie bietet viele Möglichkeiten zur Anpassung an die Situation. Das Meßlektionar

Bd. VII „Sakramente und Sakramentalien. Verstorbene" (Einsiedeln u. a. 1986) enthält für die Beerdigung Erwachsener 25 Lesungen aus dem Alten Testament, 30 Lesungen aus dem Neuen Testament und 27 Evangelientexte. Für das Begräbnis eines getauften Kindes finden sich zwei Lesungen aus dem Alten, sieben Lesungen aus dem Neuen Testament sowie fünf Evangelientexte. Für ein Kind, das die Taufe nicht empfangen konnte, gibt es zwei alttestamentliche Lesungen und drei Evangelien. Sie stellen eine reiche Grundlage für die Homilie dar, die die Lesungen für die Menschen von heute ausdeuten soll. Die Predigt darf nicht zu lange dauern und muß situationsbezogen sein, d. h. mit einer „Gemeinde" rechnen, die nicht ohne weiteres als „Brüder und Schwestern" angesprochen werden darf. Oft verbindet nicht der gemeinsame Glaube, sondern die Betroffenheit durch diesen „Fall" die Versammelten. Die Deutung dieses Ereignisses aus dem Wort der Schrift, das Eingeständnis der Erschütterung und unlösbarer Fragen kann Solidarität entstehen lassen.

Die Fülle der angebotenen Auswahlmöglichkeiten stellt insgesamt einen erfreulichen Fortschritt dar. Der theologische Gehalt dieser Texte kann aber die Fülle neutestamentlicher Aussagen zum Umkreis des Todes nicht völlig widerspiegeln.

Trotz der Flexibilität in Riten und Elementen stellt sich die Frage, ob die bloße Möglichkeit, unter mehreren Formularen auswählen zu können, für eine Übereinstimmung von Liturgie und jeweiliger Situation ausreichend ist.

Diese Frage drängt sich besonders dort auf, wo die Feiergemeinschaft überwiegend aus nichtkirchlichen Teilnehmern besteht. „Einer tätigen Teilnahme sind sehr enge Grenzen gesetzt, wenn die Versammlung nicht einmal das Vaterunser gemeinsam sprechen kann. Die Unfähigkeit der Versammelten, sich an Wechselgebeten … zu beteiligen, erlaubt bei solchen Gelegenheiten keine liturgische Ordnung" (H. Rennings). Eine solche Situation müßte wohl den Ritus als ganzen prägen, was mit einer Auswahl aus der bestehenden Ordnung nur schwer zu leisten ist.

1.2 Kritische Sicht der Totenliturgie

Aus ganz anderem Grund gibt es die Forderung nach noch mehr Pluralität an Formularen. Die Totenliturgie sei zu österlich geprägt und gebe der Trauer und Klage nicht genügend Raum (vgl. dazu S. 120). So schreibt Ottmar Fuchs (Klage. Eine vergessene Gebetsform, in: Becker u. a., Im Angesicht des Todes, II 939–1024): „Erschütterung und Fassungslosigkeit werden manchmal ins Wort gebracht, was aber fehlt, sind Vorlagen, die einen integralen Klageprozeß zulassen und gestalten: Die Begräbnisfeier läuft ohne Klageritual ab.“ Er merkt aber selber an, daß vieles davon auch außerhalb der Liturgie geschehen könnte, vielleicht aber auch in neuen liturgischen Formen.
Tatsächlich hatte die Liturgiekonstitution des II. Vatikanums in Art. 81 verlangt: „Der Ritus der Exsequien soll deutlicher den österlichen Sinn des christlichen Todes ausdrücken ...“ Entsprechend wurden der Gerichtsgedanke sowie Sünden- und Höllenangst, die die Totenliturgie seit dem Mittelalter prägten, getilgt und Veränderungen im Glaubensverständnis berücksichtigt. Auf den früher üblichen Dualismus Seele-Leib wird nicht mehr eingegangen, die Seele nicht mehr erwähnt. Mehrfach ist vom Leib die Rede im Unterschied zur Gesamtperson des Toten (S. 82 der BF: Wir legen den Leib in dieses Grab und bitten dich: laß ihn – die Person als ganze – dein Angesicht schauen; oder: führe ihn, dessen Leib wir hier bestatten, zur Auferstehung). Die Existenz der Engel, für manche mit Schwierigkeiten belastet, tritt in den Hintergrund. Ähnlich verhält es sich mit dem Fegfeuer.
Eine soziologische Untersuchung der heutigen Totenliturgie von Gerhard Schmied (Die Sterbe- und Totenliturgie nach dem II. Vaticanum, in: Becker u. a., Im Angesicht des Todes, I 181–206) fällt insgesamt recht positiv aus. Er sieht in der Hinwendung zum Adressaten einen großen Gewinn, obwohl auch er meint, die Bedürfnisse der Angehörigen nach Kraft und Trost müßten noch stärker berücksichtigt werden. Doch besonders die feierliche Verabschiedung bringe für die Trauernden die Wahrnehmung des Verlustes

zum Ausdruck, den viele nach einem Todesfall zunächst verneinen.
Die liturgischen Texte sind also kritisch zu benutzen. Hans Hollerweger, Leiter der Arbeitsgruppe für diesen Ritus, schrieb schon bei dessen Veröffentlichung: „Ein Ritus ist nur ein Werkzeug, und ein neuer Ritus will ein besseres Werkzeug sein. Entscheidend sind die pastoralen Anstöße, die von ihm ausgehen. Er muß daher im Zusammenhang gesehen werden mit der gesamten Heilssorge der Kirche für den Menschen, der sich bei der Mitfeier der Begräbnisliturgie des Mysteriums vom Tod bewußt werden soll, um so das Mysterium des Lebens deuten zu können."

1.3 Gesang

Auch Gesang und Musik haben in der Totenliturgie einen berechtigen Platz, da sie Ausdruck des österlichen Glaubens sind. Die Psalmen, in denen Schmerz, Trauer und Furcht, aber auch Hoffnung auf den lebendigen Gott im Angesicht des Todes zum Ausdruck kommen, erreichen größere Wirkung, wenn sie von einem Kantor vorgetragen werden. Die Gemeinde beteiligt sich an den Psalmen durch die Wiederholung der Antiphon. Alle Gesänge und auch eventuell zur Verwendung kommende Instrumentalmusik müssen dem Geist der Heiligen Schrift und der Liturgie entsprechen.
Die christliche Hoffnung auf die Auferstehung wird in der Totenliturgie auch in Osterliedern ihren Ausdruck finden können. Jedoch ist eine zu häufige Verwendung von Osterliedern, besonders in schweren Trauerfällen, nicht angebracht, da menschliche Trauer ihr Recht hat und nicht überspielt werden darf. Die PE empfiehlt ein „Lied mit österlichem Charakter" am Ende der Begräbnismesse (II. Kap. Nr. 8) und u. a. ein „Auferstehungslied" am Grab (III. Kap. Nr. 34), bleibt also durchaus maßvoll.

Hingewiesen sei u. a. auf:

„Faltblatt für Bestattungen", das Gebet und Gesänge in Friedhofshalle und am Grab enthält, sechsseitiges Faltblatt: Best. Nr. 6035 Deutsches Liturgisches Institut, Postfach 2628, D-54216 Trier (je Ex 0,40 DM; bei 100 Ex 10 % Rabatt)

Gesänge zur Bestattung. Gemeinsame Kirchenlieder und Gebete der deutschsprachigen Christenheit, hg. von der AÖL, Berlin u. a. [5]1987.

DIE AUSWAHL DER GESÄNGE

ist ein wichtiges Gestaltungsmittel der Begräbnisliturgie. Auf die Frage an die Hinterbliebenen, ob ihnen ein besonderes Gebet oder Lied einfällt, das der/die Verstorbene besonders geschätzt hat und das in die Liturgie eingebaut werden könne, werden häufig Lieder, besonders Marienlieder genannt. Diese können z. B. gut am Ende des Gottesdienstes gesungen werden.
Grundsätzlich ergibt sich bei vielen Feiern aus Anlaß des Todes das Problem einer eher kirchendistanzierten, zumindest nicht regelmäßig praktizierenden Gemeinde. Diese ist dann auch oft nicht imstande, mitzusingen, besonders ansonsten selbstverständliche Gestaltungsmittel wie Wechselgesänge, Psalmen oder Kehrverse sind schwierig. Vielleicht wird sich in Zukunft die schon in vielen Gemeinden übliche Praxis verstärken, nicht mehr bei jedem Sterbefall eine eigene Eucharistie zu feiern, sondern das Totengedenken in den regulären Gemeindegottesdienst zu integrieren.

Das hat mehrere Vorteile:

Die Lesungen vom Tag bieten fast immer die Chance, in der Ansprache die Situation der Hinterbliebenen anzusprechen *und* die christliche Hoffnung zu verkündigen, ohne jedesmal auf den beschränkten Fundus der Beerdigungstexte zurückgreifen zu müssen.
Jeder Tod ist einmalig, trotzdem scheint es gut zu sein, die Jahreszeit, ein besonderes Heiligenfest o. ä. zu berücksichtigen, um auch die Einbindung der Totenliturgie in das Leben der Gemeinde zu dokumentieren.

Eine überraschend große Zahl von ganzen Gesängen und einzelnen Strophen im Gotteslob greifen – auch in den Festzeiten – das Thema „Tod-Endzeit-Trost-Hoffnung auf ewiges Leben“ auf, sie sind im Folgenden zusammengestellt. Selbstverständlich sollten nicht nur diese angegebenen Strophen gesungen werden; kann man ein Lied nicht ganz singen, gehört i.d.R. wenigstens die erste Strophe dazu. Andere werden andere Strophen und Gesänge für passender halten, natürlich wird der einzelne Todesfall stets das letzte Kriterium darstellen: Genau wie bei der Auswahl der Texte wird auch die Wahl der Gesänge beim tragischen Tod eines 40jährigen anders aussehen als beim ersehnten Tod einer 85jährigen.
Gesänge aus der jeweiligen Zeit im liturgischen Jahr eignen sich besonders zum Einzug, zur Gabenbereitung und zur Danksagung/zum Schluß, eventuell auch zum Antwortgesang.
Manche der angegebenen Gesänge sind von ihrem Text auch außerhalb der entsprechenden Festzeit möglich, doch sollte man die Signalwirkung einer Melodie nicht unterschätzen: „Wachet auf, ruft uns die Stimme“ steht in der Gemeinde für „Advent“, und so wird dieses Lied außerhalb dieser Zeit wohl zu Irritationen führen, auch wenn es z.B. zum Evangelium der klugen und törichten Jungfrauen textlich gut paßt.
Nicht eigens angegeben sind hier Gesänge aus den Rubriken „Glaube und Vertrauen“ (Gotteslob 289–311) und „Tod und Vollendung“ (Gotteslob 652–664), die bei jeder Totenliturgie zur Wahl stehen. Außerdem sind entsprechende Strophen auch in den Diözesananhängen zu finden.

Gotteslob-Nr.

ADVENT

103	Kyrie-Gesang: Licht, das die Nacht erhellt, Trost der verlornen Welt
105,4	Wo bleibst du, Trost der ganzen Welt
106,1+5	Kündet allen in der Not … Gott wird wenden Not und Leid
107,5	Dein Heilger Geist uns führ und leit' den Weg zur ewgen Seligkeit
108,4	… neues Licht entströmt der Nacht, nun obsiegt kein Dunkel mehr …
110,1	Macht euch bereit … ihr müsset ihm entgegengehn
111,1+4+5	Auch wer zur Nacht geweinet, der stimme froh mit ein Beglänzt von seinem Lichte, hält euch kein Dunkel mehr Wer hier dem Sohn vertraute, kommt dort aus dem Gericht
116,2	Denn es ging dir zu Herzen sehr … und sollten gar des Todes sein …

WEIHNACHTEN

130,4–6	Das ewig Licht geht da herein … es leucht' wohl mitten in der Nacht
132,3	Das Blümelein so kleine … vertreibt's die Finsternis
134,4	Heut schließt er wieder auf die Tür zum schönen Paradeis
138,4+5	… der Herr Christ … will euch führn aus aller Not … ihr sollt leben nun und ewiglich
141,3	Ich lag in tiefster Todesnacht, du warest meine Sonne
144,4+5	Hier ist die Pforte des Lebens nun offen zu sehen Treuer Immanuel … ohne dich bin ich verloren

QUADRAGESIMA/PASSION

160,1+7	Er ruft die Menschen in das Reich des Vaters Kehrt heim zum Vater, kommt zum Mahl der Freude
164,4	Befreie mich von Schuld und Not, daß ich dich rühme …
167,1+7	… aus meiner Not errette mich … führ du zum Ziel des Lebens Lauf
169,1–4	O Herr, aus tiefer Klage
175	Kyrie: Christus, Gotteslamm
178,2+4	… tröst uns in der letzten Not … schöpfen draus die Zuversicht, daß wir durchs Kreuz ins Leben gehn
179,5–7	… wenn ich einst erkalte, in dir mein Ende sei Wenn ich den Tod soll leiden … so reiß mich aus den Ängsten … Erscheine mir zum Schilde, zum Trost in meinem Tod …
182	O du hochheilig Kreuze … Du bist das Siegeszeichen …
183	Wer leben will wie Gott auf dieser Erde, muß sterben wie ein Weizenkorn

OSTERN

208,1–3	O Licht der wunderbaren Nacht
213	Christ ist erstanden
218,5+6	… Verleihe, was uns selig ist …
220,3+4	Wir sind getauft auf Christi Tod und auferweckt mit ihm zu Gott … erlöst ist, wer an Christus glaubt
222,1+2	Befreit sind wir von Angst und Tod … das Leben ward uns neu gebracht
224	Vom Tode heut erstanden ist, … der aller Welt ein Tröster ist
226,1+4	… im Tod bracht er den Tod zu Fall … ich will zum andern Leben gehn …

PFINGSTEN – HL. GEIST

241,1+2+6	Komm, Tröster ... du gibst uns Schwachen Kraft und Mut Laß gläubig uns ... dir vertraun, der uns ... das Leben Gottes bringt
246	Kyrie-Gesang

MARIA

573	... aus Tod und Elend rufen wir ... O mächtige Fürsprecherin ... zeig uns Jesus nach dem End
576,1+4	Freu dich du Himmelskönigin ... daß wir mit Christus auferstehn
584,1+2+5	Christi Mutter stand mit Schmerzen Christus ... gib mir, daß ich teilhaft werde deiner selgen Herrlichkeit
586,1+3	Du Maria ... hast im Glauben Ja gesagt ... Hilf, o Mutter, Zuflucht in allem Leid, sei unser Trost, bis wir mit dir den Herrn im Lichte schaun ...
588,1+3	... sind wir aus Todes Schatten, kommen zum wahren Schein
594,1+4+5	Du Mutter der Schmerzen ... Hilf uns ... in Not und Gefahr
595	Dein Mantel ... ist aller Zuflucht und Gezelt.

1.4 Osterkerze

Zu beachten ist, was PE 32 über den Sinn der Osterkerze sagt: „Bei der Feier in der Kirche soll die Osterkerze an einem gut sichtbaren Platz aufgestellt werden, um so den Zusammenhang zwischen Taufe, Sterben und Auferstehung der Gläubigen mit der Auferstehung Christi sichtbar zu machen." Der Pfarrer wird diese symbolische Bedeutung der Osterkerze seiner Gemeinde in Erinnerung rufen, indem er in der Eröffnung oder auch in der Homilie darauf hinweist.

1.5 Farbe der Paramente

Die Pastorale Einführung Nr. 30 sagt lediglich: „Die liturgische Kleidung richtet sich nach dem diözesanen Brauch.“ Die Einführung in das Meßbuch Nr. 308 läßt die Wahl zwischen violetter und schwarzer Farbe. Schwarz drückt nach allgemeiner Auffassung in unserem Kulturkreis Trauer aus. Violett entspricht dem Fürbittcharakter der Totenliturgie. Für die Beerdigung und die Begräbnismesse getaufter Kinder wurde früher die weiße Farbe verwendet. Angesichts der heute veränderten Situation, in der gegenüber früher sehr viel weniger Kinder sterben und dieser Tod tiefste Trauer auslöst, kann Weiß nicht mehr ohne weiteres empfohlen werden. Hier bedarf es des Gespräches mit den Eltern darüber, welche Farbe angemessen ist. Andererseits wird sich auch in bestimmten Fällen bei der Beerdigung Erwachsener weiß und damit die Betonung des österlichen Charakters empfehlen. Jedenfalls ist die Farbe der Paramente, die auch Stimmungen zum Ausdruck bringt, keineswegs nebensächlich.

2. Begräbnismesse

Die folgenden Hinweise sind als Ergänzungen und Kommentierungen von Nr. 19–39 der PE und des Kapitels über die Eucharistiefeier in BF zu verstehen. Sie gelten, abgesehen vom eucharistischen Teil der Messe, auch für Wortgottesdienste anläßlich des Begräbnisses (vgl. S. 248).

Begräbnismesse vor oder nach der Beerdigung?

Die Frage, ob die Totenmesse besser vor oder nach der Grablegung gefeiert werden soll, ist mancherorts kontrovers. Abgesehen davon, daß örtliche Umstände manchmal gar keine Wahl lassen, sollen hier Argumente für den einen wie den anderen Brauch genannt werden.

Eucharistiefeier unmittelbar nach der Beisetzung

BF sieht zu Recht die Eucharistiefeier als Höhepunkt des christlichen Begräbnisses (PE Nr. 19), daher sollte sie auch den Abschluß des Begräbnisses bilden. Zudem sollte das offene Grab nicht die letzte Station des Begräbnisses sein, denn dort verabschieden sich alle bzw. gehen still auseinander.

Eucharistiefeier vor der Beisetzung

Das letzte Argument stimmt dann nicht, wenn nach der Beisetzung noch ein gemeinsames Kaffeetrinken etc. erfolgt, eine Agape, die zumindest alle die, die dies wollen, miteinander vereint. Hier können sich durch das Begräbnis aufgestaute Emotionen besser lösen als in einer auf die Beisetzung folgenden Messe. Die Abfolge Eucharistiefeier – Beisetzung – Agape macht den Zusammenhang von Liturgie und Leben nicht nur zeichenhaft, sondern auch real deutlich. Die zunehmenden Beerdigungen „im engsten Familienkreis“ und Hinweise auf den Todesanzeigen wie „Von Beileidsbekundungen am Grabe bitten wir abzusehen“ sollten hellhörig machen für die Not der Trauernden. Auch praktische Gründe sprechen für eine solche Ordnung. Bei schlechten Witterungsverhältnissen ist es nicht leicht, sich mit kalten Füßen und durchnäßter Kleidung auf die Eucharistiefeier zu konzentrieren.
Ein wichtiges Zeichen läßt sich aber nur setzen, wenn die Eucharistiefeier der Grablegung vorausgeht: die Aufbahrung des Sarges mit dem Leichnam während der Eucharistiefeier in der Kirche, denn „es ist sinnvoll, den Leichnam in die Kirche zu bringen und die Eucharistie in dessen Gegenwart zu feiern. Wo es möglich ist, soll man den Brauch beibehalten“ (BF S. 31). Und dies wäre durchaus an weit mehr Orten möglich, als gemeinhin angenommen wird. Christliche Gemeinden sollten sich nicht so leicht durch Verfügungen von Ordnungsämtern solche Möglichkeiten des Kontaktes mit den Toten nehmen lassen. Nur so kann auch die Osterkerze, wie es BF wünscht, beim Sarg brennen.

Auch bei dieser Abfolge bleibt die Eucharistiefeier Höhepunkt, das gemeinsame Herrenmahl in Anwesenheit des Leichnams – ein zeichenhaftes Tun von großer Bedeutung. Von dort kann dann – wo dies noch möglich ist – sinnvoll die gemeinsame Prozession zum Friedhof mit dem Sarg erfolgen.
In den USA sieht der neue Bestattungsritus den Empfang des Leichnams und der Angehörigen am Kirchenportal vor – ganz in Anlehnung an den Katechumenatsritus, denn hier empfängt die Gemeinde im Verlauf des Kirchenjahres auch die Bewerber für die Aufnahme in den Katechumenat. Die Angehörigen werden nach einem Eröffnungsgebet eingeladen, gewissermaßen als letzten Liebesdienst und als Zeichen der Verbundenheit in der Taufe über den Tod hinaus ein weißes Velum als Sinnbild für das Taufkleid über den Sarg auszubreiten und ihn damit zu schmücken. Dann erfolgt die Besprengung mit Taufwasser und die Inzens mit Weihrauch mit den dazugehörigen Deuteworten (vgl. S. 275). Anschließend werden die Angehörigen eingeladen, den Sarg auf einem Fahrgestell in den Altarraum zu geleiten, wo er während der Eucharistiefeier neben der Osterkerze aufgebahrt wird. Nach dem Schlußsegen führen die Hinterbliebenen den Sarg wieder zum Eingangsportal der Kirche, wo der Priester mit einem Segensgebet, das von der soeben gefeierten Eucharistie für den Verstorbenen auf das verheißene Wiedersehen beim himmlischen Hochzeitsmahl ausblickt, den Ritus der Verabschiedung (s. S. 273) vollzieht. Das ist besonders da sinnvoll, wo das Begräbnis bzw. die Beisetzung der Urne zu einem späteren Zeitpunkt oder auch an einem anderen Ort stattfindet.

2.1 Eröffnung

Aufgabe der Eröffnung „ist es, die zusammenkommenden Gläubigen zu einer Gemeinschaft zu verbinden und sie zu befähigen, in rechter Weise das Wort zu hören und würdig Eucharistie zu feiern“ (Allgemeine Einführung in das Römische Meßbuch Nr. 24). Bei der Beerdigungsmesse und

bei einem Wortgottesdienst ist eine kurze Einführung in den Sinn des Geschehens immer angebracht, besonders aber dann, wenn sie die erste Station der Beerdigungsliturgie darstellt, wenn der Todesfall besonders tragisch war oder wenn mit der Teilnahme vieler „Taufscheinkatholiken“ und Andersgläubiger gerechnet werden muß. Die Eröffnung sollte menschlich überzeugend Teilnahme am Geschick der Hinterbliebenen ausdrücken, wobei Leben oder Sterben des Toten als Anknüpfungspunkt gewählt werden kann. Auch in problematischen Fällen, z.B. Selbstmord, jahrelange Abständigkeit, kirchlich ungültige Ehe, darf nur in Ehrfurcht von dem Verstorbenen gesprochen werden.
Die Sinndeutung des Todes vom christlichen Glauben her, die eigentlich Aufgabe der Homilie ist, kann auch in der Einführung schon anklingen. Sie darf aber menschliche Trauer und menschliche Fragen nicht einfach überspringen, damit christliche Sinndeutung nicht zum „billigen Trost“ absinkt.

Eucharistiefeier vor der Beisetzung

Hier kommt der Einführung ein besonders Gewicht zu, weil sie am Beginn der Totenliturgie steht. Zu bedenken gilt es, daß in manchen Großstädten die Beisetzung erst mehrere Tage nach der Beerdigungsmesse erfolgen kann. Aus den Textbeispielen sind in diesem Fall geeignet: 1–9.

Eucharistiefeier unmittelbar nach der Beisetzung

Schließt die Eucharistiefeier unmittelbar in lokaler und zeitlicher Einheit an das Begräbnis an, bei dem bereits ein vollständiger Wortgottesdienst gehalten wurde, kann man sofort, nach kurzen einleitenden Worten, mit der Gabenbereitung beginnen (BF S. 31). Die Einführung kann kurz sein und an dem Sinn der Beerdigungsmesse anknüpfen. Aus den Textbeispielen sind in diesem Fall geeignet: 10–16.

Eröffnung am Trauerhaus oder Kirchenportal

Wenn der Eröffnungsritus beim Trauerhaus oder beim Kirchenportal mit der Eucharistiefeier eine zeitliche Einheit bildet, beginnt die Messe im allgemeinen sofort mit den Lesungen. Der Einzug in die Kirche soll von Gesang und Orgelspiel begleitet werden (BF S. 31). Manchmal empfiehlt es sich, mit dem Tagesgebet zu beginnen.
Bildet die Eucharistiefeier mit der vorausgehenden Eröffnung keine zeitliche Einheit, wird die Messe in der gewohnten Weise eröffnet. Aus den Textbeispielen sind in diesem Fall geeignet: 1–4; 10–16.

Beispiele

1. Requiem aeternam – Herr, gib ihm (ihr) die ewige Ruhe, so beginnen wir die Meßfeier für unseren (unsere) …, den (die) der Herr nach der Mühe und Arbeit dieses Lebens zu sich gerufen hat.
Hier, in diesem Leben, sind wir auf der Wanderschaft und wünschen, endlich das Ziel zu erreichen;
hier stehen wir an der Werkbank und erfahren Tag für Tag, wie unvollkommen alles ist, was der Mensch schafft;
hier sind wir am Bau und sehnen uns nach der Vollendung des Werkes.
Gott führt uns über die Schwelle des Todes in sein Reich, in das Land, wo aus den Bruchstücken das Ganze, aus dem Angefangenen das Vollendete, aus den Versuchen das Geglückte wird: er schenkt die ewige Ruhe.
Ihm wollen wir bekennen, wie mangelhaft, wie sehr Stückwerk ist, was wir beginnen, damit er uns verzeiht und zur Vollendung führt:
Ich bekenne …

2. Hier vor uns brennt die Osterkerze; sie stellt Christus dar, das Licht, das jeden Menschen erleuchtet. An ihr werden bei der Taufe die Kerzen der Neugetauften entzündet. Auch unserem (unserer) …, zu dessen (deren) Sterbegottesdienst wir uns versammelt haben, wurde mit der Taufkerze das Osterlicht anvertraut; er (sie) hat es (in unserer

Pfarrkirche) in der Hand getragen, als er (sie) zum ersten Mal an den Tisch des Herrn treten durfte. Er (sie) hat dieses Licht am Brennen gehalten in all den Stürmen seines (ihres) Lebens, und wenn es manchmal am Verlöschen war, hat es der Herrgott im Sakrament der Buße wieder entzündet.
Dieses Osterlicht brennt jetzt am Altar, wenn wir das heilige Opfer für unseren Bruder (unsere Schwester) N. feiern und den Herrn dabei bitten, daß er nach allem Dunkel dieser Erdenzeit seinem Diener (seiner Dienerin) nun das ewige Licht leuchten lasse.
Möchte das Osterlicht hier nicht nur äußerlich strahlen, sondern mehr noch in unseren Herzen leuchten, damit wir, frei von Sünde, das heilige Opfer würdig feiern.
(Stille)

3. Das Leben, das Gott uns nach dem Tod bereitet, liegt außerhalb unserer Erfahrung; wir können es nicht in Worte fassen. Doch in Bildern ist uns diese kommende Welt jetzt schon zugänglich: So wie wir in der Familie beim gemeinsamen Essen und Trinken unsere Verbundenheit erfahren, wird auch Gott uns an seinen Tisch laden, wir werden als seine Söhne und Töchter mit ihm verbunden sein.
Darum haben wir uns in den Formen dieser Welt um den Tisch des irdischen Gotteshauses versammelt. Hier wissen wir uns geborgen in Gottes Liebe, zugehörig seiner Familie. Hier beten wir darum, daß er auch unseren (unsere) … an seinen Tisch ruft im himmlischen Reich, und daß er uns hier auf Erden tröstet und aufrichtet für den Weg in die Vollendung.
(Stille)

4. Der Mensch kann nicht in völliger Isolation leben, er braucht zu seinem Glück Freunde, Gemeinschaft, Menschen, denen er etwas bedeutet und die ihm etwas bedeuten.
Auch im Himmel lebt der Mensch nicht für sich allein, sondern in der Gemeinschaft der Heiligen. Es ist sein Glück und seine Freude, daß er zu dieser Raum und Zeit überspannenden Gemeinschaft aller Erlösten gehört.

In dieser Gemeinschaft haben wir uns hier versammelt. In dieser von Gottes Liebe getragenen Gemeinschaft wissen wir uns hier verbunden mit … Mit ihm (ihr) zusammen danken wir Gott für alle guten Gaben, die er ihm (ihr) mitgegeben hatte. Für ihn (sie) bitten wir den Herrn, daß er ihm (ihr) alle Sünden verzeiht, die ihn (sie) von der lebendigen Gemeinschaft mit den Heiligen noch zurückhalten.
Damit aber unser Gebet Gott gefällt und unserem (unserer) N. nützt, wollen wir zuvor unsere eigenen Sünden bekennen: Ich bekenne …
Der allmächtige Gott …

Feiern wir jetzt den Tod und die Auferstehung des Herrn, des Verstorbenen gedenkend. Wir wissen, daß wir letztlich den Tod überwinden durch den, der sich uns jetzt im Wort und im Mahl schenken will.

5. „Ich bin gewiß, daß ich schaue die Güte des Herrn im Lande der Lebendigen." – Dieser Spruch steht am Beginn unseres Gottesdienstes. Wir wissen nicht, was das ist, das Land der Lebendigen. Wir haben nur die Verheißung des Herrn, daß es dieses Land gibt. Aber was es ist und wie es ist, davon haben wir nur eine ganz dunkle Vorstellung, eine Ahnung, die aus der Sehnsucht unserer Herzen kommt. Dunkel ist auch das Tor zu diesem Land; denn dieses Tor ist der Tod. Wieder einmal ist einer von uns durch dieses Tor gegangen. Seinen Leib übergeben wir nachher dem dunklen Schoß der Erde. Aber wir hoffen, daß der, der für uns im Dunkel versunken ist, aufwacht im Licht eines neuen Lebens. Daß sich diese Hoffnung erfüllt, darum bitten wir den Herrn.

6. Verehrte Angehörige der verstorbenen Frau X. Der Anlaß, aus dem Sie heute Gast in dieser Gemeinde sind, ist ein trauriger. Wir nehmen Anteil an Ihrem Schmerz um den Tod eines Menschen, der Ihnen so nahe stand. Und wir möchten Sie Anteil nehmen lassen an der Hoffnung der christlichen Gemeinde, an der Hoffnung auf das Leben, von dem die frohe Botschaft spricht. Mögen Sie ein wenig

Trost und Zuversicht aus diesem Gottesdienst mitnehmen. Mögen Sie erfahren, daß Sie in Christus mit Ihrer lieben Verstorbenen weiterhin verbunden sind.

7. Der Todesfall, der uns hier zusammengeführt hat, ist besonders tragisch. Ein junger Mensch wurde plötzlich mitten aus dem Leben weggerissen. Wie schnell kann ein Leben ausgelöscht sein. Wir fragen uns: Wo ist hier Sinn, wo ist hier Gerechtigkeit? Als Antwort haben wir vor uns den Mann am Kreuz. Er weist zwar unübersehbar darauf hin, wie grausam der Tod sein kann, aber er ist für uns auch das Zeichen für die Überwindung des Todes. Jesus ist durch Tod zum Leben gekommen, so werden auch wir durch den Tod hindurch zum Leben gehen. Das glauben wir Christen. Und so hoffen wir, daß der junge Mensch, dessen Tod wir betrauern, das, was ihm hier an Leben und Freude versagt wurde, in reichem Maß findet bei Gott. Und darum wollen wir auch beten.

8. Fünfundachtzig Jahre hat Frau X in dieser Gemeinde gelebt. Ein reiches und erfülltes Leben liegt hinter ihr. So mischt sich in die Trauer Dankbarkeit. Und dem Schmerz gesellt sich die Zuversicht bei, daß die Ernte eines solchen Lebens nicht verlorengeht, sondern daß sie geborgen ist bei Gott. Unsere Gedanken und unsere Gebete begleiten Frau X in das Land der Lebendigen, wo der Herr ihr das Bürgerrecht geben möge.

9. Ich danke Ihnen, daß Sie in so großer Zahl zu diesem Gottesdienst gekommen sind. Sie sprechen damit nicht nur Ihre Teilnahme aus, sondern auch den Dank für ein Leben im Dienst dieser Gemeinde… Jahre hindurch hat Herr/Frau X hier in dieser Kirche die Orgel gespielt. Tag für Tag tat er/sie treu seinen Dienst. Sie wissen, wie sehr ihm/ihr der Gesang im Gottesdienst am Herzen lag, wieviel wir ihm/ihr alle zu verdanken haben. Nun hat der Tod eine spürbare Lücke in den Kreis der Mitarbeiter unserer Pfarrei gerissen. – In der Eucharistiefeier und im Grabgeleit wollen wir nun den/die Verstorbene(n) Gott anempfehlen.

10. Wir haben die Verheißung des Herrn, daß alle, die ihm gefolgt sind, mit ihm beim Vater leben werden. Wir haben

die Hoffnung, daß auch unsere Verstorbenen beim Herrn sind. Wir haben die Hoffnung, daß sie mit allen, die Gott gesucht haben, vereint sind in der Liebe und im Licht Gottes und seine Herrlichkeit schauen.

11. Wir wissen, daß unsere Toten in ihrem Leben gesündigt haben. Sie hatten Fehler und Schwächen wie alle Menschen. Niemand ist vor dem heiligen Gott ohne Schuld. Aber wir wissen auch, daß keiner die Menschen mehr liebt als der heilige Gott. Darum beten wir zu ihm für unsere Verstorbenen, er möge sie durch seine Liebe läutern und reinigen. Wir bitten, er möge sie von aller Schuld heilen, damit sie bei ihm leben und mit ihm herrschen können in seinem Reich.

12. Das Leben der Menschen endet nicht im Tod. Gott gibt ihnen ewiges Leben. Im Neuen Testament lesen wir, daß der Herr denen, die nicht an die Auferstehung glauben, entgegenhält: Gott ist nicht ein Gott von Toten, sondern von Lebenden. Er hat seinen Sohn nicht im Tod gelassen. Der gekreuzigt wurde, ist auferstanden, Christus lebt in uns. Sein Geist und seine Liebe wirken in allen, die ihm angehören. Er ist stärker als der Tod.

13. Wir glauben, daß Gott ein Gott der Lebenden und nicht der Toten ist. Wir glauben, daß Christus den Tod besiegt hat. Er ist uns durch sein Leiden und seinen Tod vorausgegangen, er hat für uns alle den Weg gebahnt. Weil er lebt, brauchen wir den Tod nicht zu fürchten. Gottes Liebe ist mächtiger als der Tod. Der Tod ist für uns das Tor zum Leben.

14. Wenn ein Mensch stirbt, verläßt er diese Welt. Wir können ihm nicht folgen. Wir können nichts über ihn erfahren. Jeder einzelne muß sich im Gericht vor Gott verantworten. Wir vertrauen ihn Gott an, seinem und unserem Vater, und Christus, unserem Erlöser. Wir hoffen und wir bitten, daß Gott ihm gnädig sei.

15. Im Apostolischen Glaubensbekenntnis bekennen wir von Jesus Christus: „hinabgestiegen in das Reich des To-

des“. Seit dem Tod und der Auferstehung Jesu gilt eine neue Ordnung in der Schöpfung. Wer an Jesus Christus glaubt, ist überzeugt, daß mit dem Tod nicht alles aus ist. Er lebt in der Hoffnung, daß Gott die Seinen aus dem Tod errettet und sie aus dieser Welt zum wahren Leben hinüberführt.

16. Wenn wir Eucharistie feiern, gedenken wir jedes Mal aller Verstorbenen. Mit ihnen sind wir in Christus unserem Herrn verbunden. Wir beten für sie, daß Gott sie alle in der Gemeinschaft seiner Heiligen vollenden möge. Wenn wir anläßlich einer Beerdigung Eucharistie feiern, dann konzentriert sich unser Beten in besonderer Weise auf unseren Bruder (unsere Schwester) N., der (die) aus dieser Welt zu Gott heimgegangen ist.

Vgl. auch die Einführungen zu den Lesungen und Evangelien S. 191.

KYRIE-RUFE

V.: Herr Jesus Christus, du wirst auf den Wolken des Himmels in Macht und Herrlichkeit wiederkommen: Herr, erbarme dich.
A.: Herr, erbarme dich.
V.: Du wirst uns in die Wohnungen führen, die für uns beim Vater bereitet sind: Christus, erbarme dich.
A.: Christus, erbarme dich.
V.: Du wirst Trauer und Tod von uns nehmen und uns mit verklärtem Leben erfüllen: Herr, erbarme dich.
A.: Herr, erbarme dich.

Oder:

V.: Herr Jesus Christus, in dir erstrahlt uns die Hoffnung auf Auferstehung: Herr, erbarme dich.
A.: Herr, erbarme dich.
V.: Du schenkst uns die Verheißung der künftigen Unsterblichkeit: Christus, erbarme dich.
A.: Christus, erbarme dich.
V.: Im Himmel bereitest du uns die ewige Wohnung: Herr, erbarme dich.
A.: Herr, erbarme dich.

Oder:
Jesus, du Haupt deiner Kirche:
Kyrie, eleison.
Guter Hirt, der uns ins Leben führt:
Christe eleison.
Weg, auf dem wir zum Vater finden:
Kyrie eleison.

Oder:
Herr Jesus, Brot, von dem wir leben:
Kyrie eleison.
Herr Jesus, Weg, auf dem wir gehen:
Christe eleison.
Herr Jesus, Tür, durch die wir zum Vater gelangen:
Kyrie eleison.

Oder:
Herr Jesus Christus,
du hast die Mühsal des Erdenlebens mit uns getragen:
Herr, erbarme dich.
Du hast den Tod für immer vernichtet:
Christus, erbarme dich.
Du schaffst den neuen Himmel und die neue Erde:
Herr erbarme dich.

TAGESGEBET

Das Tagesgebet wird gewöhnlich aus dem reichen Schatz des Meßbuches genommen. Dort heißt es: Alle Texte der Totenmessen können durch entsprechende andere ersetzt werden, vor allem die Orationen (vgl. Meßbuch II, S. 1122). Man kann also die Oration aussuchen, die am besten auf die Situation paßt.

Allmächtiger, ewiger Gott, Vater im Himmel.
Sei du in unserer Mitte, da wir uns im Namen deines Sohnes Jesus Christus versammeln. Sei du uns nahe in seinem Wort. Sei bei uns in dem Mahl, das wir seinem Tod und seiner Auferstehung verdanken.
Höre unsere Bitten: jene, die wir aussprechen, und alle, die ungesagt bleiben und von dir allein gehört werden.
Durch unseren Herrn Jesus Christus.

Weitere Orationen vgl. S. 250.

2.2 Wortgottesdienst

LESUNGEN

Den Lesungen kommt in der Beerdigungsliturgie eine besondere Bedeutung zu, da sie die Teilnahme des Christen an Jesu Tod und Auferstehung verkünden. Sie wollen bei den Teilnehmern die Hoffnung auf die Vollendung im Reich Gottes stärken und sie zum Zeugnis des christlichen Lebens anleiten. Sie lehren die fortbestehende Gemeinschaft zwischen Lebenden und Toten durch die Verbindung mit Christus.

Deshalb sollen die Lesungen – eventuell in Beratung mit den Angehörigen – so ausgewählt werden, daß sie der Situation der Angehörigen, der übrigen Teilnehmer und des Verstorbenen möglichst gut entsprechen (PE Nr. 20).

Der Vortrag der Lesungen muß frei sein von Hast und falschem Pathos; er muß vielmehr langsam und meditativ geschehen.

Als Antwort auf die Lesungen sind bei der Beerdigungsmesse neben dem vom Kantor vorgetragenen Antwortpsalm nicht selten auch einmal eine Meditationsstille oder ein passendes Zwischenspiel der Orgel angebracht, die Raum zum Nachdenken und persönlichen Beten eröffnen. Bei der Teilnahme Fernstehender und Andersgläubiger empfiehlt sich zum besseren Verständnis eine kurze Einleitung in die Lesung. Die im folgenden aufgeführten Texte zu einzelnen Lesungen und Evangelien sind als Einleitungen vielfach zu ausführlich. Sie können auch als Meditationsanregungen und Kurzhomilien Verwendung finden. Die Reihenfolge richtet sich nach der Reihenfolge der Lesungen im Lektionar.

Beim Begräbnis Erwachsener

(Meßbuch II, S. 1121 ff.; Lektionar Bd. VII, S. 401 ff.)

1 Sam 2,1abc.2.6–8c L VII, S. 401

Unser Gott ist ein Fels der Hoffnung. Diese Überzeugung spricht die Mutter des Propheten Samuel aus, die das helfende Wirken des Herrn erst nach langer Kinderlosigkeit und viel Gebet an sich erfahren durfte. Ihr Gott hält alles in der Hand. Seine Macht wird auch nicht durch den Tod begrenzt, der nach unserer menschlichen Erfahrung souverän schaltet und waltet. Nicht der Tod, sondern der Gott Israels „macht tot und lebendig, er führt zum Totenreich hinab und führt auch herauf". Unser(e) Verstorbene(r) N. ist endgültig in der die Menschen führenden Hand des Herrn geborgen.

2 Makk 12,43–45 L VII, S. 402

Wir sind miteinander auf vielfältige Weise verbunden – auch durch gegenseitige Verflechtungen von Schuld und Sünde. Darum läßt uns die Liturgie in den Meßfeiern für Verstorbene auch Texte wie den folgenden lesen. Er fordert uns zu Gebet und Sühne für die Toten auf – als Zeichen unserer Zusammengehörigkeit und Hoffnung über den Tod hinaus.

Ijob 14,1–3.10–15 L VII, S. 403

Ijob weiß nicht, warum ihn Gott so hart geprüft und ihm seine Familie und seinen ganzen Besitz genommen hat. Hoffnungslos klagt er vor Gott. Seine Sehnsucht wäre, daß Gott ihn riefe und er ihm Antwort geben könnte. Aber Gott bleibt zunächst stumm auf seine Klagen. Geht es nicht auch vielen Trauernden so wie Ijob? Sie fragen warum? und wissen keine Antwort. Dann dürfen auch wir klagen und unsere Sehnsucht nach Gott hinausschreien.

Ijob 19,1.23–27 (27a) L VII, S. 404

Wir alle kennen die Geschichte des Ijob: „Alles gehabt, alles verloren – und alles wiedergewonnen." Dieser Satz läßt sich über das Leben eines jeden Menschen schreiben.

Mit dem Tod scheint alles verloren. Aber der Tod ist nicht nur Ableben. Der Tod ist Aufleben in Gott.

Weish 1.13–15 L VII, S. 405

Gott will das Leben und das Heil der Menschen. Davon ist der Verfasser des Weisheitsbuches fest überzeugt. „Gott hat den Tod nicht gemacht und hat keine Freude am Untergang der Lebenden“, sagt er. Den Tod und das Böse haben die Menschen in die Welt gebracht, lehrt er. Gott hat den Menschen nicht für den Untergang, sondern für die Unsterblichkeit bestimmt. Darauf dürfen wir auch für unsere(n) Verstorbene(n) hoffen.

Weish 2,1–2ab.4ab.21a.22–3,6.9 L VII, S. 405 f.

Nicht erst heute wird die Frage nach dem Schicksal des Menschen nach seinem Tode verschieden beantwortet. Der Weisheitslehrer steht klar auf der Seite derer, die ein Leben in Frieden bei Gott erhoffen.

Weish 3 1–9 L VII, S. 407

Auch ein guter Mensch kann in seinem Leben Dinge erleiden, die wie Strafe aussehen. Das Buch der Weisheit sieht darin eine Prüfung. Gott erprobt die Gerechten wie Gold im Schmelzofen. Die Treuen erhalten Anteil an Gottes Herrlichkeit und bleiben bei ihm in Liebe. Unser(e) Verstorbene(r) hat die Prüfungen langer schwerer Krankheit bestanden. Gott hat ihn (sie) geprüft und, so hoffen und beten wir, seiner würdig befunden.

Weish 4,7–10a.13–15 L VII, S. 409

Der Weisheitslehrer, der in der folgenden Lesung spricht, ist ein tiefgläubiger Mensch. Er stellt alle bloß menschlichen Erwägungen beim frühen Tod eines Menschen zurück. Gott kann auch ein junges Leben vollenden. Wir werden ihm in dieser Logik des Glaubens vielleicht nicht alle folgen können, zumal nicht in der Stunde der unmittelbaren Betroffenheit. Alle aber können wir Trost schöpfen aus der Überzeugung des Weisheitslehrers, daß hinter allem Handeln Gottes seine Liebe steht und daß seinen Auserwählten Gnade und Erbarmen zuteil wird.

Weish 5,15–16 L VII, S. 410

Es gibt nur wenige Stellen im Alten Testament, an denen das ewige Leben der Gerechten und ihre Belohnung durch Gott so klar gelehrt wird wie in der folgenden Lesung. Dabei geht es aber nicht um ein Tauschgeschäft zwischen Gott und Mensch, sondern um eine Beziehung, die den Tod überdauert. „Der Höchste sorgt für sie", „er wird sie mit seiner Rechten behüten und mit seinem Arm beschützen". Diesem Gott können wir unsere(n) Verstorbene(n) getrost anvertrauen.

Weish 11,23–12,1 L VII, S. 411

Die positive Sicht, die der Weisheitslehrer von Gottes Beziehung zu den Menschen hat, findet ihren tiefsten Ausdruck in der Bezeichnung, die in der kurzen Lesung gleich zweimal vorkommt: „Herr, du Freund des Lebens". Er hat mit allen Erbarmen, auch mit dem(r) Verstorbenen, den (die) wir heute Gott, dem Freund des Lebens, besonders anempfehlen.

Sir 2,1–9 L VII, S. 412

Vertrauen und Hoffnung auf Gott will der Weisheitslehrer uns anempfehlen, besonders für die Zeit der Prüfungen. Dabei geht er davon aus, daß alle Gottesfürchtigen geprüft werden. Wer die Feuerprobe besteht, wird bei Gott Heil, immerwährende Freude und Erbarmen finden.

Sir 41,3–4.11 L VII, S. 413

Die Furcht vor dem Tod kennzeichnet nicht nur unser Zeitalter; es gab sie auch schon zu Zeiten des Jesus Sirach. Dagegen setzt er seine Überzeugung, daß der Name des Frommen nicht aus dem Buch des Lebens getilgt wird. Name meint wie fast immer im Alten Testament die Person. Hoffnung auf die unlösbare Beziehung mit Gott ist also das Heilmittel gegen die Furcht vor dem Tod.

Jes 25,6a.7–9 L VII, S. 413

Der Prophet des Alten Bundes, dessen Worte wir in dieser Meßfeier lesen, wußte die Zukunft, die Gott uns Menschen schenken will, nicht besser zu beschreiben als im Bild eines Festmahles, zu dem Gott alle Menschen einlädt. Trauen wir Gott zu, daß er über den Tod hinaus diese Einladung an uns aufrechterhält?

Jes 26, 11abcd.19 L VII, S. 414
Der Prophet Jesaja spricht von einer leidenschaftlichen Liebe Gottes zu seinem Volk. In ihr sieht er das Motiv für die Auferweckung der Toten. Auch im Tod fallen wir nicht aus der Liebe Gottes heraus, sondern in Gottes fürsorgliche Hand.

Jes 41, 8–10 L VII, S. 415
„Fürchte dich nicht", „hab keine Angst" sagen Mütter und Väter zu ihren Kindern, sagt Gott durch den Propheten Jesaja zu seinem Volk, als es in Bedrängnis ist. Wenn diese Worte auch nicht unmittelbar auf die Situation des Todes gemünzt sind, so haben sie doch auch dafür Gültigkeit. Denn die Zusage Gottes „ich bin mit dir" kennt keine Ausnahmen.

Jes 43, 1–3 L VII, S. 416
Die folgende Heilsverheißung macht der Prophet Deuterojesaja an das Volk Israel in der Knechtschaft Babels. Das Schreiten durch Wasser und Ströme, das Gehen durch das Feuer, von dem die Rede sein wird, sind auch uralte Bilder des Sterbens und des Todes. Gott sagt für diese Situation ausdrücklich zu: ich bin dein Gott, ich bin dein Retter. Gottsein und Rettersein werden austauschbar.

Jes 49, 14–16a L VII, S. 416
Der Klage Zions, daß Gott es in der Gefangenschaft verlassen und vergessen habe, entspricht unsere Angst, im Tod unterzugehen. Dagegen setzt der Prophet die Verheißung Gottes: Ich vergesse dich nicht. Sie gilt mehr als die Beziehung einer Mutter zu ihrem Kind. Unsere Namen sind unlöschbar in die Hände Gottes geschrieben.

Jes 57, 15.19bc L VII, S. 417
Die Worte der Lesung stammen von einem Propheten, der das aus dem babylonischen Exil heimgekehrte Volk ermutigen will. Er sagt den hilflosen Heimkehrern die Nähe Gottes bei den Bedrückten und Zerschlagenen zu. Der

Herr verspricht neues Leben, Friede und Heilung. Wir dürfen dieses Versprechen auch auf unsere(n) Verstorbene(n) beziehen, der (die) in der Gefangenschaft von Leid, Schmerz und Tod auf Gott geharrt hat.

Jes 65,16e–19 L VII, S. 417
Die folgende Lesung verheißt eine Zeit endgültigen Heils. In dem ewigen Jerusalem wird es kein Weinen und Klagen mehr geben, wie in der Vergangenheit. Seine Bewohner sollen sich ohne Ende freuen und jubeln über das, was Gott schafft.

Jer 29,11–14b L VII, S. 418
Der Kernsatz der folgenden Lesung lautet: „Ich will euch eine Zukunft und eine Hoffnung geben". Ursprünglich wurde er von dem Propheten Jeremia aus Jerusalem an die Verbannten in Babylonien geschrieben. Er kann auch uns in der Situation des Leids und der Trauer neuen Mut geben. Gott kann den Verstorbenen „eine Zukunft" und uns „Hoffnung geben".

Klgl 3,17–26; Kurzf.: Klgl 3,22–26 L VII, S. 419
Wenn uns ein Unglück trifft oder der Tod eines Menschen tief bedrückt, kann uns alles Reden von Gott schal und fremd, ja unerträglich werden. Doch von einer Grundüberzeugung sollten wir niemals lassen: Dieser Gott ist unser Gott. Er hat uns erdacht, erschaffen, ins Leben gerufen, erwählt. Und das doch nicht, um uns zu schaden – sondern um uns gut zu sein. Die folgende Lesung zeigt, wie ein von Unglück und Leid Gezeichneter mit dieser Wahrheit ringt und in ihr die Ruhe wiederfindet, den tragenden Grund seines Lebens neu entdeckt.

Ez 37,1–10 L VII, S. 420
In einer Vision darf der Prophet Ezechiel erleben, daß das Volk Israel von Gott nach seiner Niederlage und Wegführung in die Verbannung aus einem Haufen toter Gebeine wieder zum Leben erweckt wird. Diese Vision soll dem Volk in der Verbannung mutmachen, daß Gott ihm eine neue Zukunft schenken wird. So kann Gott auch dem (der)

Toten, um den (die) wir trauern, Zukunft und neues Leben schenken.

Ez 37,12b–14 L VII, S. 422
Dem Text, den wir hören, geht bei Jesaja die Vision des Propheten voraus. Auf einer riesigen Ebene sieht er die Gebeine von Erschlagenen. Damit ist das Volk Israel gemeint. Der Prophet erweckt auf Geheiß Gottes diese Gebeine zu neuem Leben. Unser Text ist die sich daran anschließende Gottesverheißung an sein Volk. Sie gilt auch dem Volk des neuen Bundes, das in der Auferstehung des Jesus von Nazaret die erste Erfüllung dieser Verheißung bekennt.

Dan 10,2.11a. 12,1–3 L VII, S. 422
Die vorchristliche jüdische Gemeinde erwartet für die Endzeit große, wunderbare Ereignisse. Kern dieser Erwartungen war, daß Gott die Lebenden und auch die Toten seines Volkes durch alle Schrecknisse der letzten Zeit zu sich hindurchretten würde. In der folgenden Lesung bestärkt der Autor des Buches Daniel seine Zeitgenossen in dieser Auferstehungshoffnung. Wir dürfen aus seinem Zeugnis die Vorahnung des Zeugnisses Jesu und seiner Auferstehungsbotschaft heraushören.

Hos 6,1–2.3bcd L VII, S. 423
Hosea muß seinen Landsleuten im Nordreich Israel den Zorn Gottes und den Untergang ihres Staatswesens ankündigen. Trotzdem finden sich Passagen der Hoffnung darin. Wer umkehrt, den richtet Gott wieder auf, der darf leben vor Gottes Angesicht. Leben vor Gottes Angesicht, das war auch die Hoffnung unseres Verstorbenen, das ist auch unsere Hoffnung.

Apg 2,14.22b–28 L VII, S. 424
Von ihrem ersten öffentlichen Auftreten am Pfingstfest in Jerusalem an bezeugt die junge Christengemeinde, daß Gott den gekreuzigten Jesus von Nazaret vom Tod auferweckt hat. Sie beruft sich dabei auf die Verheißungen des Alten Testaments. Was nicht hier, aber an anderen Stellen gesagt wird: Wie Jesus wird auch Gott uns die Wege zum

Leben zeigen und uns vor seinem Angesicht mit Freude erfüllen.

Apg 9,36–42 L VII, S. 425
Nicht nur Jesus hatte die Macht, Tote zu erwecken, sondern er gab diese auch an seine Apostel weiter, wie unsere Lesung zeigt. Die Totenerweckungen sind Zeichenhandlungen, daß auch der Tod der Macht Gottes unterworfen ist und seine Macht über die Menschen einmal ein Ende haben wird. Das gilt auch für uns, die wir noch unter der Macht des Todes zu leiden haben.

Apg 10,34–43; Kurzf.: Apg 10,34–36.42–43 L VII, S. 426
Was sollen wir sagen – des Todes und der Toten gedenkend? Die Kirche gibt Petrus das Wort. Im Haus des heidnischen Hauptmanns Kornelius spricht er vom wohltuenden und heilenden Wirken Jesu, von seinem Tod am Henkerpfahl und von seiner Wiedererweckung zum Leben. Da sollen wir hinhorchen: Jesus lebt, und Petrus ist Zeuge seines aus dem Tod erstandenen neuen Lebens. In das Todesgeschick der Menschen ist die Bresche gebrochen.

Apg 17,22a.24–31; Apg 17,22a.24–28a L VII, S. 429
In seiner Missionspredigt in einem der kulturellen Zentren Europas, in Athen, betont Paulus, daß wir Menschen von Gottes Art sind und daß Gott einen Tag des Gerichts festgesetzt hat, bei dem der auferstandene Christus der Richter sein wird. Die Auferweckung der Toten und die Verantwortung des Menschen vor Gott trafen damals auf wenig Gegenliebe. Auch wir müssen uns entscheiden, ob wir Menschen nach Gottes Art sein wollen.

Offb 14,13 L VII, S. 431
Mit prophetischer Autorität und Gewißheit preist der Seher Johannes die Verstorbenen, die sich im Leben und Sterben zu Christus gewandt und auf ihn verlassen haben: Sie sind nicht verlassen. Sie gehen mit ihm in das Leben, das sie immer ersehnten und das sie auf Erden nur scheinbar vergeblich erstrebten.

Offb 20,11–21,1 L VII, S. 432
Verbrecherische Anschläge, wie sie in unseren Tagen immer wieder die ganze Welt erschrecken, zeigen wie unter einem Vergrößerungsglas, was Sünde ist: Sünde ist Zerstörung; Zerstörung der Gemeinschaft, des Lebens, des Menschen. – Wenn Gott uns ewiges Leben verheißen hat, dann genügt ein wenig Nachdenken zu der Erkenntnis, daß ewiges Leben und Sünde nicht koexistieren.

Offb 21,1–5a.6b–7 L VII, S. 433
Wenn es je gelänge, das menschliche Leben unbegrenzt zu verlängern, wäre dann erreicht, was wir so dringend wünschten? – Tote, die wir liebten, würden nicht mehr lebendig. Aber auch für die Lebenden ist zu fragen: Müßte nicht zugleich die ganze Welt total verändert werden, damit ein endloses Leben in ihr überhaupt erträglich würde? – Was Gott von diesen Fragen hält und was er mit uns vorhat, davon spricht die folgende Lesung.

Röm 5,1–11 L VII, S. 435
„Gott hat uns Menschen Leben und Zukunft verheißen? Werden diese Verheißungen nicht täglich widerlegt durch Not, Leid, Krankheit und Tod?“ Der Apostel Paulus antwortet: Das alles kann die Hoffnung der Glaubenden, ihre Freude auf eine „herrliche“ Zukunft nicht erdrücken. Denn ihre Hoffnung gründet auf dem Vertrauen, daß Gott ein Gott der Liebe und Treue ist. Die heutige Lesung will uns in diesem Vertrauen bestärken.

Röm 5,12.17–21 L VII, S. 436
„Gott hat sich entschlossen, die Menschen zu retten. Wer vermöchte sich ihm da in den Weg zu stellen?“ Diese Zuversicht der Christen gilt auch und gerade im Angesicht des Todes. Für Gott ist der Tod des Menschen kein auswegloses Ende. Gott zieht die Menschen durch den Tod hindurch zu sich, ins ewige Leben. Von diesem unaufhaltsamen Sieg der göttlichen Gnade spricht Paulus in der folgenden Lesung.

Röm 6,3–9; Kurzf.: Röm 6,3–4.8–9 L VII, S. 437

Ein Leben, das auf Gott hin orientiert ist, endet nicht im Tod. Es wird hineinverwandelt in ein Mit-Leben der Herrlichkeit und Lebensfülle Gottes. Das sind nicht leere Trostworte. Diese Aussage ist erwiesene Wahrheit, erwiesen durch das Leben und Sterben und die Auferstehung Jesu. Durch Glaube und Taufe wird Jesu Schicksal unser Schicksal.

Röm 8,14–23 L VII, S. 438

„Löscht nicht die fortdauernde Herrschaft des Todes in unserer Welt die Hoffnung aus, daß Christus uns erlöst hat? Müssen wir Christen im Blick auf das unendliche Sterben in der Welt nicht verstummen?" Nein, antwortet Paulus, denn unsere Zuversicht kommt ja gerade aus der Tatsache, daß auch Christus gestorben ist. Gerade das Sterben mit Christus eröffnet die Sicherheit, daß wir auch mit Christus auferstehen und leben werden.

Röm 8,11.14–17 L VII, S. 439

Die Hoffnung, die die Menschheitsgeschichte durchwaltet, ist kein abstraktes Prinzip, sondern der lebendige Geist Gottes. Wen er ergreift, der wird von ihm umgeformt, hier in diesem Leben, und erst recht nach dem Tod. Er wird wie bei Jesus unseren sterblichen Leib lebendig machen und mit göttlichem Leben bekleiden. Deshalb können wir voll Hoffnung auch auf das Todesleiden unseres(r) lieben Verstorbenen zurückschauen. Er (sie), der (die) viel gelitten hat, wird nun auch als Miterbe(in) Christi verherrlicht.

Röm 8,31b–35.37–39 L VII, S. 440

Der Tod eines Menschen beendet nicht nur dessen Leben, sondern stellt auch unser Leben radikal in Frage: Wir müssen uns eingestehen; daß der Tod auch uns eines Tages bezwingen wird. Wenn wir uns glaubend an Jesus Christus halten, resignieren wir dennoch nicht. Durch ihn wissen wir, daß Gottes Liebe zu uns sich vom Tod nicht begrenzen läßt. Davon spricht die folgende Lesung voll großer Freude.

Röm 11,33–36 L VII, S. 441

Wenn ein lieber Mensch von uns geht, ist das ein schmerzlicher Verlust. Wir klagen Gott vielleicht an, daß er solches getan oder zugelassen hat. Wir möchten von Gott Antwort oder Rechenschaft, aber wir erhalten gewöhnlich keine persönliche Antwort, sondern nur allgemeine Hinweise. Die folgende Lesung bietet einen der wichtigsten. Der Apostel Paulus faßt seine Erfahrung zusammen in den Sätzen: Wie unergründlich sind Gottes Entscheidungen, wie unerforschlich seine Wege (vgl. V. 33b). Eine solche Antwort ist nur zu ertragen, wenn man wie Paulus fest davon überzeugt ist, daß Gott uns trotz allem liebt und unser Bestes will.

Röm 14,7–9.10c–12 L VII, S. 441

Was ist der Sinn des Sterbens jener Menschen, deren wir heute gedenken? Und: Was ist der Sinn unseres Lebens? Die Antwort fällt nicht leicht. Denn: Wird unser Leben nicht geschoben, gerüttelt und hin- und hergerissen? Gleicht menschliches Leben nicht herrenlosem Treibgut? Paulus sieht es anders: Der Christ gehört Jesus Christus an. An ihm hat er, was auch geschieht, eine feste Bezugsperson, jemanden, der mit ihm ist, selbst im Tod über den Tod hinaus.

1 Kor 15,20–24a.24c–28;
Kurzf.: 1 Kor 15,20–23 L VII, S. 442

Angesichts des Todes fragen wir: Was sind wir Menschen? Was wird mit unseren Toten geschehen? Was wartet auf uns? Sind wir Wesen, die ins Verwesen hineingehen, ins Nichts? Wer antwortet uns? Die Wissenschaft kann es nicht; sie greift nicht so weit. Hören wir die Stimme des Paulus. Er beruft sich auf erfahrene und bezeugte Wirklichkeit: auf die Auferstehung Jesu Christi. Jesus Christus war der Erste; er wird nicht der Letzte sein.

1 Kor 15,51–57 L VII, S. 443

Die Wissenschaft lehrt uns, daß die Sonne erkaltet. Sie stirbt – und mit ihr alle lebenden Wesen, Pflanzen, Tiere, Mensch. Im leblosen Planeten Erde liegen die Leiber der

Menschen zerkrümelt in Staub und Stoff: im Friedhof des Weltalls für alle Ewigkeit. Der Tod hat das letzte Wort. Es ist gesprochen über uns und über jeden unserer Toten. Tod – dein ist am Ende der Sieg! ... So hätten wir uns die Zukunft zu denken, wenn das „Geheimnis" nicht wäre, das Paulus uns sagt: Gott ist lebendig, lebendiger als alles Leben, das wir kennen. Und: Gott liebt die Lebendigen. Darum hat er unseren Bruder Jesus nicht der Verwesung überlassen. Darum dürfen auch wir sicher sein: Wir sind zum Leben bestimmt, nicht zum Tod.

2 Kor 4,7–11 L VII, S. 444
In der folgenden Lesung beschreibt der Apostel Paulus seine gefahrvolle Missionsarbeit als Teilhabe am Lebensgeschick Jesu. Er weist auf seine leidvollen Erfahrungen hin und sieht sie als Teilhabe an Jesu Leiden. Paulus lebt aber auch aus der Hoffnung, daß das verklärte Leben Jesu an seinem sterblichen Leib sichtbar wird. Er schöpft seine Hoffnung aus dem göttlichen Glanz, den er vor Damaskus auf dem Antlitz Jesu gesehen und der ihn von der Auferstehung überzeugt hat.

2 Kor 4,14–5,1 L VII, S. 445
Die folgende Lesung erreicht ihren Höhepunkt im letzten Vers. Dort sagt Paulus: Wir wissen: Wenn wir sterben, haben wir eine Wohnung von Gott, ein ewiges Haus im Himmel (vgl. 5,1). Diese Glaubensüberzeugung teilt er mit dem sterbenden Jesus, der dem reumütigen Verbrecher verheißt: Heute noch wirst du mit mir im Paradies sein (Lk 23,43). Seine Worte geben nicht nur Hoffnung für unsere(n) Verstorbene(n), sondern auch für uns.

2 Kor 5,1.6–10 L VII, S. 445
Wir Menschen leben nicht im Heil. Der Tod erinnert uns daran. Er stellt uns jedesmal neu vor die Frage: War dieser Mensch, der jetzt gestorben ist, nur ein Zufall der Natur, an dem nicht viel liegt? Oder war und ist er von Gott geschaffen und gewollt, zur Ewigkeit bestimmt? Wenn das so wäre, dann gälte das nicht nur für ihn. Wenn es so wäre, dann müßte die Gewißheit, daß ich und der Mensch neben mir

von Gott bejaht und geliebt sind, unser Verhalten zueinander bestimmen. Noch leben wir aus der Hoffnung. Einmal werden wir Gott schauen in seinem „ewigen Haus“ und mit ihm in der Gemeinschaft aller Menschen leben. Davon spricht Paulus im folgenden Text.

Eph 2,4–8 L VII, S. 446
Mit der Auferstehung Christi hat unsere Auferstehung schon begonnen. Diese überraschende Ausdeutung gibt der Verfasser des Epheserbriefes. Wir sind mit Christus wieder lebendig gemacht, wir haben zusammen mit ihm einen Platz im Himmel. So wird Gottes großes Erbarmen deutlich, der uns aus Gnade gerettet hat. Verlieren können wir unseren Platz im Himmel nur, wenn wir den Glauben aufgeben, durch den wir gerettet werden.

Phil 1,20–21 L VII, S. 447
In der folgenden kurzen Lesung provoziert uns der Apostel Paulus mit seiner Überzeugung, daß Sterben für ihn Gewinn sei. Wir erleben Sterben gewöhnlich doch eher als Verlust, oft als schweren, kaum zu ertragenden Verlust. Aber Paulus sieht sein Leben ganz von Christus her. Sterben bedeutet für ihn, endgültig Christus anzugehören, für immer beim Herrn zu sein. Deshalb sieht er in seinem Sterben einen Gewinn.

Phil 3,20–21 L VII, S. 447
Es wärmt unser Herz, wenn wir von unseren Toten sagen können, sie seien heimgegangen. Sprechen wir nur eine Redensart nach, träumen wir vom guten Ruheplatz im Himmel? „Eure Heimat ist im Himmel“ – was heißt das? Es heißt: mit Leib und Seele in der Gemeinschaft des Einzigen leben, der aus der Welt des Todes in das Reich des Lebens gelangt ist – Jesus Christus. Worin ein Mensch lebt, darin stirbt er auch … Wer mit dem lebendigen Christus lebt, stirbt in sein Leben hinein. Er gab sein Leben für uns – welchen Sinn hätte sein Sterben und Auferstehen, wenn er uns dem Tod überließe?

Kol 3, 1–4 L VII, S. 447
Der Briefschreiber an die Gemeinde in Kolossa geht ähnlich wie der an die Epheser davon aus, daß unsere Auferweckung in der Auferweckung Jesu Christi einbeschlossen ist. Deshalb fordert er uns auf, unseren Sinn dorthin zu richten, wo wir hingehören: zum verherrlichten Christus. Der Gedanke an das eigene Sterben könnte leichter werden, wenn wir uns die Auffassung dieses frühen Christen zu eigen machen könnten.

1 Thess 4, 13–18 L VII, S. 448
Die Gemeinde von Thessalonich wartete auf die Wiederkunft des Herrn und war überzeugt: Die noch am Leben sind, werden ihm begegnen und mit ihm sein. Doch was wird mit den Toten sein? Viele dachten: Tot ist tot: für sie gibt es keine Hoffnung mehr. Paulus antwortet: Der Gott, der Jesus aus der Welt des Todes rief, wird um dieses Jesus willen auch unsere Toten zu neuem Leben erwecken. Paulus beruft sich dabei ausdrücklich auf ein Wort Jesu. Jesus ist ja der einzige, der zu solcher Tröstung ermächtigt ist.

1 Thess 5, 2–6 L VII, S. 449
Christen sind Menschen wie die andern, die doch etwas anders leben als die andern. Sie sollen das Leben nicht in falscher Sorglosigkeit verschlafen, sich in keiner falschen Sicherheit wiegen, sondern nüchtern und wachsam auf den Tag des Herrn warten, der für jeden von uns kommen wird. Der Tod von Herrn (Frau) N. erfüllt uns mit Trauer und die Angehörigen mit Schmerz. Er kann uns aber auch an die untrügliche Gewißheit erinnern: Der Herr klopft auch einmal an meine Tür.

2 Tim 2, 8–13 L VII, S. 449
Verfolgung, Leiden und Tod – das sind Realitäten, die jeden Menschen auf die Probe stellen. Sie sind für den Gemeindeleiter nicht leichter als für die Gemeinde. Keiner kann im voraus sagen, ob er durchhalten wird. Hören wir die Lesung. Sie ist an Timotheus, einen Leiter der Gemeinde von Ephesus, adressiert. Ihm drohen um des Glaubens

willen Gefangenschaft und Tod. Auf das, was ihm gesagt wird, dürfen auch wir uns verlassen.

1 Petr 1,3–9 L VII, S. 450
Christen sind mit einer Hoffnung unterwegs: daß sie das Ziel des Glaubens, ihr ewiges Heil bei Gott, erreichen. Dieses Ziel wird in der Lesung mit einem anderen Bild auch als kostbares Erbe bezeichnet, das wir im Himmel antreten werden. Der Glaube an ein Ziel unseres Lebens nach dem Tode läßt bei aller menschlichen Unzulänglichkeit Hoffnung in uns aufkommen. In dieser Hoffnung haben wir uns hier versammelt, daß Gott unserem(r) lieben Verstorbenen N. das verheißene Erbe des Himmels schenken möge.

1 Joh 3, 1–2 L VII, S. 451
Wir werden geboren, man fragt uns nicht. Wir sterben, man fragt uns nicht. Was sind wir Menschen? Sind wir heimatlos und hilflos den Gewalten des Lebens und des Todes ausgeliefert? An Gräbern und Särgen überfallen uns solche Fragen unausweichlich. Johannes, aus dessen erstem Brief die heutige Lesung stammt, weiß eine Antwort: Wir sind nicht der Finsternis preisgegeben, wir sind ja Kinder des Lichts. Und wenn unsere Tage vorüber sind, endet unser Weg nicht im Nichts, sondern beim Vater, zu dem wir von nun an gehören.

1 Joh 3,14–16 L VII, S. 451
Eine sehr ernste Lehre bekommen wir heute aus dem Mund des Johannes zu hören: ein Wort an die Lebenden. Es klingt befremdlich, wenn er uns sagt, es könnte sein, daß wir nicht irgendwann und irgendwo einmal sterben, sondern schon gestorben sind. Die Liebe ist Kern, Kraft und Tiefe des Lebens. Wo die große, Menschen mit Menschen und Völker mit Völkern verbindende Liebe nicht waltet, da herrscht das Tödliche und Tötende schon im Jetzt und Hier unseres Lebens. Konflikte muß und wird es geben. Aber sie müssen gelöst werden in der lösenden und versöhnenden Kraft der Liebe.

EVANGELIEN

Mt 5,1–12a L VII, S. 452

Viel wird heute über Jesus nachgedacht: Wer ist dieser Mann aus Nazaret? Soviel sagen unsere Verse in letzter Deutlichkeit: Er war nicht einer von den Satten. Er hielt und hält es mit den Hungernden und Trauernden, den Verunsicherten, Suchenden und Wartenden.
Uns aber fragt sein Wort: Wohin gehört ihr? Zu den Satten, den Selbstsicheren, zu denen, die nichts erschüttern kann? Oder vermögen Ereignisse wie der Verlust dieses lieben Menschen euch so aus dem Gleichgewicht zu bringen, daß ihr wieder wie ganz von vorne suchen und fragen müßt? Es wäre gut für euch, wenn ihr vor einer solchen Veränderung eures Lebens nicht zurückschrecken, sondern euch auf sie einlassen würdet. Denn nur solchen Menschen gehört die Zukunft. Die Selbstsicheren werden bald am Ende sein. Den Verunsicherten, Trauernden, Suchenden aber wendet Gott sich zu und führt sie hinaus über jedes Ende.

Mt 11,25–30 L VII, S. 453

In einer Meßfeier für Verstorbene gewinnen die Sätze dieses Evangeliums ein ganz eigenes Gewicht: Die „Unmündigen“, die Geplagten und Beladenen sind die Trauernden, die nicht wissen, wohin die Toten gehen. Ja, wohin gehen die Toten? Die Satten, die „Weisen“ und „Klugen“ haben ihre Antwort parat: Nirgends gehen sie mehr hin. Oder ist mit dem Tod nicht alles aus? Jesus aber offenbart den Trauernden die Zuwendung Gottes. Sie kennt keine Grenze. Auch nicht die Grenze des Todes. Wer die Zuwendung Gottes annimmt und sich selber Gott ganz übergibt, wird selbst im Tod das Leben nicht verlieren. Denn Gott geht mit ihm und schenkt es ihm neu, verwandelt, grenzenlos.

Mt 25,1–13 L VII, S. 454

Nichts ist so sicher, als daß wir sterben werden. Täglich werden wir daran erinnert. Kaum eine Zeitungsseite, kaum eine Tagesschau ohne Nachricht von irgendeinem Sterben. Aber wir lassen uns nicht erinnern, wollen uns nicht darauf einstellen. Bis uns das Leben dazu zwingt. Wie heute. Und selbst dann noch weichen wir der persönlichen Einsicht und Überlegung lieber aus ... Ob das nicht auch davon kommt, daß wir nicht mehr wirklich mit einem *ewigen Leben* rechnen? Haben wir uns eigentlich je klarzumachen versucht: Es gab zwar einmal eine Vergangenheit, in der wir nicht waren. Aber es wird keine Zukunft mehr geben, die nicht irgendwie die unsere ist. Und daran wollen wir nicht denken? Damit nicht rechnen? Unser Leben hat ein Ziel, und wir leben nicht darauf zu? Wir gehen am Rand der ewigen Zukunft und richten uns nicht auf sie ein?

Mt 25, 31–46 L VII, S. 455

Immer wieder erregen spektakuläre Fehlurteile der Gerichte die Öffentlichkeit. Doch die meisten Justizirrtümer bleiben unbekannt. Nicht nur in totalitären Staaten, auch bei uns erhalten Menschen oft bis an ihr Lebensende kein Recht. – Mit dem letzten Gericht wird das ganz anders sein. Richtmaß ist dann nicht irgendein fremdes Gesetz und Richter nicht irgendein fremder Mensch. Jesus sagt: Wir werden gerichtet werden nach unserem Ureigensten, nach dem, was uns zum Menschen machen sollte: nach unserer Menschlichkeit, unserer *Mit*-Menschlichkeit, nach unserer Liebe. Und Richter wird er selber sein: er, der wie kein anderer auf unserer Erde Mensch geworden ist; er, der uns wie kein anderer kennt – aus täglicher Begegnung. Ungezählte Male schon traf er uns – in jedem Menschen, der uns brauchte. Welchen Eindruck wird er da von uns haben?

Mt 28, 1–8 L VII, S. 458

Unsere christliche Hoffnung auf Leben nach dem Tode gründet sich nicht auf die Unsterblichkeit der Seele, sondern auf die Auferstehung Jesu Christi. Sie ist der Angelpunkt unseres Glaubens. Ewiges Leben zu erhalten heißt Anteil an Jesu Auferstehung zu gewinnen. Er ist der neue Adam, der die Menschheit in die neue, verklärte Schöpfung Gottes führen will. Er ist der gute Hirt, der unsere(n) Verstorbene(n) N. zur Freude des Himmels geleitet.

Mk 5,21–24.35–43 L VII, S. 459

Krankheit, Leid und Tod braucht der Christ nicht zu suchen. Sie sind vielmehr Übel, die Jesus in seinem Wirken nach Kräften bekämpft hat. Jesus steht auf der Seite der Betroffenen und Trauernden; er nimmt Teil an der Sorge bedrängter Eltern. Das zeigt die Geschichte der Erwekkung der Tochter des Synagogenvorstehers Jairus. Wir dürfen glauben, daß er auch heute die Trauernden trösten und unsere(n) liebe(n) Verstorbene(n) mit neuem Leben beschenken will.

Mk 12,18–27 L VII, S. 460

Die Frage nach der Auferstehung, die zum zentralen Punkt unseres christlichen Glaubens wurde, war bei den Juden umstritten. Jesus stellt sich im heutigen Evangelium eindeutig auf die Seite der an die Auferstehung Glaubenden. Gott ist ein Gott der Lebenden, nicht der Toten, d.h. Gott wird unsere Verstorbenen zu neuem Leben erwecken. So dürfen wir überzeugt sein, daß Gott seine Macht auch an unserem(r) Verstorbenen erweist und ihn (sie) aufnimmt unter die Seligen des Himmels.

Mk 15,33–39; 16,1–7;
Kurzf.: Mk 15,33–39 Oder: Mk 16,1–7 L VII, S. 461

Millionenfach der Ruf: Warum muß ich das leiden? Warum greift Gott nicht ein, wenn er allmächtig ist und zugleich allgütig? – Wer von uns könnte auf diese Fragen eine in allem befriedigende Antwort geben?
Vielleicht ist der erste Abschnitt unseres Evangeliums die Antwort, die Gott uns gibt: nicht in einem theoretischen Satz, sondern in der Hingabe seines Sohnes. Das ist Solidarität bis ins letzte. So wissen wir zwar nach wie vor keine präzise Antwort auf die Frage nach dem Leid. Aber wir sind zu der Einsicht herausgefordert: Das Leiden kann nicht sinnlos sein. Hat doch Gott seinen Sohn dem Leid ausgesetzt bis in den Tod! Vielleicht begreifen wir: Jedes Leid kann zu einem Mit-Leiden mit Jesus werden und Anteil bekommen am Ziel und Sinn seines Lebens.

Lk 7,11–17 L VII, S. 465

Jeden Tag sterben Menschen, junge und alte. Jeder Tod bedeutet eine besondere Katastrophe für die Betroffenen. Jeder Tod läßt Eltern, Geschwister, Freunde zurück mit der unbeantworteten Frage: Warum? Was nun? Was würden die Trauernden darum geben, wenn am Weg zum offenen Grab der Herr stünde, der dem Toten das Leben und den Trauernden die Gemeinschaft mit dem Verlorengeglaubten wiedergibt? Wir erfahren: Auch Christen ist der Schmerz an offenen Gräbern nicht erspart. Denn noch ist die Herrschaft Gottes nicht unsere Wirklichkeit geworden. Aber wir dürfen auch wissen: Christen können mit dem „Warum“ leben. Sie leben ja aus der Hoffnung auf den, der jedes Leben und seinen Sinn kennt. Vielleicht müssen wir erst wieder lernen, was diese Haltung fordert und welche Chance in ihr liegt.

Lk 12,35–40 L VII, S. 466

Ein Christ ist gestorben. Ein Mensch, in dessen Leben der Herr nicht nur am Rand, sondern in der Mitte stand. Wir können seinen Tod betrauern. Wir können diesen Abschied ganz unter das dunkle Vorzeichen der Trennung stellen. Wir können uns aber auch Gedanken darüber machen, daß dieser Mensch, der uns genommen ist, nun die neue Begegnung erfährt, die das Ziel seines Lebens ist. Mag der Tod für die Zurückbleibenden Trennung und Abschied bedeuten. Für den, bei dem der Herr anklopft, ist sie Stunde der Begegnung, Anfang einer neuen Gemeinschaft. Davon spricht der Evangelist.

Lk 23,33.39–43 L VII, S. 467

„Was hilft euch Christen euer Glaube – sterben müßt ihr ja doch!“ So oder ähnlich kann man es immer wieder hören. Und manch ein Christ hat in der eigenen Todesstunde gerungen und gezweifelt: „Wenn du der Messias, der Herr über Leben und Tod bist, dann gib mir das Leben zurück!“ Auch in der Todesstunde Jesu hören wir von einem, der ähnlich fragt und fordert. Er kann nicht verstehen, daß Gottes Weg durch den Tod hindurchführt.

Wir hören aber auch von dem anderen, der sich an Jesus

hält. Ihm gibt Jesus die Zusage: „Heute noch wirst du mit mir im Paradies sein.“ Sollte dies Wort nur für den einen gelten? Es gilt für alle, die im Sterben Jesu Hand ergreifen.

Lk 23,44–46.50–53; 24,1–6a;
Kurzf.: Lk 23,44–46.50–53 L VII, S. 467
Im Sterben wird der Mensch einsam. Alle anderen, selbst die Vertrauten und Nächsten, bleiben zurück. Ein jeder muß den letzten Schritt des Lebens, den Schritt, der ihn zu Gott führt, selber gehen. Jesus stirbt mit den Worten des jüdischen Abendgebetes: „Vater, in deine Hände lege ich meinen Geist.“ Wer stirbt wie er, darf sicher sein, daß er nicht ins Nichts hineinstirbt. Der Vater läßt keinen, der sich ihm anvertraut, verlorengehen.

Lk 24,1–8 L VII, S. 470
Nicht Jesus selbst, sondern Engel verkünden, daß Jesus von den Toten auferstanden ist. Sie nennen ihn den Lebenden; es ist zwecklos, ihn unter den Toten in einem Grab zu suchen. Durch Jesus sind die Gräber aus Symbolen des Abschieds zu Symbolen neuen Lebens geworden. Unsere Toten, die wir begraben, sind wie Weizenkörner, die sterben, um in ein neues Leben überzugehen, in ein Leben bei Gott. Er ist der Sämann, der uns in die Erde senkt und uns wie Jesus zu einem neuen Leben auferweckt. In dieser Hoffnung dürfen wir unsere(n) Verstorbene(n) zu Grabe tragen.

Lk 24,13–35; Kurzf.: Lk 24,13–16.28–35 L VII, S. 471
In jeder unserer Kirchen hängt das Kreuz – Zeichen der Erinnerung an den Tod unseres Herrn. Auch das Mahl, das wir feiern, ist Zeichen der Erinnerung und Vergegenwärtigung dieses Todes. Doch vom Tod Jesu kann und darf man nur sprechen, wenn man zugleich von seiner Auferstehung spricht. Das erfahren die beiden Jünger auf dem Weg nach Emmaus. Es ist kein Zufall, daß sie den Auferstandenen beim Mahl erkennen. Denn Eucharistie ist Begegnung mit dem lebendigen Herrn, Gemeinschaft mit dem, der unser Leben trägt – über den Tod hinaus.

Joh 3,14–17 L VII, S. 474

Tod bedeutet nach menschlicher Erfahrung Verlust des Lebens, ein Zugrunde gehen. Wer kann uns vor diesem Schicksal bewahren? Nicht die Ärzte, die zwar in erstaunlicher Weise Leben verlängern, aber nicht für immer erhalten können. Letztlich kann uns nur Gott in dieser Situation helfen. Das Evangelium sieht in dem am Kreuz erhöhten Menschensohn das Hoffnungszeichen, das Gott zur Rettung der Welt errichtet hat. Niemand braucht nach dem Willen Gottes zugrunde zu gehen. Ewiges Leben kann finden, wer sich auf die Liebe Gottes einläßt und sich im Tod gläubig dem gekreuzigten und auferstandenen Herrn anvertraut.

Joh 5,24–29 L VII, S. 475

Das wichtigste Bekenntnis des Volkes Israel beginnt mit der Aufforderung: „Höre, Israel". Hören im Sinn unseres heutigen Evangeliums ist ähnlich gemeint. Es geht nicht nur darum, die Ohren aufzumachen, sondern das Gehörte in sich hereinzulassen, es innerlich anzunehmen. So kann schon menschliches Wort Leben schaffen, erst recht Gottes Wort. Es hat sich schon bei der Erschaffung der Welt als schöpferisch erwiesen. Es wird auch am Ende der Zeiten neues Leben schaffen, wenn die Stimme des Gottessohnes über die Gräber schallt. Es wird auch in uns Leben wecken, wenn wir uns jetzt auf das Wort dessen einlassen, den der Vater gesandt hat.

Joh 6,37–40 L VII, S. 476

Wir fragen: „Wie ist das mit dem Leben nach dem Tod?" Das Evangelium gibt uns darüber aber keinen genauen Bescheid. Es geht vielmehr auf die Frage ein: „Wie können wir dieses ganz andere, dieses ewige Leben erreichen?" Die Antwort legt das innerste Wesen Jesu, das innerste Wesen Gottes selber offen: „Wer zu mir kommt, den werde ich nicht abweisen." Suchen wir diesen Gott? Sind wir auf dem Weg zu ihm? Bereit zum Glauben?

Joh 6,51–58 L VII, S. 476

Wir sprechen seit dem letzten Konzil vom Tisch des Wortes und vom Tisch des Brotes, die der Herr zu unserem Heil bereitet hat. Das fünfte Kapitel des Johannesevangeliums entfaltet das Heil vom Wort Gottes her, das sechste, aus dem wir hören, vom Brot her. Wie einst auf dem Zug durch die Wüste Gott das Leben seines Volkes durch das Manna erhalten hat, so hat er Jesus als das lebendige Brot in die Welt gesandt, das allen Menschen ewiges Leben bringen soll. Unser(e) Verstorbene(r) hat oft mit uns das heilige Mahl gefeiert. Möge er (sie) sich nun des ewigen Lebens erfreuen, das ihm und uns so oft verheißen wurde.

Joh 10,14–15.27–29 L VII, S. 478

Der Hirte, der seine Schafe schützt, ist schon vor mehreren tausend Jahren zum Symbol der Sehnsucht des Menschen nach Schutz und Geborgenheit durch die höheren Mächte geworden. Sowohl im Alten wie im Neuen Testament wird es häufig verwandt, Gottes Liebe zu uns Menschen auszudrücken. Im folgenden Evangelium bekennt sich Jesus als der gute Hirte, der seinen Schafen ewiges Leben schenken will. So dürfen wir diesen Gottesdienst voller Hoffnung feiern, daß unser(e) Verstorbene(r) im Tode nicht zugrunde gegangen, sondern endgültig unter die Obhut des guten Hirten genommen ist.

Joh 11,17–27; Kurzf.: Joh 11,21–27 L VII, S. 478

Die Auferweckung des toten Lazarus nimmt der Evangelist Johannes zum Anlaß, eindringlich über die Bedeutung Jesu zu sprechen. Er ist die Auferstehung und das Leben. Wer an ihn glaubt, wird leben, auch wenn er stirbt. Der Glaube entscheidet, ob wir zu Christus gehören. Die durch den Glauben bewirkte Verbindung mit Christus ist von solch einer sieghaften Lebenskraft, daß alle Zerstörungsversuche des Todes vergeblich sind. An dieser Verheißung vermögen alle Schauer des Todes nicht zu rütteln. Dennoch spüren wir den Schmerz und Verlust, der durch den Tod eines lieben Menschen entstanden ist. Aber wir glauben, daß nach dem Karfreitag des Todes für unsere(n) Verstorbene(n) der Ostermorgen bei Gott begonnen hat.

Joh 11,32–45 L VII, S. 480
Nach dem Evangelisten Johannes hat die Auferweckung des Lazarus vor allen Dingen den Zweck, die Sendung Jesu durch den Vater zu beglaubigen. „Sie sollen glauben, daß du mich gesandt hast.“ Wer glaubt, wird trotz der Realität des Todes, die uns mit dem Sterben von N. so hart getroffen hat, die Herrlichkeit Gottes sehen. Deutlicher noch als bei Lazarus, der ins irdische Leben zurückkehrte, hat sich dieses Wort an Jesus erfüllt, der in seiner Auferstehung in das endgültige Leben bei Gott eingegangen ist.

Joh 12,23–28; Kurzf.: Joh 12,23–26 L VII, S. 482
Der folgende Text ist nach der Darstellung des Johannesevangeliums der letzten öffentlichen Rede Jesu entnommen. Jesus sieht die Stunde der Entscheidung gekommen. Er ist entschlossen, sein Leben in die Schanze zu schlagen im Vertrauen auf den Vater. Er ist trotz seiner jungen Jahre auch bereit zu sterben, um als Weizenkorn neues Leben zu zeugen. Nicht allen ist es gegeben, so furchtlos dem Tod ins Auge zu schauen. Doch hat uns Jesus das tröstende Wort hinterlassen: „Wo ich bin, dort wird auch mein Diener sein.“ Unser(e) Verstorbene(r) hat das dunkle Tor des Todes durchschritten. Bitten wir, daß der Auferstandene ihn (sie) zu sich genommen hat in die Herrlichkeit des Himmels.

Joh 14,1–6 L VII, S. 484
Der Verlust eines lieben Menschen kann unsere Gefühle und unsere Herzen zutiefst verwirren. Am liebsten würden wir dem geliebten Menschen in den Tod folgen, möchten dort sein, wo er ist. Jesus sagt, daß unser Herz sich nicht verwirren lassen soll. Er hat für uns alle Wohnungen im Haus des Vaters bereitet. Er wird uns alle zu sich holen, das ist gewiß. So haben wir die begründete Hoffnung, bei ihm mit unseren Verstorbenen wieder vereint zu werden.

Joh 17,1–5 L VII, S. 485
Christen trauern um ihre lieben Toten wie alle Menschen. Aber sie dürfen nicht trauern wie Menschen, die keine Hoffnung haben. Denn Jesus Christus hat uns vielfach er-

mutigt und Hoffnung geschenkt. Im folgenden Abschnitt des Johannesevangeliums sagt er, daß er allen ewiges Leben schenken will. Und er sagt auch, was das ist: den einzig wahren Gott zu erkennen und Jesus Christus, den Gott gesandt hat. Erkennen meint in der Bibel mehr als neues Wissen, es bedeutet hineingezogen werden in die Gemeinschaft mit Gott und Jesus Christus.

Joh 17,24–26 L VII, S. 485

Was Menschen vor dem Tod am meisten fürchten ist die Trennung von den Menschen, die sie lieben. Jemanden lieben heißt ja auch, gerne mit ihm zusammen zu sein. Jesus liebt uns, und deshalb möchte er immer mit uns zusammen sein. Das sagt er ganz nachdrücklich in den Abschiedsreden vor seiner Gefangennahme, die das Johannesevangelium überliefert. Das kann uns in der Trauer trösten, daß wir uns wieder zusammenfinden werden in der Gemeinschaft mit Christus. Eine Vorahnung davon erhalten wir schon in der Eucharistiefeier, in der die irdische und die himmlische Kirche gemeinsam die Herrlichkeit Gottes preisen.

Joh 19, 17–18.25–30 L VII, S. 486

Jeder stirbt seinen Tod. Wie Jesus gestorben ist, erzählt uns das folgende Evangelium. Er wurde zusammen mit zwei Verbrechern auf einem Hügel nahe vor der Stadt gekreuzigt. Es war eine qualvolle Todesart. Trotzdem ist er mit seinen Gedanken noch bei seiner Mutter, die unter dem Kreuz steht. Erst als er sie seinem Jünger Johannes anvertraut hat, ist alles vollbracht, kann er sein Leben in die Hände seines Vaters zurückgeben. Was in den Augen seiner Feinde wie ein Scheitern aussah, bringt nach dem Johannesevangelium den Höhepunkt seiner Liebe: „Wenn ich von der Erde erhöht bin, werde ich alle an mich ziehen." Er hat auch unsere(n) Verstorbene(n) in Liebe an sich gezogen.

Joh 20,24–29 L VII, S. 487

Gegenüber dem Tod hegen viele Menschen wenig Hoffnung. Trotz der Überzeugung von der Auferstehung seit

der Spätphase des Alten Testaments und den noch klareren Aussagen Jesu bleiben viele skeptisch. „Es ist noch keiner zurückgekommen“, wird so manchesmal gesagt. Der Apostel Thomas war wohl auch so ein Mensch, der nur glauben will, was er sehen kann.
Mag dieser Realismus innerweltlich oft hilfreich sein, so versagt er gegenüber der jenseitigen Welt, zu der wir uns im Credo bekennen. Sie ist von Natur aus unsichtbar. Sie erschließt sich uns nur wie Thomas in der glaubenden Begegnung mit Christus.

Beim Begräbnis eines getauften Kindes

(MB S. 1164 ff; Lektionar Bd. VII, 489 ff.)

Jes 25.6a.7–9 L VII, S. 489
Der Tod eines Kindes trifft Erwachsene und – nicht zu vergessen – Kinder besonders hart. Menschlich gesehen hat sein Leben erst begonnen und schon muß es gehen. Sein Leben wirkt wie die angefangene Arbeit eines Steinmetz, die erst undeutliche Konturen zeigt. Wir wünschten die vollendete Gestalt von N. zu sehen, die der Tod uns gleichsam verhüllt hat. Die Lesung macht uns Hoffnung. Gott der Herr wird den Tod für immer beseitigen, prophezeit sie. Gott zerreißt nicht nur die Hülle und Decke über den Völkern, sondern auch über unserem(r) lieben verstorbenen N. In der Gemeinschaft des Himmels werden wir ihn (sie) sehen, wie Gott ihn (sie) sich vorgestellt hat. Er wird das unvollendete Leben vollenden; das ist unsere Hoffnung.

Klgl 3, 22–26 L VII, S. 490
Einführung s. S. 195, 216.

Offb 7, 9–10.15–17 L VII, S. 491
Zu der großen Schar vor Gott „aus allen Nationen und Stämmen, Völkern und Sprachen“ gehören auch alle Lebensalter. Jesus hat die Kinder geliebt und sie uns Erwachsenen als Vorbild des Glaubens hingestellt. Die Schar im Himmel weiß sich gerettet, alle irdischen Beschwernisse

sind von ihnen genommen. Gott selbst hat ihnen die Tränen abgewischt; Jesus führt sie zu den Wassern des Lebens. Unser(e) liebe(r) N. ist bei Gott geborgen.

Offb 21,1a.3–5a L VII, S. 492
Johannes, der Seher von Patmos, weiß, was uns das Leben schwermachen kann: vor allen Dingen der Tod. Er stürzt uns in Trauer, Klage, Mühsal und treibt Tränen in die Augen, weil er das Herz so schwer macht und unser Denken lähmt. Dies haben Sie, liebe Familie N. in den letzten Tagen (Zeiten) erlebt. Die Lesung aber will sie und uns, die wir mit ihnen trauern, trösten. Ihr Kind hat die Wohnung Gottes bereits erreicht. Gott hat es nach all seiner Mühsal neu geschaffen.

Röm 6,3–4.8–9 L VII, S. 493
Nur wenige Wochen (Tage, Monate, Jahre) nach der Taufe Ihres Kindes N. ist es gestorben. Wahrscheinlich hat niemand daran gedacht, daß das Wort von der Schicksalsgemeinschaft mit Jesu Tod in der Taufe so bald bittere Wirklichkeit werden würde. Wahrscheinlich ist uns in unserer berechtigten Trauer auch entfallen, daß Taufe auch Schicksalgemeinschaft mit dem auferstandenen Christus bedeutet. Die Lesung will uns dies in Erinnerung bringen. Ihr Kind N., das mit Christus gestorben ist, ist nun berufen, auch mit ihm zu leben.

Röm 14,7–9 L VII, S. 494
In der Taufe wurde unser(e) N. Christus ganz übereignet. Getauft werden heißt ja, in eine enge Lebens- und Schicksalsgemeinschaft mit Jesus einzutreten. Aber hätten wir geglaubt, daß dies so schnell volle Wirklichkeit werden würde, bis in das Sterben hinein? Wir sind von seinem (ihrem) (jähen) Tod erschüttert. Aber unser(e) N. ist nicht ins Nichts hinein gestorben. Als Lebende haben wir ihn (sie) in der Taufe Christus übereignet, als Gestorbene glauben wir sie in seiner gütigen Hand. Bei ihm, dem Herrn über Lebende und Tote, ist er (sie) nun geborgen.

1 Kor 15,20–23 L VII, S. 494
Einführung s. S. 200

Eph 1,3–5 L VII, S. 495
Wir tragen heute ein Kind zu Grabe, das noch das ganze Leben vor sich gehabt hätte. Wir können nicht begreifen, weshalb es so früh sterben mußte. Nichts liegt uns ferner, als heute einen Lobpreis Gottes anzustimmen. Dennoch spricht uns die Kirche in der folgenden Lesung einen solchen Lobpreis vor. Wenn wir nämlich Gott wirklich ernst nehmen, dürfen wir ihm zutrauen, daß er auch dieses Kind in seine Heilspläne einbezogen und dazu bestimmt hat, sein Leben zu entfalten und für immer bei ihm zu sein.

1 Thess 4,13–14.18 L Bd. VII, S. 495
Einführung s. S. 203

Mt 11,25–30 L Bd. VII, S. 496
Einführung s. S. 205

Joh 6,37–40 Kurzf.: Joh 6,37–39 L VII, S. 496
Einführung s. S. 210

Joh 6,51–58 (Für ein Kind, das die Eucharistie empfangen hat) L VII, S. 497
Einführung s. S. 211 (der Situation anpassen)

Joh 11,32–38.40 L VII, S. 497
Einführung s. S. 212

Joh 19,25–30 L VII, S. 498
Einführung s. S. 214

Beim Begräbnis eines Kindes, das die Taufe nicht empfangen konnte

(Meßbuch II S. 1166f.; Lektionar Bd. VII, S. 500ff.)

Jes 25,6a.7–8b L VII, S. 500
Einführung s. S. 214

Klgl 3,22–26 L VII, S. 501
Das Sterben eines lieben Menschen als auch die Trauer, die es auslöst, haben ihre Phasen. Der (überraschende) Tod des Kindes N. hat begreiflicherweise bei seiner Familie

tiefe Betroffenheit und laute Klage ausgelöst. Auch wir Christen dürfen vor Gott klagen, wenn uns Unfaßbares widerfährt. Das Alte Testament enthält ein ganzes Buch von Klageliedern, aus dem die folgende Lesung entnommen ist. Die laute Klage ist allerdings hier bereits neuer Hoffnung gewichen. Der Betroffene setzt auf das Erbarmen des Herrn. Er ist sicher, daß Gott ihm in seiner Notlage helfen wird. Seine Zuversicht drückt das Neue Testament in den Worten aus: Gott „will, daß alle Menschen gerettet werden“ (1 Tim 2,4). Möge aus diesen Gedanken uns allen Trost und Zuversicht erwachsen.

Mt 11,25–30 L VII, S. 501
Einführung s. S. 205

Mk 15,33–46 L VII, S. 502
An Gottes Liebe glauben – das ist nicht schwer an einem Tag voll Sonnenschein und Blumen, wenn ich mit einem lieben Menschen Gottes schöne Welt durchwandern kann. An Gottes Liebe glauben – das fällt schwer, wenn die Sonne sich verfinstert, wenn der Tod seinen dunklen Schatten über unsere Tage wirft. Auch Gott hat seinen eigenen Sohn für uns den bitteren Weg gehen lassen durch Dunkel und Leid, durch Angst und Tod. Dadurch wissen wir: Er liebt uns auch dann, wenn er den dunklen Todesschatten auf uns fallen läßt. Christus hat uns auch für diese Situation ein Beispiel des Vertrauens gegeben. Ihm können wir uns in unserer Not anvertrauen; in seine bergenden Hände können wir unsere(n) verstorbene(n) N. hineinlegen. Denn Christus ist dafür gestorben, daß alle Menschen gerettet werden (vgl. 1 Tim 2,4).

Joh 19,25–30 L VII, S. 504
Jeder stirbt seinen Tod, auch ein Kind. Wie Jesus gestorben ist, erzählt uns das folgende Evangelium. Er wurde zusammen mit zwei Verbrechern auf einem Hügel nahe vor der Stadt an ein Kreuz geschlagen. Das verursachte ein qualvolles Sterben. Trotzdem denkt Jesus noch an seine Mutter, die unter dem Kreuz steht. Erst als er sie seinem Jünger Johannes anvertraut hat, ist alles vollbracht, kann er sein

Leben in die Hände des Vaters zurückgeben. Was in den Augen seiner Feinde ein Scheitern war, ist nach dem Johannesevangelium Jesu größter Liebesbeweis, denn er sagte: „Wenn ich von der Erde erhöht bin, werde ich alle an mich ziehen.“ Er wird auch das so früh hinweggeraffte Kind N. an sich ziehen und unter seine Obhut nehmen. Bei unserem Herrn ist es geborgen.

PREDIGTHILFEN

Die Homilie im Anschluß an die Lesungen legt das Wort Gottes in die Situation der Hörer aus. Sie kann das Leben des Verstorbenen miteinbeziehen, darf aber niemals zu einer bloßen, vielleicht sogar unwahrhaftigen Lobrede auf den Verstorbenen werden. Ziel der Homilie muß sein, Glaube und Hoffnung auf die Teilnahme an Christi Tod und Auferstehung zu wecken oder zu stärken. Bei besonderen Umständen, z.B. Selbstmord oder anstößigem Lebenswandel des Verstorbenen – kann an Stelle der Homilie ein Meditationstext vorgetragen werden (PE Nr. 21). Moralische Urteile sind auf jeden Fall zu vermeiden

MERKSÄTZE ZUR VERKÜNDIGUNG BEIM BEGRÄBNIS

1. Die Feier des Begräbnisses ist ein geeigneter Ort für die christliche Verkündigung. Dieser „Kairos“ sollte gerade in heutiger Zeit nicht vertan werden.

2. Ob man das Wort Gottes am offenen Grabe verkündet oder in der Totenmesse, ergibt sich aus den Umständen. Flexibilität ist angeraten. Wenn von den am Grabe Versammelten nur eine geringe Anzahl am Begräbnisamt teilnimmt, empfiehlt sich die Verkündigung der christlichen Botschaft am offenen Grab.

3. In jedem Falle sollte die Verkündigung kurz sein, sonst entsteht leicht Ärger und Unmut. Ein kurzes Wort dagegen findet offene Ohren.

4. Die Verkündigung beim Begräbnis sollte keine „laudatio“ sein, sonst wird der Verkündiger leicht unglaubwürdig und mit ihm die christliche Botschaft.

5. Die Verkündigung beim Begräbnis kann nie die ganze Botschaft umfassen. Sie kann und darf nur einen einzigen Akzent setzen.

6. Die Verkündigung kann und soll also kein dogmatisches Kolleg über Tod, Gericht und Auferstehung sein. Diesem Anspruch kann sie so wenig genügen, wie in einer einzigen Sonntagspredigt das ganze Kirchenjahr behandelt werden kann.

7. Die Verkündigung beim Begräbnis soll Anruf zur persönlichen Besinnung für den einzelnen Christen sein.

8. Bei jeder Begräbnisansprache müssen die Elemente menschlicher Verbundenheit und menschlichen Mitgefühls deutlich werden. Die persönliche Anteilnahme Jesu bei der Perikope vom Jüngling von Nain und noch mehr am Grabe des Lazarus ist im Neuen Testament recht deutlich skizziert.

9. Auch ohne Worte wird auf diese Weise der bekannte und wohl unzerstörbare Vorwurf der „Unmenschlichkeit der Kirche“ entkräftet. Die Kirche muß in ihrem amtlichen Vertreter dem Toten und seiner Verwandtschaft sehr menschlich begegnen.

10. Die Häufigkeit einer Beerdigung birgt in großen Gemeinden die Gefahr der Routine. Das darf nie vergessen werden.

11. Wo es sich nur eben machen läßt, sollte es vermieden werden, daß ein einziger Priester auf einem Großstadtfriedhof an einem Tage alle „anfallenden Beerdigungen“ hält.

12. Ein Begräbnis ist immer eine gute Gelegenheit für die persönliche Begegnung des Pfarrers mit Angehörigen seiner Gemeinde.

Hinweise

Die folgende Auswahl ist weder vollständig noch soll sie repräsentativ sein. Sie will Predigern eine erste Hilfe bieten, wenn er zu einer bestimmten (vielleicht von der Trauerfamilie gewünschten) Schriftstelle Anregungen für die Homilie sucht. Die Reihenfolge der Schriftstellen folgt dem offiziellen Meßlektionar Bd. VII Sakramente und Sakramentalien, Einsiedeln u. a. 1985, 399–504. Die nicht im Lektionar VII enthaltenen Schriftstellen des Alten und des Neuen Testamentes folgen der Ordnung der Bibel. Die Anzahl der biblischen Lesungen für Beerdigungsgottesdienste wurde in der Ausgabe von 1985 im Vergleich zu der von 1973 im Alten Testament mehr als verdoppelt, im Neuen Testament – besonders aus dem Johannesevangelium – stark vermehrt. Allerdings hat diese erweiterte Leseordnung bei den Predigern noch nicht genügend Beachtung gefunden. Für die fehlenden Schriftstellen verweisen wir auf die Einführung zu den Lesungen (s. Seite 191 ff.).

Abkürzungen

DAW 67	= Hans J. Milchner (Hg.), Beerdigung. Ansprachen, Gebete, Entwürfe, Göttingen 1994 (Dienst am Wort 67)
DAW 3 (Nf.)	= Christof Windhorst (Hg.), Im Tod das Leben. Predigt am Grab, zu Ostern und Ewigkeitssonntag, Göttingen (^{1}1987) ^{2}1990 (Dienst am Wort 3 – Neufassung)
GDP.B	= Erhard Domey (Hg.), Beerdigung. Trauerfeiern – Ansprachen – Liturgische Texte, Gütersloh 1990 (Gottesdienst Praxis. Serie B).
GV	= Gottes Volk. Bibel und Liturgie im Leben der Gemeinde, hg. v. Hubert Ritt, Stuttgart 1986 ff.
GW	= Gottes Wort im Kirchenjahr. Hg. von R. Rack OMI, Würzburg 1990 ff.
HMH	= Homiletische Monatshefte, Stuttgart 66.1990/91 ff.
Me	= Klaus Wilhelm Mertes, „Trauert nicht wie die anderen …“ Kurzpredigten für Beerdigungsgottesdienste, Annweiler/Essen 1994.
MSt	= Thomas Merz-Abt/Pierre Stutz, Gottesdienst feiern mit Trauernden. Anregungen zur Auseinandersetzung mit Sterben, Tod und Auferstehung und Gottesdienstmodelle, Luzern/Stuttgart 1992.

PeBe = Praxishilfe Beerdigung, hg. von Ernst L. Fellechner und Helmut Votava, Nidderau 1994.

PuK = Der Prediger und Katechet. Praktische katholische Zeitschrift für die Verkündigung des Glaubens, München 1990ff.

PuK.S = Ludwig Mödl (Hg.), Taufe – Trauung – Trauerhilfe. Kasualpredigten 5, München 1994 (PuK: Sonderband)

Ri1 = Der Himmel geht über allen auf. Beispiele der Verkündigung angesichts des Todes, hg. v. Klemens Richter, 5. Auflage, Freiburg 1990.

Ri2 = „Unablässig leidet mein Herz". Christliche Verkündigung angesichts von Trauer und Angst, hg. v. Klemens Richter, Freiburg 1992.

Sn1 = Klemens Schneider (Hg.), Es wird nicht dunkel bleiben. Lesungsvorschläge, Ansprachen, Fürbitten für Trauergottesdienst und Beerdigung, zweite Auflage, Mainz 1993.

Sn2 = Klemens Schneider (Hg.), Du machst meine Finsternis hell. Lesungsvorschläge …, dritte Auflage, Mainz 1994.

WK I = Weizenkorn. Elemente zur Feier der Gemeindeliturgie … ein ewiges Haus im Himmel. Begräbnisfeier – Meßfeiern für Verstorbene I, Stuttgart 1985.

WK II = … dein Bruder wird auferstehen. Begräbnisfeier – Meßfeiern für Verstorbene II, Stuttgart 1986.

ZGDP = Zeitschrift für Gottesdienst und Predigt, Gütersloh 1983ff.

Altes Testament

Ijob 19,1.23–27
WK I, 20.44–46
WK II, 5f.21–25;
Weish 1,13–15
Sn1, 17f.; PuK.S 187f.
Weish 3,1–9
WK I, 11f.; Ri1, 111–114
Weish 4,7–15
WK I, 12f.39–41;
GW 1994/2, 235f.
PuK.S, 169f.
Jes 25,6a.7–9
WK II, 7f.26–29;
PuK 134, 1995, 632ff.
Sn1, 34f.
Jes 43,1–3
PuK 131, 1992, 514–516;
GW 1991/1, 217f.
PuK 130, 1991, 514ff.
Sn2, 121f.; PeBe 109f.; 113–115
Klgl 3,17–26.42f.
WK I, 13f.42f.;
Ri1, 43–45;
Ez 37,1–10
Sn1, 87–90

Nicht im Lektionar VII aufgeführte Lesungen aus dem Alten Testament

Gen 3,17–19
mit Joh 19,25–30: Sn 2, 74–77
Gen 5,24
GDP.B, 49–51
Gen 6,9
PuK 133, 1994, 257f.
Ri1, 46–52
Gen 12,1–4a
PuK.S, 207
Gen 12,1–5
mit Mt 17,1–9: PuK.S, 139f.
Gen 12,1–9
PuK.S, 195–197
Gen 22,1–12
PuK.S, 149f.
Gen 22,1–19
mit Joh 11,17–27: GW 1990/2, 245f.

Dtn 30,11–14
MSt, 97–99
Dtn 31,6
GDP.B, 51f.

1 Sam 16,7b
DAW 3 Nf., 59–62

1 Kön 19,9–13
GDP.B, 41–45

Ijob 3,24–26; 6,2–4.11–13; 7,3f.13–16; 19,6–11; 30,15–21; 10,1–3a; 23,1–5; 13,3.21f.24f.
mit Mk 15,33–37: Ri1, 13–15
Ijob 17,11–14
PuK.S, 224f.
Ijob 19,6.11–25
PuK.S, 161f.
Ijob 19,23–27
PuK.S, 194f.
Ijob 19,25
Ri1, 98f.
DAW 3 Nf., 159–162
Ijob 19,25f.
mit Röm 8,18–20.28–30: Sn2, 37–39
Ijob 42,2–5
mit Mk 15,33–37: Sn1, 75–78

Ps 4,4
HMH 66, 1990/91, 130f.
Ps 4,7
DAW 3 Nf., 34–36
Ps 8,1–6
mit Mt 18,1–5: Sn2, 80–82
Ps 8,5f.
mit Ps 103,15f.; PeBe, 77–79

Ps 22
HMH 68, 1992/93, 233 f.
PeBe, 27–39
Ps 22,2
mit Jes 8,23: DAW 3 Nf., 153–159
Ps 22,2–6.12.15 f.20
Sn1, 110 f.
Ps 23
HMH 66, 1990/91, 82 f.
DAW 67, 66–70
DAW 67, 102–104
PeBe, 31–35
Ps 23,1
DAW 3 Nf., 28–31
Ps 23,1–6
Sn2, 153 f.
Ps 23,4
HMH 66, 1990/91, 125–127
DAW 3 Nf., 32–34
Ps 27
Sn1, 22 f.
Ps 27,1
PeBe, 39–41
Ps 27,4
DAW 3 Nf., 97–100
Ps 31,2–3a.4–6.8.10–13.15–17.22–24a.25
PuK.S, 241–243
Ps 31,6
mit Ps 32,4: PeBe, 45 f.
Ps 31,16
GDP.B, 53–55
mit Koh 3,1–7: DAW 3 (Nf.), 21–24
DAW 3 Nf., 201–207
Ps 32,4
mit Ps 31,6: PeBe, 45 f.
Ps 37,5
DAW 67, 89–91
DAW 3 Nf., 86–90
DAW 3 Nf., 146–153
Ps 39,5.8
PeBe, 55–57
Ps 63
Sn2, 31–33
Ps 63,8
HMH 66, 1990/91, 83–85
DAW 67, 56–58
Ps 68,20
mit Jes 8,23: GDP.B, 55–57
DAW 3 Nf., 43–47
Ps 71,19 f.
PuK.S, 211–213
Ps 73,23–26
HMH 66, 1990/91, 129 f.
Ps 73,25
mit Joh 17,9.20: Sn2, 158–161
Ps 73,28
DAW 3 Nf., 65–69
Ps 77,2–4
GDP.B, 25–27
Ps 77,3.6–11
GDP.B, 58–61
Ps 84,2–13
mit Lk 2,22b–38: PuK 133, 1994, 630 f.
Ps 86
Sn1, 72–74
Ps 88
PeBe, 59–61
Ps 90,1
PeBe 65 f.
Ps 90,1–10
mit Lk 12,15–21: PuK 130, 1991, 136 f.
Ps 100,5
HMH 66, 1990/91, 85–87
Ps 102,20 f.
HMH 69, 1993/94, 232–234
Ps 103
DAW 3 Nf., 93–96
Ps 103,1–4
PeBe, 69–71
Ps 103,13–17
DAW 3 Nf., 208–211
Ps 103,15 f.
mit Ps 8,5 f.: PeBe, 77–79
Ps 103,15–17
PeBe, 73–75
Ps 105,8
HMH 67, 1991/92, 91–93

Ps 115,13
PeBe, 85–87
Ps 119,19a
mit Eph 2,19 und Hebr 11,13: PeBe, 91–93
Ps 119,105
HMH 67, 1991/92, 231 f.
Ps 121
DAW 67, 73–75
mit Joh 17,24–26: PuK 132, 1993, 392–394
Ps 121,8
GDP.B, 61–63
Ps 126
Sn2, 123–125
Ps 128,1
GDP.B, 64–67
Ps 130,1
DAW 67, 85–88
Ps 139
mit Mt 5,7–9: GDP.B, 67–69
mit Mt 10,26–31: Sn2, 27–29
Ps 139,1–3.5.7–12
HMH 67, 1991/92, 136 f.
Ps 139,1–14
PeBe, 95–98
Ps 139,1–18.23 f.
Sn1, 24–26
Sn1, 97–99
Ps 139,2–5.7–12
HMH 66, 1990/91, 127–129
Ps 139,8.11
HMH 68, 1992/93, 505 f.

Spr 16,2
DAW 3 Nf., 62–65
Spr 31,10–31
mit Lk 10,38–42: PuK 129, 1990, 260 f.

Koh 1,12–3,22
Ri1, 63–66
Koh 3,1–7
mit Ps 31,16: DAW 3 Nf., 21–24
Koh 3,1–8
mit Mt 6,25–34: Sn1, 106–108
mit Joh 19,23–30: Sn2, 70–73
Koh 3,1–11
GW 1995/1, 233 f.
Koh 3,1–15
PuK 132, 1993, 394–396
Koh 9,12
PeBe, 101–103

Hld 7,6 f.
mit 1 Joh 3,14; Sn1, 35–37
Hld 8,6
GDP.B, 69–71
Hld 8,6b
GDP.B, 71 f.

Weish 4,7.15
mit Joh 20,11–18: GW 1994/2, 235 f.

Sir 39,20 f.
PuK.S, 182–184
Sir 41,1–3 (4)
Sn2, 114–116

Jes 8,23
mit Ps 22,2: DAW 3 Nf., 153–159
mit Ps 68,20: GDP.B, 55–57
Jes 35,3 f.
HMH 66.1990/91, 87–89
Sn1, 42–45
Jes 35,10
mit Joh 16,22: DAW 3 Nf., 109–112
Jes 38,17
HMH 68, 1992/93, 423 f.
Jes 38,12.17.20
PeBe, 105 f.
Jes 40,1–8
DAW 3 Nf., 39–43
Jes 40,21–31
mit Joh 12,20–26: Sn2, 20–22
Jes 40,31
GDP.B, 73–75
Jes 42,1–4
mit Röm 8,18–30: GW 1995/2, 237–239
Jes 42,37
PuK 130, 1991, 772

Jes 43,1b.4.7
GW 1991/1, 217f.
Jes 43,1–7
PuK 131, 1992, 514–516
mit Joh 17,24–26: Sn1, 100f.
Jes 43,1–3a.5a
Ri1, 76f.
Jes 45,15
HMH 68, 1992/93, 329–331
Jes 49,15f.
DAW 3 Nf., 113–116
Jes 55,8f.
GDP.B, 79f.
DAW 3 Nf., 82–86
Jes 58,6–11
MSt, 140
Jes, 61,1–4
Sn1 94–96
Jes 65,17–25
HMH 68, 1992/93, 128–130

Jer 31,3
DAW 3 Nf., 142–145

Klgl 2,10–13
Sn2, 84–86
Klgl 3,1–17
mit Joh 11,17–27: Sn2, 137–141
Klgl 5,1.20f.
ZGDP 11, 1993/6, 5–7

Ez 34,11–16
mit Joh 19,28–37: Sn2, 117–119

Dan 12,2f.
mit Joh 17,24–26: PuK.S, 142f.

Joel 2,27
DAW 67, 59–61

Sach 1,17
mit Röm 12,12: DAW 3 Nf., 104–108
Sach 8,3–8
MSt, 73f.

Aus dem Neuen Testament

Apg 10,34–38
WK I, 24;
PuK.S, 201–203; 219f.;

Offb 14,13
WK II, 16;
PuK 134, 1995, 513f.
Offb 20,11–21,1
WK II, 17f.
Offb 21,2–7
WK I, 65–67;
PuK 129, 1990, 513f.

Röm 5,17–21
WK I, 25;
Röm 6,3–9
WK I, 27f. 55–57;
Sn2, 35f.;
Röm 8,31b–35.37–39
Sn2, 134–136;
Röm 14,7–9.10c–12
WK II, 14.42f.; Sn2, 17–19;
PuK 129, 1990, 135f.
GW 1993/1, 235f.

1 Kor 15,20–24a.24c–28
PuK 130, 1991, 265f.
1 Kor 15,51–57
WK II, 15.44–46;
GW 1990/3, 325f.
PeBe, 179–181;

2 Kor 4,7–11
GW 1994/3, 329f.
2 Kor 5,1.6–10
WK I, 29f. 58–61;
GW 1991/3, 327f.
PuK 133, 1994, 774f.;

Phil 3,20–21
PuK 129, 1990, 391f.
Sn2, 49–51;

1 Thess 4,13–18
WK I, 31f. 62–64; Sn1, 46f.;
PuK 132, 1993, 263ff.

1 Joh 3,1–2
WK I, 33;
1 Joh 3, 14–16
WK I, 34;
PuK 132, 1993, 770 f.

Mt 5,1–12a
WK I, 15–18.44–46;
PuK 132, 1993, 508 ff.
Sn1, 57–59; PuK.S, 187 f.
Mt 11,25–30
WK I, 19 f. 47–49;
PuK 134, 1995, 266 f.;
Sn2, 27–39;
Mt 25,1–13
Wk I, 20 f.;

Mt 25,31–46
GK 1995/III, 329 f.;
PuK 132, 1993, 778 f.
Sn2, 66–69;
Mk 5,21–24.35–43
PuK 132, 1993, 780;
Mk 15,33–46
WK II, 9 f. 30–32;
GW 1990/2, 245 f.
PuK.S, 157–159; 220 f.
Mk 15,33–39; 16,1–7
GW 1991/2, 245 f.

Lk 7,1–10
WK II, 11;
Lk 7,11–17
GW 1992/1, 235 f.
PuK 132, 1993, 507 f.
HMH 67, 1991/92, 137 f.
Lk 12,35–40
WK I, 21.50–52;
PuK 129, 1990, 260 f.
PuK 132, 1993, 260 ff.
GW 1995/I, 235 f.
PuK.S, 173 f.
Lk 23,33.39–43
WK I, 22;
PuK.S, 199 f.;
Lk 23,44–53; 24,1–6a
PuK 130, 1991, 265 f.
PuK 132, 1993, 631 ff.
PuK 132, 1993, 772 ff.
GW 1993/1, 233 f.
Lk 24,1–8
PuK 130, 1991, 265 f.;
Lk 24,13–35
PuK.S, 143–145;

Joh 5,24–29
WK II, 12.36–38;
PuK 132, 1993, 628 ff.
Joh 6,37–40
WK II, 13.39–41;
PuK 129, 1990, 391 f.
GW 1991/3, 329 f.;
PuK.S, 140 f.; Sn2, 44 ff.;
Joh 10,14–15.27–29
Sn2, 35 f.
Joh 11,17–27
GW 1990/2, 245 f.
PuK 132, 1993, 770 f.
Sn2, 137–141;
Joh 11,32–45
Sn1, 87–90; Sn2, 61 f.;
Joh 12,23–28
PuK 134, 1995, 513 f.
GW 1992/2, 229 f.;
Ri1, 55–57; Sn2, 90 f.;
PuK.S, 172.215 f.;
Joh 14,1–6
WK I, 23.53 f.;
PuK 130, 1991, 767 f.; 770 f.
PuK.S, 176 f.; 197 ff.;
GW 1991/2, 219 f.
PuK 134, 1995, 630 f.
Joh 17,1–5
PuK.S, 209–211;
Joh 17,24–26
PuK 132, 1993, 392 ff.;
Sn1, 91 f.; 100 f.;
PuK.S 142, 164 f.;
Joh 19,17–18.25–30
Sn2, 74–77;

Nicht im Lektonar VII
enthaltene Lesungen aus dem Neuen Testament

Thematische Ansprachen

„Gottes Hände halten mich“ (Meinem Gott gehört die Welt)
DAW 3 Nf., 171–176
Grab – Zeichen der Hoffnung
Me, 94f.
Heiliger Geist, Quelle des Lebens
GW 1990/2, 249f.
Heinrich zerschmeißt die Geige
Ri1, 108–110
Herr, auf dich vertraue ich
Ri1, 71–73
Herr, gib du der Verstorbenen ewige Ruhe
PuK.S, 222–224
Herr über Leben und Tod
Me, 86f.
Herr, warum bist du nicht hier gewesen?
Ri1, 74f.
Humorvolle Gelassenheit angesichts des Todes
GDP.B, 107–109
Ich bin die Tür
GW 1990/1, 219f.
Ich habe Fragen an Gott
Ri1, 100–105
Ich weiß, daß mein Erlöser lebt
Ri1, 98f.
Im Hause meines Vaters sind viele Wohnungen
Me, 38–40
Im Namen des dreifaltigen Gottes
Me, 69f.
Immanuel – Gott mit uns
Ri1, 19–21
Jesu, geh voran
DAW 67, 48–50
Jesus Christus – Weg zum Vater
Me, 71–73
Jesus fordert zur Stellungnahme auf
Me, 30f.
Jesus – unser Bruder im Leid
Me, 61–63
Keimende Hoffnung
PuK.S, 166f.
Keiner hat größere Liebe
Me, 28f.
Leben – Gottes Eigentum
PuK 130, 1991, 391–393
Liebe ist Einübung ins Sterben
Ri1, 88–90
Machtlos vor der Macht des Todes?
GW 1994/1, 235f.
Mehr als nur Erde
Me, 92f.
Mir bleibt nichts erspart
Ri1, 29f.
Mit Christus gestorben – mit Christus auferweckt
Me, 16–18
Mitten im Tod sind wir vom Leben umfangen
PuK.S, 225–227
Mitten in dem Leben sind wir vom Tod umfangen – mitten im Tod sind wir vom Leben umfangen
PuK 130, 1991, 634f.
Musik
MSt, 106f.
Muß ich auch wandern in finsterer Schlucht
Me, 13–15
Nichts geht verloren
PuK 132, 1993, 635f.
Nichts ist verloren
PuK 133, 1994, 137–139
Nichts kann uns trennen von der Liebe Gottes
Me, 64–66
... Nur für einen Augenblick und gar nicht weit
PuK.S, 228–230
Ohne Karfreitag kein Ostern
Me, 100–102
Sehnsucht nach Leben
PuK 131, 1992, 512–514
Seid fröhlich in Hoffnung
Ri1, 53f.

Selig die Trauernden
PuK 131, 1992, 395 f.
So nimm denn meine Hände
DAW 67, 45–47
Stilles Gedenken
Me, 88 f.
Suchet den Herrn, solange er sich finden läßt
PuK 131, 1992, 765 f.
Tod und Vollendung
Me, 22–24
Tod, wo ist dein Sieg?
GW 1990/3, 325 f.
Transitus
PuK 130, 1991, 515
Trauer – Erinnerung – Hoffnung (zum Tode eines Kindes)
DAW 67, 106–108
Trauert nicht wie die anderen
Me, 80–82
„Treib aus, o Licht, all Finsternis“ (All Morgen ist ganz frisch und neu)
DAW 3 Nf., 163–166
Verbunden mit dem lebendigen Gott
Me, 58–60
Von der rettenden Liebe Gottes
PeBe, 201–203
Von Gott nicht abgewiesen
GW 1991/3, 329 f.
„Von Schwermut und Verzweiflung – Herr befreie uns!“
PuK 131, 1992, 763 f.
Was der Mensch sät, wird er auch ernten
Me, 49–51
Was einer ist, was einer war – beim Scheiden wird es offenbar
PuK 129, 1990, 641 f.
„Weg hast du allerwegen“ (Befiehl du deine Wege)
DAW 3 Nf., 166–171
Wenn ein Kind stirbt …
Ri1, 16–18
Wie in Adam alle sterben, werden in Christus alle lebendig gemacht
Me, 25–27
Wiedergeboren zu lebendiger Hoffnung
Ri1, 22–25
Wir alle sind in Gottes Hand
PuK.S, 167–169
Wir sind nur Gast auf Erden
Me, 52–54
Wir sind wie Zugvögel
GW 1990/3, 329 f.
Wohl dem Menschen, der Gottes Wege geht
PuK 132, 1993, 633 f.
Zeichen des Abschieds
GW 1991/2, 243 f.
„Zieh … in das Land, das ich dir zeigen werde!“
PuK 131, 1992, 761
Zugemessene Zeit
PuK S, 233–235

FÜRBITTEN

In den Gebeten der Totenliturgie äußert sich der Glaube der christlichen Gemeinde. Es liegt nahe, daß er sich besonders häufig als Fürbitte artikuliert. Die Gemeinde erbittet für den Verstorbenen Verzeihung seiner Schuld und die Verwirklichung der Verheißungen Gottes, für die Hinterbliebenen Kraft und Trost aus dem Glauben, für sich selbst Treue im Glauben und Hilfsbereitschaft für die Hinterbliebenen.

1. Formular

Z.: Das Wort des Evangeliums schenkt uns Hoffnung. Deshalb wenden wir uns voll Vertrauen an unseren Vater im Himmel.
V.: Für unseren verstorbenen Bruder ... (unsere verstorbene Schwester ...) Gott schenke ihm (ihr) die Erfüllung seines (ihres) irdischen Suchens und Mühens.

Stille

V.: Herr, erhöre uns.
A.: Erhöre uns, o Herr.
V.: Für die Familie und die Freunde des (der) Verstorbenen und für alle, denen dieser Tod sehr nahe geht: Gott stärke ihren Mut zum Leben und gebe ihnen Zuversicht aus dem Glauben.

Stille

V.: Herr, erhöre uns.
A.: Erhöre uns, o Herr.
V.: Für alle, die keine Hoffnung haben: Gott führe sie mit Menschen zusammen, die ihnen Verständnis und Hilfe entgegenbringen.

Stille

V.: Herr, erhöre uns.
A.: Erhöre uns, o Herr.
V.: Für alle, die heute sterben müssen: Gott stärke sie in ihrer letzten Stunde.

Stille

V.: Herr, erhöre uns.
A.: Erhöre uns, o Herr.
V.: Für unsere Gemeinde und alle, die hier zum Gottesdienst versammelt sind: Gott helfe uns bei allen Entscheidungen, damit wir vor ihm bestehen können.

Stille

V.: Herr, erhöre uns.
A.: Erhöre uns, o Herr.
Z.: Barmherziger Vater, du bist Herr allen Lebens und sorgst für uns. Deine Liebe läßt uns nicht im Stich, auch wenn wir selbst keinen Ausweg mehr sehen. Du hast uns deinen Sohn als Retter und Erlöser gesandt. Er ist für uns gestorben und auferstanden. So schauen wir voll Hoffnung auf ihn und bitten dich: Vollende an unserem (unserer) Verstorbenen, was du in der Taufe an ihm (ihr) begonnen hast, und gib ihm (ihr) die Freude des ewigen Lebens durch Christus, unsern Herrn.
A.: Amen.

2. Formular

Z.: Laßt uns beten zu Jesus Christus, den Gott von den Toten auferweckt hat, damit wir durch ihn auferstehen zu einem neuen und ewigen Leben.
V.: Herr, nimm unseren verstorbenen Bruder … (unsere verstorbene Schwester) auf in deine ewige Gemeinschaft.

Stille

K.: Christus, höre uns.
A.: Christus, erhöre uns.
V.: Tröste die Trauernden, gib Mut den Verzagten und Hilfe den Verlassenen.

Stille

K.: Christus, höre uns.
A.: Christus, erhöre uns.

V.: Stärke in allen Christen den Glauben an die Auferstehung zur Fülle des Lebens.

Stille

K.: Christus, höre uns.
A.: Christus, erhöre uns.
V.: Schenk dein Erbarmen allen Menschen, die heute sterben.

Stille

K.: Christus, höre uns.
A.: Christus, erhöre uns.
Z.: Gütiger Gott, du hast unseren Bruder ... (unsere Schwester) durch die Taufe aufgenommen in die Gemeinde der Gläubigen und ihn (sie) mit dem Brot des Lebens gestärkt. Nun erfülle an ihm (ihr) deine Verheißungen, und gib du ihm (ihr) das wahre Leben durch Christus, unsern Herrn.
A.: Amen.

3. Formular

Z.: Laßt uns Jesus Christus, der uns zu lebendiger Hoffnung berufen hat, für das Heil der Lebenden und der Toten anrufen:
V.: Für unseren verstorbenen Bruder (unsere verstorbene Schwester) ..., der (die) in der Taufe und in der Eucharistie göttliches Leben empfangen hat: Herr, erwecke ihn (sie) am Jüngsten Tag.
A.: Wir bitten dich, erhöre uns.
V.: Für alle, die dieser Tod mit Trauer erfüllt: Herr, tröste sie in der Hoffnung auf das Wiedersehen in deinem Reich.
A.: Wir bitten dich, erhöre uns.

V.: Für alle Menschen, die durch Mißhandlungen und Unrecht den Tod erleiden: Herr, gewähre ihnen Gerechtigkeit und Liebe in deinem Reich.
A.: Wir bitten dich, erhöre uns.

V.: Für das ganze Volk Gottes: Herr, stärke seinen Glauben und festige seine Hoffnung.
A.: Wir bitten dich, erhöre uns.

V.: Für alle, die noch nicht zum Glauben an die Auferstehung gefunden haben: Herr, schenke ihnen Vertrauen zu deinen Verheißungen.
A.: Wir bitten dich, erhöre uns.
Z.: Allmächtiger Vater, du hältst die Welt und unser Leben in deinen Händen. Du hast uns erschaffen und ins Leben gerufen. Du hast uns erlöst und in deine ewige Gemeinschaft hineingenommen. Dafür danken wir dir und preisen dich durch Christus, unsern Herrn.
A.: Amen.

4. Formular

Z.: Wir beten zu Christus für unseren Verstorbenen (unsere Verstorbene), für die Kirche, für den Frieden in der Welt und das Heil aller Menschen.
V.: Für unseren verstorbenen Bruder (unsere verstorbene Schwester) … und alle Verstorbenen unserer Gemeinde: daß der Herr sie in der Herrlichkeit des ewigen Lebens vollende.
K.: Lasset zum Herrn uns beten:
A.: Herr, erbarme dich, Christus, erbarme dich, Herr, erbarme dich.

V.: Für alle Kranken und Leidenden, alle Hungernden und Hoffnungslosen, alle Sterbenden und Trauernden: daß sie niemals meinen. sie seien von dir verlassen.
K.: Lasset zum Herrn uns beten:
A.: Herr erbarme dich, …

V.: Für alle, die sich zu Christus bekennen, daß sie im Leben verwirklichen, was der Glaube sie lehrt.
K.: Lasset zum Herrn uns beten:
A.: Herr, erbarme dich …

V.: Für die Regierenden: daß sie die Gerechtigkeit lieben und den Frieden fördern.

K.: Lasset zum Herrn uns beten:
A.: Herr, erbarme dich …
Z.: Gott und Vater, du unser Schöpfer und Erlöser, erhöre die Bitten deiner Gläubigen, und gib unseren Verstorbenen die Verzeihung ihrer Sünden, ewigen Frieden und Gemeinschaft mit deinen Heiligen und Auserwählten durch Christus, unsern Herrn.
A.: Amen.

5. Formular

Z.: Laßt uns in dieser Stunde der Trauer und des Schmerzes, aber auch der Hoffnung und Dankbarkeit zu unserem Vater im Himmel beten:
V.: Für unseren Bruder … (unsere Schwester …): daß sein (ihr) Leben von Gott angenommen wird und in ihm seine Erfüllung findet.

Stille

K.: Gott, Vater im Himmel.
A.: Wir bitten dich, erhöre uns.
V.: Für …: Daß er (sie) seinen (ihren) Lohn empfängt für das Gute, das er (sie) getan hat.

Stille

K.: Gott, Vater im Himmel.
A.: Wir bitten dich, erhöre uns.
V.: Für alle, denen dieser Tod besonders nahe geht, für
seine (ihre) Eltern /
seine (ihren) Ehegatten (in) /
seine (ihre) Kinder …:
daß sie bei aller Trauer ihren Trost darin finden, daß er (sie) ihnen weiter nahe ist.

Stille

K.: Gott, Vater im Himmel.
A.: Wir bitten dich, erhöre uns.
V.: Für die Freunde und Bekannten des (der) Toten: daß sie ihm (ihr) ihre Freundschaft und Dankbarkeit über den Tod hinaus bewahren.

Stille

K.: Gott, Vater im Himmel.
A.: Wir bitten dich, erhöre uns.
V.: Für unsere Verstorbenen, mit denen wir in Christus über den Tod hinaus verbunden sind: daß sie Gottes Güte erfahren und bei ihm Vollendung finden.

Stille

K.: Gott, Vater im Himmel.
A.: Wir bitten dich, erhöre uns.
Z.: Herr, unser Gott, höre auf unser Gebet. Sprich zu uns allen dein erlösendes und befreiendes Wort. Schenk unserem Bruder (unserer Schwester) für immer das Leben bei dir, und bewahre uns in der Liebe unseres Herrn Jesus Christus, der mit dir lebt und herrscht in alle Ewigkeit.
A.: Amen.

6. Formular

Z.: Herr Jesus Christus, du bist uns vorausgegangen zum Vater und bereitest uns dort die bleibende Wohnung. Zu dir rufen wir:
V.: Führe unseren Bruder (unsere Schwester) N., dessen (deren) wir heute besonders gedenken, aus aller Mühsal und Bedrängnis dieser Erde in deine ewige Ruhe! – Christus, höre uns.
Lohne ihm (ihr) alles Gute, das er (sie) getan hat, mit dem ewigen Leben!
Tröste und ermutige alle, die um seinen (ihren) Heimgang trauern!
Nimm unsere verstorbenen Eltern, Verwandten und Freunde auf in die Seligkeit des Himmels!
Begleite alle, die hier versammelt sind, auf den Pilgerwegen dieses Lebens und führe uns dereinst zur Auferstehung!

Z.: Gott, unser Vater, deine Tage kennen kein Ende, und dein Erbarmen ist ohne Maß. Laß uns nicht vergessen, wie kurz und ungewiß unser Leben ist. Dein Heiliger Geist führe uns durch diese Welt in Heiligkeit und Gerechtigkeit. Erhalte uns im Glauben, in der Hoffnung und in der Liebe zu allen Menschen. Geleite uns durch dieses Leben in dein Reich durch Christus, unsern Herrn.

A.: Amen.

7. Formular

Z.: Zum Vater des Lichtes, zum Gott allen Trostes beten wir voll Vertrauen:

V.: Schenke deinem Diener (deiner Dienerin) N., der (die) das Licht des Glaubens sein (ihr) ganzes Erdenleben lang bewahrt hat, Leben in deinem ewigen Licht!

A.: Wir bitten dich, erhöre uns

V.: Verzeihe ihm (ihr), was er (sie) gesündigt hat, und führe ihn (sie) zu deiner ewigen Anschauung!
Richte die trauernden Herzen auf durch das Licht des Glaubens!
Vertreibe von unserer Erde das Dunkel des Hasses und erhelle sie durch die Botschaft von deiner Liebe!
Mache unsere Familien zu Heimstätten deiner Liebe!

Heiliger Gott, deine Liebe ist größer, als wir Menschen erfassen können. Wir danken dir für deine Treue und bitten: Schenke unseren Verstorbenen und uns allen dein Licht und Leben. Durch Christus, unseren Herrn. – Amen.

8. Formular (Allerseelen)

Z.: Laßt uns beten zu Gott, von dem wir das Leben haben und zu dem wir ein Leben lang unterwegs sind:

V.: Für alle, die ihr Leben für andere hingegeben haben: daß Gott ihr Opfer annimmt und ihnen die Freude seines ewigen Lebens schenkt.

K.: Herr, wir rufen zu dir.

A.: Wir bitten dich, erhöre uns.

V.: Für die Opfer der Gewalt und des Verbrechens und für alle, die einen plötzlichen Tod fanden: daß Gott sie aufnimmt in sein Reich, wo weder Schmerz noch Trauer ist.
K.: Herr, wir rufen zu dir.
A.: Wir bitten dich, erhöre uns.
V.: Für unsere Eltern und alle, die uns das Gute lehrten: daß sie nach all ihren Mühen die Krone des Lebens empfangen.
K.: Herr, wir rufen zu dir.
A.: Wir bitten dich, erhöre uns.
V.: Für uns alle: daß wir ein Leben lang das Wagnis der Liebe auf uns nehmen, um einmal selbst zu erfahren, was Gott denen bereitet hat, die ihn lieben.
K.: Herr, wir rufen zu dir.
A.: Wir bitten dich, erhöre uns.
Z.: Guter Vater, wir stehen vor dir in der Gewißheit, daß unser Leben vergänglich ist und daß der Tod uns alle Tage begleitet. Bleibe du bei uns, damit wir den Weg deines Sohnes gehen und unser Leben füreinander leben. Laß uns in dir ewiges Leben finden durch Christus, unsern Herrn.
A.: Amen.

9. Formular (Allerseelen)

Z.: Himmlischer Vater, in der Gemeinschaft mit Jesus Christus, der als erster vom Tod zum ewigen Leben gelangt ist, wissen wir uns mit allen verbunden, die im Vertrauen auf ihn in das Dunkel des Todes gegangen sind.

V.: Wir bitten dich für unsere Verstorbenen:
- Läutere sie, und nimm sie auf in die himmlischen Wohnungen.
- Laß keinen von ihnen verlorengehen.
- Rufe sie alle zur Teilnahme an deinem ewigen Leben.

V.: Wir bitten dich
für unsere verstorbenen Eltern, Verwandten und Freunde:
– Vergilt ihnen alle Liebe und Sorge.
– Laß ihre Mühen reiche Frucht in uns tragen.

V.: Wir bitten dich
für unsere verstorbenen Päpste, Bischöfe und Seelsorger:
– Verzeihe ihre Fehler und lohne ihre Hirtensorge.
– Nimm sie auf in die ewige Herrlichkeit.

V.: Wir bitten dich
für die verstorbenen Politiker und Staatsmänner:
– Laß sie am Tage des Gerichtes Gnade finden.
– Schenke deine Liebe besonders denen, die sich auf Erden in den Dienst der Gerechtigkeit und des Friedens gestellt haben.

V.: Wir bitten dich
für die Opfer der Gewalt und des Krieges:
– Schenke ihnen bei dir Gerechtigkeit und Frieden.
– Sei du der Vater der Verlassenen und der Anwalt der Waisen.
– Lehre uns kämpfen gegen Haß, Krieg und Unterdrückung.

V.: Wir bitten dich
für die Opfer des Verkehrs und der Naturkatastrophen:
– Laß sie bei dir Heimat finden.
– Erinnere uns durch ihr Schicksal an die Ungewißheit des Lebens.
– Wecke in uns die Bereitschaft, den Hinterbliebenen zu helfen.

V.: Wir bitten dich für uns alle:
– Rufe uns im Gericht auf einen Platz zu deiner Rechten.
– Gib, daß wir uns alle wiedertreffen beim himmlischen Hochzeitsmahl.

Z.: Herr, unser Gott, erhöre unsere Bitten, und nimm alle Verstorbenen auf in die Freude deines Reiches. Verzeihe ihre menschlichen Schwächen und Sünden, belohne ihre Sorgen und Arbeiten mit der Auferstehung zum ewigen Leben. Uns selbst aber schenke eine gute Todesstunde, und laß uns die Erfüllung unseres Lebens finden durch Christus, unsern Herrn.

A.: Amen.

10. Formular (Für Kinder)

Z.: Jesus, wie wir aus den Berichten deiner Jünger wissen, hast du den Lazarus vom Tod aufgeweckt, weil er dein Freund war. Du hattest ihn sehr lieb. Du möchtest alle Menschen froh machen, denn alle Menschen sollen deine Freunde sein. Viele können noch nicht bei dir sein, weil ihr Herz nicht rein ist.

V.: Wir bitten dich:

A.: Laß sie bald im Himmel sein.

Wenn dieses Formular bei der Begräbnismesse eines Kindes genommen wird, kann so oder ähnlich eingefügt werden:

V.: Wir wissen nicht, warum du (das Kind) ... schon jetzt hast sterben lassen. Laß ihn (sie) für immer weiterleben bei dir.

V.: Wir bitten dich:

A.: Laß ihn (sie) bald im Himmel sein.

V.: Seine (ihre) Eltern, Geschwister, Spielkameraden und Freunde (-innen) hat sein (ihr) Tod ganz traurig gemacht. Führe sie mit ... bei dir wieder zusammen.

V.: Wir bitten dich:

A.: Laß ihn (sie) bald im Himmel sein.

V.: Manche Menschen sind in Sünden gestorben und haben ihre Schuld nicht mehr bereuen können, doch du kennst auch das Gute, das in ihnen lebendig war.

V.: Wir bitten dich:

A.: Laß sie bald im Himmel sein.

V.: Schau auch auf die Menschen, die plötzlich sterben mußten: die Soldaten im Krieg, die Seeleute auf dem Meer, die Verunglückten in den Flugzeugen, Eisenbahnen und Autos.

V.: Wir bitten dich:
A.: Laß sie bald im Himmel sein.
V.: Nimm alle Kinder, die schon gestorben sind, zu dir.
V.: Wir bitten dich:
A.: Laß sie bald im Himmel sein.
Z.: Gott, du willst, daß wir das Leben haben. Nimm Angst und Traurigkeit von uns weg. So bitten wir dich durch Jesus Christus, unseren Herrn.
A.: Amen.

11. Formular (für Kinder)

Z.: Laßt uns beten zu Gott, der allen Menschen das Leben gibt:
V.: Für alle, die durch den Tod eines Menschen traurig geworden sind: daß sie Menschen finden, die sie trösten.
Gott, unser Vater.
A.: Wir bitten dich, erhöre uns.
V.: Für alle Menschen, die durch Verkehrsunfälle und Katastrophen sterben: daß sie im Frieden Gottes sind.
Gott, unser Vater.
A.: Wir bitten dich, erhöre uns.
V.: Für alle Kinder, die sterben müssen, ohne groß werden zu können: daß du sie in dein himmlisches Reich aufnimmst.
Gott, unser Vater.
A.: Wir bitten dich, erhöre uns.
V.: Für alle Waisenkinder, die ohne Eltern sind: daß sie Menschen finden, die sie lieb haben.
Gott, unser Vater.
A.: Wir bitten dich, erhöre uns.
V.: Für uns selbst: daß wir nicht vergessen: wir gehören dir.
Gott, unser Vater.
A.: Wir bitten dich, erhöre uns.
Z.: Vater im Himmel, dein Sohn leidet mit uns allen, die der Tod traurig macht. Er will den Toten das ewige Leben geben. Freiwillig ist er für uns in den Tod gegangen. Laß uns auch auferstehen mit ihm, Christus, unserm Herrn.
A.: Amen.

2.3 Eucharistiefeier

GABENBEREITUNG (Opfergang)

Der Opfergang, der sich in Verbindung mit der Beerdigungsmesse in vielen Gemeinden erhalten hat, ist nach frühchristlichem Verständnis Ausdruck der Teilnahme an der Opfergemeinschaft und Ausdruck der persönlichen Teilnahme. Es besteht daher kein Anlaß, den Opfergang zu unterdrücken, wo er noch besteht. Als es noch keine finanzielle Absicherung der Hinterbliebenen gab, war er unmittelbare diakonale Hilfe.
Ort des Opfergangs ist die Gabenbereitung, die der Priester mit dem Gabengebet sinnvoll erst dann beschließt, wenn der Opfergang beendet ist. Die Gaben können auch beim Eintritt in die Kirche gesammelt und bei der Gabenbereitung in den Altarraum gebracht werden. Mancherorts ist mit der Spende die Übergabe oder Entnahme des Totenzettels aus dem Spendenkorb verbunden.
Zur Frage der Meßstipendien vgl. S. 315 ff.

GABENGEBET

Herr, unser Gott.
Segne die Gaben unserer Erde, Brot und Wein, und erfülle sie mit deiner Kraft. Heilige diese Zeichen unseres Vertrauens auf dich und verbinde uns durch sie mit dir und untereinander und mit jenen, die uns zu deinem ewigen Gastmahl vorausgegangen sind. Durch Christus …

Oder:

Gott, durch den Tod deines Sohnes hast du die Menschen aus Vergänglichkeit und Schuld, aus Sinnlosigkeit und Verzweiflung befreit. Um seinetwillen dürfen wir aufatmen und dir immerdar danken.
Durch Christus …

EUCHARISTISCHES HOCHGEBET

Das eucharistische Hochgebet kann durch die Auswahl der Präfationen – fünf verschiedene Präfationen stehen in den Messen für Verstorbene zur Verfügung – modifiziert werden. In allen Hochgebeten kann des Verstorbenen namentlich gedacht werden.
Denkbar ist auch, ähnlich den Hochgebeten für Messen mit Kindern nach Sinnabschnitten eine Akklamation der Gemeinde einzufügen. Der Kantor singt oder spricht vor, die Gemeinde wiederholt den Vers, z.B. GL 82,1: Beim Herrn ist Barmherzigkeit.
Von offizieller Seite sollte geprüft werden, ob die schwierige und spezielle Situation bei der Beerdigungsmesse nicht sinnvollerweise nach einem Hochgebet verlangt, in dem das Paschamysterium deutlicher auf diese Situation hin formuliert wird. Anregungen dazu vgl. S. 321 ff.

SCHLUSSGEBET

Allmächtiger, ewiger Gott.
Du lenkst unser Leben nach deinen Plänen. Für dich sind wir erschaffen und füreinander. Unruhig ist unser Herz, bis es ruht in dir.
Wir bitten dich: Sei uns nahe in allen Stunden. Laß uns dich suchen, du Licht unserer Dunkelheit. Laß uns unterwegs bleiben zu dir, du Sehnsucht unserer Wege. Laß uns dich finden und in dir uns wiederfinden, du unser Anfang und unser Ziel, du unser Gott, der war und der ist und der bleibt. Durch Christus …

Oder:

Allmächtiger, ewiger Vater. Du hast uns gespeist mit den heiligen Gaben von deinem Altar. Laß das Leben nicht erlöschen, sondern wachsen, das deine Speise in dem Verstorbenen und in uns genährt hat. Gib uns einen Platz in der Gemeinschaft deines ewigen Gastmahles und die Geborgenheit deiner unvergänglichen Liebe. Durch Christus …
Schlußgebete bei einem Wortgottesdienst vgl. S. 255.

SCHLUSSEGEN

Wenn die Beerdigungsmesse die letzte Handlung im Ablauf der Bestattung ist, empfiehlt es sich, die längere Segensformel zu wählen, da in der Situation der Trauer und des Schmerzes dem Segen als ausdrücklichem Zuspruch göttlicher Lebenskraft psychologisch nicht geringe Bedeutung zukommt. Dem Text des deutschen Meßbuches sei deshalb ein weiterer Vorschlag hinzugefügt:

Z.: Gott, der allmächtige Vater,
der in Christus den neuen und ewigen Bund
mit uns geschlossen hat, bleibe uns treu.
Er verzeihe uns die Schuld und stärke uns,
wenn wir schwach werden.
A.: Amen.

Z.: Er, der Christus der Macht des Todes entriß,
stehe uns bei im Zweifel.
Er sei uns nahe im Sterben und gebe uns Hoffnung
auf das ewige Leben.
A.: Amen.

Z.: Der Heilige Gott,
der seinen Sohn zum Herrn über Lebende und
Tote bestellt hat,
sei uns gnädig am Tag des Gerichts und lade uns
zum Gastmahl des ewigen Lebens.
A.: Amen.

Z.: Der Herr segne und behüte euch.
Er wende euch sein Angesicht zu und
gebe euch Frieden
in der Gemeinschaft mit dem Sohn
und dem Heiligen Geist.
A.: Amen.

Schließt sich das Begräbnis unmittelbar an die Eucharistiefeier an, so bietet BF S. 31 zwei Überleitungsmöglichkeiten: entweder mit einer einfachen Einladung oder mit stillem Gedenken, Gesang und Gebet.

3. Wortgottesdienst zur Beerdigung

Es ist davon auszugehen, daß zukünftig in nicht wenigen Fällen Wortgottesdienste an die Stelle der Begräbnismesse treten. Übrigens ist dies in den Kirchen des Ostens immer schon der Normalfall gewesen. Gebetsgottesdienste haben in der Totenliturgie eine lange Tradition, wie das Totenoffizium des Stundengebetes zeigt, weniger aber Verkündigungsgottesdienste. Da in der Situation des Todes und der Trauer aber die christliche Hoffnung auf das Leben bei Gott verkündigt werden soll, sind Verkündigungsgottesdienste geeigneter, an die Stelle einer Eucharistiefeier zu treten, wenn eine solche aus guten Gründen nicht möglich oder nicht ratsam ist. Wir bieten deshalb im folgenden wesentliche Elemente für einen solchen Gottesdienst.

ERÖFFNUNG

Der Zelebrant (Priester/Diakon/beauftragter Laie) betritt mit den Meßdienern die Totenkapelle, ehrt den Leichnam des Verstorbenen durch die Besprengung mit Weihwasser oder durch die Segnung mit dem Kreuzzeichen.

Z.: Im Namen des Vaters und des Sohnes und des Heiligen Geistes.
A.: Amen.
Z.: Der Vater des Erbarmens und der Gott allen Trostes sei mit uns allen.
A.: Amen

Einführung

Z.: Verehrte Angehörige des (der) Verstorbenen,
liebe Trauergemeinde!

Sie trauern um den Tod eines Angehörigen, eines Freundes oder eines Bekannten. Alle, die nun hier versammelt sind, waren im Leben auf irgendeine Art mit ihm verbunden. Das verbindet uns in dieser Stunde untereinander. Das Begräbnis ist nicht nur eine Stunde des Abschieds, sondern sicherlich auch eine Stunde der Besinnung. Hier, vor dem Leichnam des Verstorbenen, ist es angebracht, über Leben und Tod nachzudenken.
Die Menschheit hat auf vielen Gebieten großartige Fortschritte gemacht. Sie hat unsere Lebensbedingungen erleichtert, hat wirksame Mittel gegen Schmerzen und Krankheiten gefunden, hat das Durchschnittsalter um eine beträchtliche Anzahl von Jahren erweitert. Mit Recht sind wir stolz auf solche Leistungen.
Aber gegenüber dem Tod sind wir machtlos. Gegen ihn gibt es kein Mittel, er ist unser Schicksal. Im Tod fällt alle menschliche Größe wie ein Kartenhaus zusammen. Unsere menschlichen Kräfte scheitern an dieser absoluten Grenze, unsere menschlichen Antworten erweisen sich bei der Frage nach dem Tod als ungenügend.
Es gibt nur *eine* gültige Antwort auf den menschlichen Tod: die Auferstehung Jesu Christi. Christus allein hat den Kreislauf des Werdens und Vergehens durchbrochen und uns Zugang zu einem bleibenden Leben geschaffen. Er ist unser Retter, von Gott gesandt und mit Gottes Kraft ausgestattet, uns alle vom Tod ins Leben hinüberzuführen.
Menschliches Leben und menschliches Sterben empfangen von Jesus Christus her Sinn und Bedeutung. Dem rettenden und lebendigen Gott empfehlen wir an diesem Ort unsere Toten und uns selbst.

Lied GL Nr. 656

A.: 1. Wir sind nur Gast auf Erden und wandern ohne Ruh, mit mancherlei Beschwerden der ewigen Heimat zu.
2. Die Wege sind verlassen und oft sind wir allein. In diesen grauen Gassen will niemand bei uns sein.
3. Nur einer gibt Geleite, das ist der liebe Christ; er wandert treu zur Seite, wenn alles uns vergißt.

4. Gar manche Wege führen aus dieser Welt hinaus. O daß wir nicht verlieren den Weg zum Vaterhaus.
5. Und sind wir einmal müde, dann stell ein Licht uns aus, o Gott, in deiner Güte, dann finden wir nach Haus.

GEBET

Z.: Herr Jesus Christus, du hast uns den Weg zum Vater gezeigt. Herr, erbarme dich.
A.: Herr, erbarme dich.

Z.: Du hast durch deinen Tod der Welt das Leben geschenkt. Christus, erbarme dich.
A.: Christus, erbarme dich.

Z.: Du hast im Hause deines Vaters für alle eine Wohnung bereitet. Herr, erbarme dich.
A.: Herr, erbarme dich.

Z.: Herr über Leben und Tod, du hast unseren Bruder (unsere Schwester) N. zu dir gerufen. Komm ihm (ihr) voll Liebe entgegen und nimm alle Schuld von ihm (ihr). Gib ihm (ihr) den Frieden, den die Welt nicht geben kann. In der Gemeinschaft der Heiligen schenke ihm (ihr) Auferstehung und Leben. Durch Christus, unseren Herrn.

Oder:

Z.: Heiliger, unsterblicher Gott.
Das Sterben eines Menschen, der uns nahestand, hat uns hier zusammengeführt. Sprich dein Wort der Hoffnung zu uns. Stärke uns in der Überzeugung, daß du im Tod die nicht fallen läßt, denen du deine Liebe schenkst, die das Brot des Lebens essen und den Kelch der Unsterblichkeit trinken. Darum bitten wir durch Jesus Christus, deinen Sohn, unsern Herrn und Gott, der mit dir in der Gemeinschaft des Heiligen Geistes lebt und herrscht in Ewigkeit.
A.: Amen.

WORTGOTTESDIENST

L.: Lesung aus dem Brief des Apostels Paulus an die Gemeinde in Thessalonich *1 Thess 4,13–18*

Brüder und Schwestern, wir wollen euch über die Verstorbenen nicht in Unkenntnis lassen, damit ihr nicht trauert wie die anderen, die keine Hoffnung haben. Wenn Jesus – und das ist unser Glaube – gestorben und auferstanden ist, dann wird Gott durch Jesus auch die Verstorbenen zusammen mit ihm zur Herrlichkeit führen. Denn dies sagen wir euch nach einem Wort des Herrn: Wir, die Lebenden, die noch übrig sind, wenn der Herr kommt, werden den Verstorbenen nichts voraushaben. Denn der Herr selbst wird vom Himmel herabkommen, wenn der Befehl ergeht, der Erzengel ruft und die Posaune Gottes erschallt. Zuerst werden die in Christus Verstorbenen auferstehen; dann werden wir, die Lebenden, die noch übrig sind, zugleich mit ihnen auf den Wolken in die Luft entrückt, dem Herrn entgegen. Dann werden wir immer beim Herrn sein. Tröstet also einander mit diesen Worten!

ANTWORTPSALM – PSALM 27:

GL 719 –Vertrauen in Gefahr

Kehrvers

Der Herr ist mein Licht und mein Heil.

1. Der Herr ist mein Licht und mein Heil:
   vor wem sollte ich mich fürchten?
2. Der Herr ist die Kraft meines Lebens:
   vor wem sollte ich bangen?
3. Eins nur erbitte ich vom Herrn,
   danach verlangt mich:
4. im Hause des Herrn zu wohnen
   alle Tage meines Lebens.
5. Mein Herz denkt an dein Wort:
   „Suchet mein Angesicht!“
   Dein Angesicht, Herr, will ich suchen.

6. Verbirg nicht dein Gesicht vor mir;
   weise deinen Knecht im Zorn nicht ab!
7. Ich aber bin gewiß, zu schauen
   die Güte des Herrn im Lande der Lebenden.
8. Harre auf den Herrn und sei stark!
   Habe festen Mut und harre auf den Herrn!
9. Ehre sei dem Vater und dem Sohn
   und dem Heiligen Geist.
10. Wie im Anfang, so auch jetzt und alle Zeit
    und in Ewigkeit. Amen.

Kehrvers

Anstelle des Psalm kann auch ein Gemeindelied, ein Sologesang oder eine passende Musik stattfinden oder eine kurze Stille gehalten werden.

Aus dem Evangelium nach Johannes *Joh 14,1–6*

Jesus sagte zu seinen Jüngern: Euer Herz sei ohne Angst! Glaubt an Gott und glaubt an mich! Im Haus meines Vaters sind viele Wohnungen. Wenn es nicht so wäre, hätte ich euch dann gesagt: Ich gehe hin, um euch einen Platz zu bereiten? Wenn ich hingegangen bin und euch einen Platz bereitet habe, komme ich wieder und werde euch zu mir holen, damit auch ihr dort seid, wo ich bin. Ihr kennt den Weg, wohin ich gehe. Thomas sagte zu ihm: Herr, wir wissen nicht, wohin du gehst; wie sollen wir den Weg kennen? Jesus sprach zu ihm: Ich bin der Weg und die Wahrheit und das Leben; niemand kommt zum Vater außer durch mich.

HOMILIE ODER MEDITATION

Wenn die Homilie am Grab gehalten wird, kann auch eine Meditation aus den folgenden Texten gewählt werden:

Trauer und doch Hoffnung

Es entspricht unserer Natur, daß wir traurig sind, wenn unsere Lieben uns im Tode verlassen. Denn obwohl wir wissen, daß sie uns nicht für immer zurücklassen, sondern uns nur vorausgegangen sind, so legt doch der Tod, vor dem die Natur zurückschaudert, eine Hülle der Trauer auf das natürliche Empfinden der Liebe, wenn ein teurer Mensch von uns genommen wird. Deshalb mahnt uns der Apostel ja auch nicht, wir sollten nicht trauern, sondern nur, wir sollten nicht so trauern wie diejenigen, die keine Hoffnung haben (1 Thess 4,13). Darum sind wir betrübt beim Tode unserer Angehörigen, betrübt wegen des Verlustes; aber voll Hoffnung, sie einst wiederzusehen. Ist jenes die Quelle unseres Schmerzes, so ist dieses die Quelle unseres Trostes. Verwundet uns dort die Schwäche, so heilt uns hier der Glaube. Schmerzt uns dort das menschliche Los, so erhebt uns hier die göttliche Verheißung.

Augustinus († 430)

Zur selben Herberge unterwegs

Wir wurden des geliebten Menschen nicht beraubt; wir haben ihn dem zurückgegeben, der ihn uns geschenkt. Er hat das Leben nicht verloren, sondern mit einem neuen und besseren vertauscht. Nicht hält die Erde unseren Geliebten gefangen, sondern der Himmel hat ihn aufgenommen. Warten wir nur ein wenig und wir werden bei dem Ersehnten sein. Nicht lange währt die Zeit der Trennung, da wir ja alle in diesem Leben wie auf einer Reise zur selben Herberge unterwegs sind. Der eine ist zuerst dahin aufgebrochen, der andere ist nachgefolgt, der dritte ist auf dem Wege dahin und alle wird dasselbe Ziel aufnehmen, auf alle wartet dieselbe Herberge. *Basilius († 379)*

Auferstehung – Ernte des Lebens

Brüder und Schwestern, laßt euch durch das Bild des Auferstandenen stärken im Glauben an die Auferstehung aller Menschen. Das Kreuz sei für unseren Leib der Pflug, der Glaube das Samenkorn, das Grab die Furche, die Verwesung der Keim, die Zeit unsere Hoffnung. Wenn der Frühling der Ankunft des Herrn uns entgegenlacht, wird das grünende Saatfeld unserer Leiber sich erheben zur Ernte des Lebens. Dann werden wir kein Altern und kein Ende mehr kennen, werden keinen Sichelschlag und Sensenhieb mehr erleiden. Wenn einmal die alte Spreu dem Tod verfallen ist, erhebt sich herrlich der Leib zu neuer Frucht!

Petrus Chrysologus († 450)

Wandlung

Schon während unserer irdischen Wanderschaft müssen wir vom Tod zum Leben übergehen. Jeder Mensch, der irgendeine Wandlung durchmacht, hört auf zu sein, was er war, und beginnt zu sein, was er nicht war. Es ist aber nicht gleichgültig, wofür man lebt oder stirbt; denn es gibt einen Tod, der zum Leben, und ein Leben, das zum Tode führt. Nur solange wir der vergänglichen Zeit angehören, können wir uns das eine oder das andere zu eigen machen, und nach unseren Taten auf der Erde richtet sich unser Lohn im Himmel. Darum müssen wir dem Bösen entsagen und Gott unser Leben weihen. Das Alte in uns muß sterben, damit sich das Neue entfalten kann. Und da nach dem Wort der ewigen Wahrheit „niemand zwei Herren dienen kann", soll nicht der unser Herr sein, welcher die Stehenden zu Fall brachte, sondern jener, der die Gefallenen zur Herrlichkeit erhob! *Leo der Große († 461)*

ANRUFUNGEN

Z.: Jesus, Bruder der Armen
A.: Erbarme dich seiner (ihrer)
Z.: Jesus, Freund der Sünder
A.: Erbarme dich seiner (ihrer)
Z.: Jesus, Hilfe der Kranken
A.: Erbarme dich seiner (ihrer)
Z.: Jesus, guter Hirt
A.: Erbarme dich seiner (ihrer)
Z.: Jesus, du Grundstein
A.: Erbarme dich seiner (ihrer)
Z.: Jesus, du Weizenkorn
A.: Erbarme dich seiner (ihrer)
Z.: Jesus, du Weinstock
A.: Erbarme dich seiner (ihrer)

Z.: Jesus, Brot, von dem wir leben
A.: Erbarme dich seiner (ihrer)
Z.: Jesus, Licht, durch das wir sehen
A.: Erbarme dich seiner (ihrer)
Z.: Jesus, Weg, auf dem wir gehen
A.: Erbarme dich seiner (ihrer)
Z.: Jesus, Wahrheit, die wir glauben
A.: Erbarme dich seiner (ihrer)
Z.: Jesus, Tür, durch die wir gehen
A.: Erbarme dich seiner (ihrer)
Z.: Jesus, unser Leben
A.: Erbarme dich seiner (ihrer)

Z.: Allmächtiger, ewiger Gott. Du hältst jedes Leben in deinen Händen und bestimmst die Zahl seiner Tage. Höre auf unser Gebet und sei um der Liebe Christi willen deinem Diener (deiner Dienerin) gnädig, den (die) du aus dieser Zeit abberufen hast. Schau nicht auf seine (ihre) Fehler und Sünden, sondern führe ihn (sie) nach deiner Barmherzigkeit zur Freude des ewigen Lebens. Durch Christus, unseren Herrn.

A.: Amen.

Oder:

Z.: Allmächtiger, ewiger Gott. Du lenkst unser Leben nach deinen Plänen. Für dich sind wir erschaffen und füreinander. Unruhig ist unser Herz, bis es ruht in dir. Wir bitten dich: Sei uns nahe in allen Stunden. Laß uns dich suchen, du Licht unserer Dunkelheit. Laß uns unterwegs bleiben zu dir, du Sehnsucht unserer Wege. Laß uns dich finden und in dir uns wiederfinden, du unser Anfang und unser Ziel, du unser Gott, der war und der ist und der bleibt von Ewigkeit zu Ewigkeit.

A.: Amen.

Lied GL Nr. 295

A.: 1. Wer nur den lieben Gott läßt walten und hoffet auf ihn allezeit, den wird er wunderbar erhalten in aller

Not und Traurigkeit. Wer Gott, dem Allerhöchsten traut, der hat auf keinen Sand gebaut.

2. Was helfen uns die schweren Sorgen? Was hilft uns unser Weh und Ach? Was hilft es, daß wir alle Morgen beseufzen unser Ungemach? Wir machen unser Kreuz und Leid nur größer durch die Traurigkeit.
3. Sing, bet und geh auf Gottes Wegen, verricht das deine nur getreu und trau des Himmels reichem Segen, so wird er bei dir werden neu. Denn welcher seine Zuversicht auf Gott setzt, den verläßt er nicht.

4. Elemente für die Beerdigung eines Kindes

Die folgenden Elemente können bei dem Begräbnis eines Kindes gemäß dem Rituale BF S. 107–117 an passender Stelle eingefügt werden. Sie bilden keinen vollständigen Gottesdienst.

So spricht der Herr:

Ich habe Dich
bei Deinem Namen gerufen, N.
denn Du bist mein.

Ich will Dich erlösen
aus aller Pein und Not.
Komm zu mir
mit Deinem Leiden,
mit Deiner Mühsal und Bedrängnis.
Ich will Dich erlösen.
Bei mir wirst Du Ruhe finden,
denn ich habe Dich
bei Deinem Namen gerufen.

So sollst Du sein,
wie ich Dich gerufen habe.

KLAGE UND HILFERUF

Unser Schmerz übersteigt unsere Kraft.
Wir erleiden, was geschehen ist,
müssen ertragen, was wir nicht begreifen.
Unser Leben ist weniger geworden –
ach, daß wir daran nicht verzweifeln!

Unser Leben geht weiter –
auch, daß uns ermutige, was uns bleibt:
daß wir darin Hilfe finden
und Kraft und Hoffnung
für die Tage, die nun sind und kommen.
Dazu hilf uns, Herr! Amen.

KYRIE-RUFE

Herr, Du weißt, daß wir ganz unten stehen,
wie ertrunken in den Schmerzen
und in der Angst,
wie erstickt in der Hilflosigkeit,
und ausgeliefert
an die Wirrnis unserer Tage.

Unsere Hände, Herr, sind leer.
Sie suchen einen Halt bei Dir.
A.: Herr, erbarme Dich …

Unsere Augen, Herr, sind ohne Licht und Trost,
doch wir erheben sie zu Dir.
A.: Christus, erbarme Dich.

Unsere Herzen, Herr,
sind starr und ratlos und erschöpft.
A.: Herr, erbarme Dich.

So treten wir heute vor Dein Angesicht.
Du hast von Auferstehung gesprochen
und von ewigem Leben.
Der Tod ist also nicht das letzte Wort.

Laß uns in dieser schweren Zeit
nicht ganz allein, so bitten wir
dich, Christus unsern Herrn. Amen.

TAGESGEBET

Allmächtiger Gott,
wir sind voller Trauer
über den Tod dieses Kindes,
das so früh zu Dir heimgegangen ist.

Du hast N. in der Taufe
zu Deinem Kind gemacht
und ihn (sie) schon in den jungen Jahren
seines (ihres) Lebens in das Himmelreich gerufen.

Tröste die Angehörigen in ihrem Schmerz
und laß ihre Trauer und ihr Leid
aufgehoben sein bei Dir.

Schenke ihnen den festen Glauben,
daß alles Leben in Deiner Liebe geborgen ist.

Laß sie ihr Kind wiederfinden bei Dir
und gewähre uns allen
Anteil am ewigen Leben.
Darum bitten wir
durch Jesus Christus.

GEBETE

Gott, himmlischer Vater,
wir übergeben den Leib
und die Seele unseres Kindes
Deinen treuen Händen.
Vollende sein junges Leben
in Deinem Reich.

Schenke uns Deinen Trost
und stärke uns im Glauben,
damit wir nicht verzweifeln.

Erfülle uns mit lebendiger Hoffnung
auf die Auferstehung
und ein Wiedersehen.
Und laß uns die ewige Herrlichkeit
mit all unseren Kindern erlangen.

Durch unseren Herrn Jesus Christus,
Deinen Sohn, der mit Dir lebt
von Angesicht zu Angesicht,
von Ewigkeit zu Ewigkeit. Amen.

Oder:

Gott, unser Vater, Dein Sohn Jesus Christus
hat gesagt:
Wer das Reich Gottes nicht so annimmt,
wie ein Kind, der wird nicht hineinkommen.

Wir geben es zu: Dieser Abschied macht
uns Angst, doch Du siehst unsere Ratlosigkeit,
unsere Fragen und Zweifel.
Du weißt und kennst die Tage unserer Trauer.

Bei Jesus, unserem Bruder, suchen wir Halt,
um Menschen zu werden, die Ausschau halten
nach Dir und sich trotz allem
etwas zutrauen in dieser Welt.

Nach Deinem Bild, Gott,
hast Du uns geschaffen, und Du willst,
daß wir unbeirrt mit immer wieder neuem Mut
die Aufgaben unseres Lebens anpacken –
wie Kinder, die immer neu versuchen,
gehen zu lernen,
auch wenn sie oft dabei fallen.

Geleite uns dabei durch den Gekreuzigten,
der als Auferstandener mit dir
lebt und Heil wirkt jetzt und in Ewigkeit.

Oder:

Barmherziger Gott,
wir danken Dir für Deinen Sohn Jesus Christus,
der mit uns Menschen gelebt hat
und unser Weg zu Dir geworden ist.
In dieser Stunde beten wir für N.
Wir denken an seine (ihre) Angst
und an sein (ihr) Vertrauen.

Die vergebliche Hilfe, die nicht umsonst war,
und die Erfahrung der Ohnmacht
haben an unseren Kräften gezehrt.
Bisher holt uns jeder Tag
nur zur täglichen Trauer.

Trotzdem danken wir Dir
für die Jahre mit diesem Kind,
von dem wir Abschied nehmen.
Wir danken für das Glück und das Vertrauen,
das wir durch N. erfahren durften.
Wir danken für die Nähe und die Liebe,
die er (sie) uns geschenkt hat.
Dieses Bild wird für immer
in uns lebendig bleiben.

Wir empfehlen Dir auch alle Menschen,
die uns nahestehen, und danken Dir
für die Hilfe und Begleitung
der Verwandten und der Freunde.
Auch empfehlen wir Dir alle Verstorbenen
der Familie. Nimm sie auf in Deine Ewigkeit
und hilf uns, daß wir Schritt für Schritt
unser Leben weiter gehen in Deinem Namen,
der Du mit Jesus Christus
in der Gemeinschaft des Heiligen Geistes
lebst und waltest in alle Ewigkeit.

LESUNG UND EINFÜHRUNG *1 Thess 4,13–14.18*

Auch Christen trifft der Tod in aller Härte, mitunter auch in aller Unbarmherzigkeit. Auch für sie bleiben viele Fragen zunächst offen. Aber in ihrer Trauer finden sie vielleicht auch ein wenig Trost.
Das Wort Trost hängt zusammen mit dem Wort „trauen" und „treu". Über den Tod hinaus wollen wir dem geliebten Menschen verbunden sein, ihm treu bleiben. Solcher Trost läßt Trauer zu, ja gibt erst Kraft zum Trauern. Als Christen vertrauen wir nicht allein unseren eigenen Kräften, vielmehr suchen und erfahren wir Trost und Halt in der Treue

Gottes und in seiner Zusage, daß wir leben. Seine Botschaft lautet:

Der Tod ist das Tor zum Leben!

So kann der Apostel Paulus an die Gemeinde der Thessalonicher schreiben:

„Brüder und Schwestern, wir wollen euch nicht über die Verstorbenen in Unkenntnis lassen, damit ihr nicht trauert wie die anderen, die keine Hoffnung haben.
Wenn Jesus – und das ist unser Glaube – gestorben und auferstanden ist, dann wird Gott durch Jesus auch die Verstorbenen zusammen mit ihm zur Herrlichkeit führen. ...
Tröstet also einander mit diesen Worten!"

FÜRBITTEN

Laßt uns nun rufen und beten
zu unserem Herrn und Bruder,
auf den wir unsere Hoffnung setzen:

Herr Jesus Christus,
zu Dir kommen wir mit unserer Last,
unserem Unglück und unserer Verzweiflung.
Wir können diesen Tod nicht verstehen
und in unserem Leben
damit keinen Sinn finden.
Wir suchen und halten Ausschau nach etwas,
das uns Halt gibt und schützt
vor den Wellen der Trauer
und den Wogen der Verzweiflung.

– Wecke Hoffnung in uns,
die dem Tod standhält,
und wecke Liebe in uns,
die uns in der Trauer hilft. –
A.: Wir bitten Dich, erhöre uns!

– Nimm unsere(n) N. als Dein Kind
auf zu Dir in das strahlende Licht
Deiner Ewigkeit. –

– Laß ihn (sie) bei Dir ausruhen von allem Leiden
und aufgehoben sein
in Deiner ewigen Herrlichkeit. –

– Führe Du uns, Herr, und unsere(n) N.
vom irdischen Tod zum ewigen Leben
und begleite uns von der bitteren Trauer
zur Hoffnung auf das ewige Licht.

– Nimm alle Kinder, die sterben müssen,
ohne erwachsen zu werden,
auf in Dein himmlisches Reich.

– Laß uns nicht klagen, Herr, und verzweifeln,
sondern dankbar sein für dieses Kind,
dieses Geschenk eines einmaligen Menschen,
das wir erleben durften.

Herr, Jesus Christus,
Du leidest mit allen, die der Tod traurig macht.
Doch Du willst den Toten ewiges Leben geben.
Deshalb höre auch unser verstummtes Gebet
und sende uns ein Zeichen des Trostes.

Führe uns von der Angst zum Vertrauen,
daß bei Dir unsere Seele Ruhe findet.

Denn Du bist die Liebe, der Weg
und die Wahrheit in Ewigkeit. Amen.

MEDITATION

Gib Deiner Trauer
ihren Platz,
und lasse dem Schmerz
seine Zeit,
so wirst Du anderes Grün
an den Bäumen sehen,
und neue Gedanken
werden Dir neue Wege
zeigen.

Gib Deiner Trauer
ihren Platz,
und lasse dem Schmerz
seine Zeit,
so wirst Du mehr wissen
und mehr Mensch sein
als zuvor.

Elke Wuhlert

SCHLUSSGEBET

Gott, unser Vater,
wir haben die heilige Gabe empfangen.
Erhöre unser Gebet für alle,
die um N. trauern.

Diese heilige Speise schenke ihnen
Hoffnung auf ewiges Leben
und sei ihnen Stärke und Trost
in ihrem Schmerz.

Wie Du das Kind, für das wir beten,
schon jetzt zum Tisch in Deinem Reich
gerufen hast, so laß auch uns einst
am himmlischen Gastmahl teilnehmen.

Darum bitten wir
durch Jesus Christus, unseren Herrn.

SEGENSWORTE

Im Himmel welken keine Blumen.

Wenn die Letzten die Ersten sein werden,
verdient Respekt der Grashalm,
der Tautropfen gebietet Ehrfurcht,
nicht der Wasserfall.

Kinder sind Brücken zum Himmel
und Boten der Ewigkeit.

Siehe, ich sende einen Engel
vor dir her, damit er dich
an den Ort führe,
den ich dir bestimmt habe.

Deshalb geh Deinen Weg,
auch durch die Finsternis,
auch durch die Ohnmacht.
Geh Deinen Weg auch unter dem Kreuz,
denn leben sollst du!

Stehe nun auf
und lebe getrost.
Es wartet noch jemand auf Dich,
der Dich liebt.

5. Wortgottesdienst nach Suizid eines Jugendlichen

Der folgende Gottesdienst wurde zu einem konkreten Schicksal gestaltet. Da jeder Tod anders ist, darf dieser Gottesdienst nicht einfach kopiert werden. Er soll aber zeigen, wie ein anderer Gottesdienstleiter in der schwierigen Situation eines Suizid Totenliturgie gestaltet hat. Er kann und will helfen, in der konkreten Situation den richtigen Ton zu treffen.
Der Name ist geändert, die Situation etwas verallgemeinert.

Instrumentalstück

BEGRÜSSUNG

Ein furchtbares Ereignis führt uns hier zusammen. Der Tod von E. hat nicht nur die Eltern und Geschwister tief erschreckt und mit unsagbarem Leid getroffen. Betroffen sind Sie alle, die E. kannten, – betroffen über den tragischen Tod eines vitalen Kindes, eines gesunden jungen Menschen, der gerne gelebt hat und – so müssen wir annehmen – leben wollte.
In den Schmerz über seinen plötzlichen Tod mischen sich unlösbar erscheinende und quälende Fragen. Wie kam es zu seinem Tod? Was wurde ihm zum Verhängnis? Warum wollte E. nicht mehr leben?

Aber selbst, wenn diese quälenden Fragen, mit denen er Eltern und Geschwister und uns alle zurück läßt, geklärt werden könnten, was wäre damit erreicht? Es bliebe der Tod von E. und die Frage: Warum muß ein Kind sterben – mit 13; ein Kind, das kaum das Leben begonnen hat? Diese Frage wird uns niemand beantworten. Wir, vor allem Sie, die Eltern, die Brüder und die nahen Verwandten werden mit dieser Frage weiterleben müssen, ohne eine diese Frage lösende oder erlösende Antwort. Das ist kein leichter Weg. Besonders nicht in dieser Stunde des Abschieds von E., wo wir das, was von ihm geblieben ist, begraben müssen.

Sie alle sind hierher gekommen, um mit den Eltern und Geschwistern diesen letzten Weg zu gehen. Anderes können wir kaum tun. Was vermögen schon Worte in dieser Situation! Mitgehen, die Eltern und Geschwister diesen Weg nicht alleine gehen lassen, bei ihnen zu sein: das ist vielleicht das Wichtigste, was wir in diesem Moment tun können. Und dabei hoffen wir, daß noch ein *anderer* mitgeht, von dem vielleicht etwas Licht oder ein wenig Trost in diese trostlose Stunde kommen kann.

So lassen sie uns singen, auch oder gerade, weil uns nicht zum Singen zu Mute ist. Singen wir gegen den Tod, gegen diesen Tod von E. und gegen die Sprachlosigkeit, die er auslöst.

Lied: Ich möcht, daß einer mit mir geht …

2. Ich wart', daß einer mit mir geht, / der auch im Schweren zu mir steht, der in den dunklen Stunden / mir verbunden. / Ich wart', daß einer mit mir geht.

3. Es heißt, daß einer mit mir geht, / der's Leben kennt, der mich versteht, / der mich zu allen Zeiten kann geleiten. / Es heißt, daß einer mit mir geht.

4. Sie nennen ihn den Jesus Christ, / der durch den Tod gegangen ist. / Er will durch Leid und Freuden / mich geleiten. / Ich möcht, daß er auch mit mir geht.

GEBET

GL 621: Ich steh vor dir mit leeren Händen 1.–3. Strophe zwischen V und Gemeinde im Wechsel.

Instrumentalstück

Evangelium *Lukas 7,11–17*

Jesus ging nach Nain. Seine Jünger und viele Leute folgten ihm. Als sie in die Nähe des Stadttors kamen, trafen sie auf einen Trauerzug. Der einzige Sohn einer Witwe sollte beerdigt werden, und zahlreiche Bewohner der Stadt begleiteten die Mutter. Als der Herr die Witwe sah, tat sie ihm sehr leid, und er sagte zu ihr: „Weine nicht!“ Dann trat er näher und berührte die Bahre. Die Träger blieben stehen. Jesus sagte: „Junger Mann, ich befehle dir: Steh auf!“ Der Tote richtete sich auf und fing an zu reden, und Jesus gab ihn seiner Mutter zurück. Da wurden alle von Furcht gepackt; dann aber lobten sie Gott und riefen: „Ein großer Prophet ist unter uns aufgetreten! Gott selbst ist seinem Volk zu Hilfe gekommen!“ Diese Nachricht verbreitete sich überall in Judäa und in der ganzen Umgebung.

ANSPRACHE

Eine schöne Geschichte. Aber eben nur eine *Geschichte*! – Wenn wir gleich hinausziehen mit dem Sarg von E., wird uns niemand entgegenkommen, der uns Einhalt gebietet und sagt: „Hört auf zu weinen.“ Da wird keiner sein, der der Mutter den Sohn wiedergibt. Tot ist tot. Das ist die traurige und tragische Geschichte von E. Und keiner ist da, der ein Wort wüßte, das E. wieder lebendig werden läßt!
Was soll dann in diesem Augenblick eine solche Geschichte, die zu schön erscheint, um wahr zu sein? Ich könnte es niemandem verübeln, der in dieser Stunde und der augenblicklichen Erfahrung sagt: Zu schön um wahr zu sein!
Und doch: Die uns diese Geschichte aufgeschrieben haben, – für sie war sie nicht weniger real als für uns die Erfahrung des Todes von E. Als sie diese Geschichte auf-

schrieben, hatten sie ihre Erfahrung mit einem, der sich mit unglaublicher Konsequenz für das Leben eingesetzt hat, und von dem eine vielversprechende, befreiende, zum Leben befreiende Wirkung ausging. Er hat sich eingesetzt für das Leben der Kleinen und der Kinder, der Kranken und Behinderten, der Gemiedenen und an den Rand der Gesellschaft Gedrängten. Er hat sich all denen zugewandt, deren Leben unterdrückt, unfrei oder gebrochen erschien. Er hat sich bis zur letzten Konsequenz gegen die gestellt, die mit Berufung auf Gott andere steinigen ließen, weil sie versagt hatten. Er hat den Aufstand gepredigt gegen die Unbarmherzigkeit und Unmenschlichkeit von Menschen, – gleich wer sie waren. Er trat als Anwalt des menschlichen Lebens auf – und das mit dem Anspruch, daß in seinem Engagement Gott selbst sich als Anwalt des Lebens mitteilt. Und zwar des Lebens jetzt und hier! Immer wieder fand er ein Wort, das Menschen aufweckte zu neuem Leben oder sie befähigte zu einem neuen Anfang. Immer wieder fand er ein Wort, das Menschen *aufleben* ließ. Sein Wort war nicht machtlos gegenüber dem, was Leben einengt oder zerstört. Sein Wort war auch vor dem schon erstorbenen Leben nicht wirkunglos. Von diesem Jesus konnten die ersten Zeugen nur in Wundererzählungen, Bildern und Gleichnissen reden. Sie waren die einzigen Sprachformen, die seinem Auftreten und seiner Wirkung angemessen waren, und in denen sie etwas einzufangen versuchten, was sie an ihm und durch ihn erfahren hatten. Und das war etwas Ungewöhnliches in des Wortes wahrstem Sinne. Sein Wort konnte Menschen lebendig machen, wieder beleben. Ja, durch ihn konnte man neu geboren werden.
Sein eigener Weg ging am Ende nicht am menschlichen Tod vorbei oder darüber hinweg. Er selber hat am Ende – auch recht früh – den Tod durchgemacht, nicht ohne Ängste und mit der Erfahrung aller Dunkelheit.
Er ist den Weg mitgegangen, unseren Weg, den wir alle einmal gehen müssen. Aber er ist ihn gegangen in einem unzerstörbaren Vertrauen auf den Gott des Lebens. Er starb am Kreuz mit dem Schrei „Warum?“ Er fühlte sich

von Gott verlassen in der Dunkelheit des Todes. Und dennoch schrie er diese Not als Gebet heraus: „Mein Gott, mein Gott, warum hast du mich verlassen?“
Er, der Anwalt des Lebens *vor* dem Tod, wurde erfahren auch als Anwalt des Lebens *im* Tod. Daß Gottes Wort auch angesichts des Todes Leben wecken kann, das hat er bezeugt, nicht nur mit Worten, sondern in dem er mit uns gegangen ist durch die Dunkelheit des Todes. Er selber, dieser Jesus, hat sich auf diesen Glauben eingelassen, in dem er in aller Unbegreiflichkeit und Qual des Todes unbeirrt an Gott festgehalten hat. Es ist das Zeugnis seines Lebens und seines Sterbens, daß es einen neuen Anfang, eine Zukunft, ein Leben nach dem Tod gibt, durch den, dessen Wort aufweckt – auch aus dem Tod.
Über dem unbegreiflichen Tod von E. steht auch für uns alle das Wort: „Mein Gott, mein Gott, warum?“ – Machen wir diese Frage, aber auch unsere Hoffnung für E. fest an dem, der in seinem Tod zum Anwalt des Lebens für uns wurde – zum Anwalt des Lebens von E.
Nach menschlichem Ermessen ist ein Toter ein hoffnungsloser „Fall“. Im Vertrauen auf das lebendigmachende Wort Gottes aber gibt es eine große Hoffnung für uns alle, auch für E.

Lied: Kleines Senfkorn Hoffnung … (siehe Seite 270)

C Am
Klei - nes Senf - korn Hoff - nung,
F Dm G
mir um - sonst ge - schenkt:
C Am
wer - de ich dich pflan - zen,
Dm G
daß du wei - ter - wächst,
E7 Am F
daß du wirst zum Bau - me,
G C
der uns Schat - ten wirft,
E7 Am F
Früch - te trägt für al - le, al - le
Dm G C
die in Äng - sten sind.

2. Kleiner Funke Hoffnung, mir umsonst geschenkt:
werde ich dich nähren, daß du überspringst,
daß du wirst zur Flamme, die uns leuchten kann.
Feuer schlägt in allen, allen, die im Finstern sind.

4. Kleine Träne Hoffnung, mir umsonst geschenkt:
werde ich dich weinen, daß dich jeder sieht,
daß du wirst zur Trauer, die uns handeln macht,
leiden läßt mit allen, allen, die in Nöten sind.

EINSEGNUNG

Bei den Fürbitten:

Z.: Christus, höre uns.
A.: Christus, erhöre uns.

Lied: Der Himmel geht …

(Nach Psalm 126)

Wenn Gott uns heimführt aus den Tagen
der Wanderschaft,
uns heimbringt aus der Dämmerung
in sein beglückendes Licht,
das wird ein Fest sein!
Da wird unser Staunen von neuem beginnen.
Wir werden Lieder singen,
Lieder, die die Welt und die Geschichte umfassen.

Wenn Gott uns heimbringt
aus dem Hasten in den Frieden,
aus der Armut in die Fülle,
das wird ein Fest sein!
Und die Zweifler werden bekennen:
Wahrhaftig, ihr Gott tut Wunder!
Er macht die Nacht zum hellen Tag;
er läßt die Wüste erblühen.

Wenn Gott uns heimführt aus den schlaflosen Nächten,
aus den verlorenen Stunden,
wir werden einander umarmen und zärtlich sein.
Der Mensch sät in Betrübnis, er leidet und reift.
Es bleibt sein Ende ein Anfang!
Wenn Gott uns heimbringt aus den Tagen
der Wanderschaft:
Das wird ein Fest sein – ein Fest ohne Ende!

Lied: GL 295 oder 296: Wer nur den lieben Gott läßt walten

6. Begräbnis

Das kirchliche Begräbnis hat zwei Teile:

- die Verabschiedung des Toten, die meistens in der Friedhofshalle, kaum noch im Trauerhaus, mancherorts aber noch im Anschluß an die Begräbnismesse bzw. den Wortgottesdienst zur Beerdigung in oder an der Kirche stattfindet
- die Beisetzungsliturgie am Grab.

6.1 Verabschiedung

Die Verabschiedung, oft auch Einsegnung genannt, scheint in der Ersten Form A (BF, S. 42–45) etwas kurz ausgefallen zu sein. Deshalb sollten die fakultativen Elemente nicht ausgelassen werden. Erst recht ist es notwendig, in der Ersten Form C (BF, S. 59) die Verabschiedung mit einem persönlichen Wort einzuleiten, damit die Feier für Neuhinzugekommene nicht zu abrupt beginnt. Ist deren Zahl sehr groß, sollte man auch eine längere Schriftlesung als die angegebenen wählen.
Die Antiphon „Zum Paradies mögen Engel dich geleiten", die eigentlich ein Prozessionsgang ist, könnte die Verabschiedung auch einleiten, da sie bei der Prozession zum Friedhof oft nicht gesungen wird. Es handelt sich um eine frühmittelalterliche Antiphon (8. Jh.), die eigens für diese Prozession geschaffen wurde. In Verbindung mit zwei anderen Antiphonen (Subvenite und Suscipiat) liegt das Gleichnis vom reichen Prasser und dem armen Lazarus zugrunde (Lk 16,19–31), besonders Vers 22 f.: „Als nun der Arme starb, wurde er von Engeln in Abrahams Schoß getragen. Auch der Reiche starb und wurde begraben. In der Unterwelt, wo er qualvolle Schmerzen litt, blickte er auf und sah von weitem Abraham, und Lazarus in seinem Schoß." Als Quelle ist auch Lk 23,43 heranzuziehen: „Amen, ich sage dir: Heute noch wirst du mit mir im Para-

dies sein.“ Zu denken ist auch an die in der Bilderwelt der Antiphon gedachte etappenweise Reise des Verstorbenen: Es ist die Rede vom Engelgeleit, von der Begrüßung durch die Martyrer und die Aufnahme in das himmlische Jerusalem.

6.2 Beisetzung

Grabsegnung

Eine eigentliche Segnung des Grabes sieht die BF nicht vor (vgl. S. 298; S. 320), sondern drei Gebete zur Auswahl, von denen eines das Segensmotiv enthält, das aber auf den Verstorbenen selbst bezogen ist, dessen Leib in dieses Grab gelegt wird. (Nr. 26 B, BF S. 65)

Einsenken des Sarges

Der Sarg wird oft sofort nach der Ankunft in das Grab hinabgesenkt. Aus praktischen Gründen dürfte das die beste Lösung sein, aber auch von der Abfolge der Elemente, wenn die Verabschiedung vorausging. Die in der Begräbnisfeier vorgesehene Stelle (Nr. 28, S. 67) hat auch gute Gründe für sich. Ein passender Zeitpunkt könnte auch der Gesang (Nr. 34, S. 68) vor den Fürbitten sein. Da das Einsenken des Sarges oft noch einmal starke Emotionen der Angehörigen auslöst, ist das Aufschieben dieses Aktes bis ans Ende der Beisetzung nicht zu empfehlen.
Schon gar nicht akzeptabel ist es, wenn mancherorts (auf behördliche Anordnung?) der Sarg nicht mehr während der Beisetzungsliturgie in das Grab hinabgelassen wird, sondern erst dann, wenn die Teilnehmer den Friedhof verlassen haben. Wahrscheinlich soll damit der Ausbruch von Emotionen verhindert werden. Tatsächlich ist dieser Akt der Augenblick, der die Trennung am deutlichsten manifestiert. Diese Trennung zu erleben, ist aber wesentliches Element der Trauerbewältigung. Diese Trennung in der Liturgie selbst nicht zu vollziehen, ist keine Hilfe. Zudem sind bei der Beerdigung gewöhnlich Menschen anwesend,

die helfen können, diesen schmerzlichen Augenblick zu bewältigen.

Weihwasser, Weihrauch, Erdwurf, Kreuz

Diese zeichenhaften Handlungen bzw. ihre Deuteworte entstammen deutschem Sonderbrauch. Die Begleitworte erklären den Sinn des Vorgangs, der aus sich heraus nicht ohne weiteres verständlich ist.
Das fakultative Inzensieren mit seinem Deutewort dürfte dem Verständnis am ehesten Schwierigkeiten bereiten. Der ursprünglich apotropäische Sinn des Weihrauchs hat sich längst in eine Ehrenbezeugung verwandelt, die am besten auf die Gegenwart des Herrn zu beziehen ist. Die vorgesehene Formel „Dein Leib war Gottes Tempel. Der Herr schenke dir ewige Freude" bringt dies kaum zum Ausdruck. Besser wäre: „Dein Leib war Gottes Tempel. Der Herr nehme dich deshalb auf in (den Tempel) seine(r) ewigen Herrlichkeit."
Der Erdwurf ist das letzte Überbleibsel der von den Hinterbliebenen und Nachbarn selbst durchgeführten Beerdigung. Die Anwesenden sollten ermutigt werden, dieses Zeichen (ggf. mit Blumen) zu vollziehen.
Nicht glücklich formuliert ist der Friedenswunsch nach dem Deutewort zum Errichten des Kreuzes über dem Grab (ein sinnvoller Brauch, zumal das Kreuz mit dem Namen des Verstorbenen versehen sein kann) oder zum Kreuzzeichen über dem Grab, da er zu der spontanen Antwort „Und mit deinem Geiste" provoziert, die hier völlig falsch am Platz ist. Ein Wort wie „Der Herr schenke dir seinen Frieden" würde dieses Problem leicht lösen.

Fürbitten

Ist die Beisetzung eng mit der Eucharistiefeier verbunden, ist darauf zu achten, daß die Fürbitten weder in Form noch Inhalt sich einfach wiederholen.
Es ist seit Ende des 2. Jh. Überzeugung der Kirche, daß für die Verstorbenen gebetet werden kann. Von daher soll nicht nur (so die reformatorischen Kirchen) die Auferste-

hungshoffnung ausgesprochen und um Trost für die Hinterbliebenen gebetet werden.
Es wird davon ausgegangen, daß die Grundentscheidung in diesem Leben fällt und nach dem Tod nichts mehr daran zu ändern ist. So wurde alles getilgt, was seit dem Frühmittelalter in die Liturgie eingedrungen war, etwa Gott hinsichtlich dieser Grundentscheidung des Verstorbenen beeinflussen zu wollen.
Seit Benedikt XII. († 1342; Denzinger-Schönmetzer Nr. 1000–1002) werden Verdammnis als definitive Trennung von Gott und Läuterung als noch nicht vollendete Vereinigung mit Gott als wesentlich verschiedene Wirklichkeiten gesehen; im ersteren Fall, von dem wir ja keinerlei Kenntnis haben, hätte das Gebet keinen Sinn.
Auf welche Weise Fürbitten Verstorbenen helfen könnten, entzieht sich menschlicher Kenntnis. Ein mögliches Denkmodell ist, daß Bitten vielleicht dadurch Trost bringen können, daß Gott die Verstorbenen die Solidarität der Fürbitter spüren läßt. Das ist aber nicht in zeitliche Begriffe zu bringen, so daß etwa gesagt werden könnte, die Dauer der Läuterung werde dadurch abgekürzt.
Die Fürbitten am Grab sind Bitten für Verstorbene und Lebende, wobei besondere Beachtung die Bitte „für den aus unserer Mitte, der als erster dem Verstorbenen vor das Angesicht Gottes folgen wird" verdient.

Abschluß

Sinnvolle örtliche Sonderbräuche wie das Singen der Marianischen Antiphon „Salve Regina" oder ggf. eines passenden Osterliedes sollten beibehalten werden. Es empfiehlt sich auch ein feierlicher Schlußsegen.
Das abschließende Segenswort „Herr, gib ihm die ewige Ruhe" ist heute möglicherweise nicht unproblematisch. Vielfach wird darunter nicht die „Ruhe in Gott", sondern „Ruhe von etwas" verstanden. Klemens Tilmann hatte schon 1966 vorgeschlagen, daß die Formulierung der Vorstellungswelt unserer Zeit entsprechen, die Gemeinschaft mit Gott und das Leben mit ihm aussagen, biblische Worte

verwenden und sich nicht unnötig von der gewohnten Formel entfernen sollte. Sein Vorschlag:

Z.: Herr, gib ihm und allen Verstorbenen die Fülle des Lebens.
A.: Und das Licht deiner Herrlichkeit leuchte ihnen.

Z.: Herr, laß sie leben bei dir in Ewigkeit.
A.: Amen.

Denkbar wäre auch, statt „ewiger Ruhe" einfach „ewiges Leben" zu sagen.

Vor dem Verlassen des Friedhofs sollte der Zelebrant den Angehörigen seine Anteilnahme zum Ausdruck bringen.

7. Feuerbestattung und Urnenbeisetzung

Die Feuerbestattung stellt gewissermaßen einen Sonderfall der katholischen Begräbnisordnung dar. Doch hat auch unter Katholiken der Anteil der Feuerbestattungen in den letzten Jahrzehnten zugenommen. Die Kirche sieht in der Erdbestattung eine besondere Ähnlichkeit mit dem Begräbnis Jesu (vgl. PE Nr. 11). Deutlicher als die deutsche BF spricht die römische Begräbnisordnung davon, daß dieser Form des Begräbnisses der Vorzug gegeben wird, „weil der Herr selbst so begraben werden wollte" („Ordo exsequiarum" Nr. 15). Das Kirchenrecht von 1983 bestimmt dazu: „Nachdrücklich empfiehlt die Kirche, daß die fromme Gewohnheit beibehalten wird, den Leichnam Verstorbener zu beerdigen; sie verbietet die Feuerbestattung nicht, es sei denn, sie ist aus Gründen gewählt worden, die der christlichen Glaubenslehre widersprechen" (can. 1167 § 3 CIC).
So sehr sich die katholische Kirche grundsätzlich für die Erdbestattung ausspricht, wirkt sie auch bei der Feuerbestattung, bei Urnenbeisetzungen und Seebestattungen mit. Und obwohl die zunehmenden anonymen Bestattungen

dem christlichen Gedanken von der Würde des Menschen als von Gott mit Namen Gerufenem zu widersprechen scheinen, sollte im Totengedenken der Gemeinde auch der anonym Bestatteten gedacht werden, auch in der Feier eigener Gottesdienste, z.B. auch im Zusammenhang von Beisetzungsfeiern der Anatomischen Institute oder am anonymen Grabfeld eines Friedhofs (vgl. das Wort der deutschen Bischöfe „Unsere Sorge um die Toten und die Hinterbliebenen“ Nr. 2.5).

Im Fall der Einäscherung und der Beisetzung einer Urne ergeben sich für die liturgische Feier zwei Möglichkeiten:

- Wenn nur eine feierliche Verabschiedung stattfindet, so wird in der Friedhofskapelle oder der Aufbahrungshalle oder im Krematorium ein Gottesdienst gefeiert (BF, S. 89–105). Die Urne wird später in einer einfachen Form – mit oder ohne kirchliche Mitwirkung – beigesetzt; BF bietet dafür einen Gottesdienst (S. 119–123).
- Wenn vor der Einäscherung keine kirchliche Feier stattgefunden hat, wird diese zur Beisetzung der Urne in Form des Begräbnisses mit zwei Stationen (BF, S. 71–87) oder in der Form mit einer Station (BF, S. 89–105) abgehalten.

1. Die erstgenannte Form verdient insofern den Vorzug, als das Erleben des Todes und des Abschieds noch ganz unmittelbar ist, so daß die Hinterbliebenen besser disponiert sind, als wenn erst nach Wochen anläßlich der Beisetzung der Urne ein Gottesdienst stattfindet. Allerdings sollte dann diese Verabschiedung erfolgen, bevor der Sarg zum Krematorium überführt wird, da er dort oft längere Zeit steht, bevor die Einäscherung erfolgen kann, zudem eine Teilnahme der Heimatgemeinde im ggf. weit entfernten Krematorium kaum möglich ist.
Fraglich ist, ob die spätere Beisetzung der Urne „ohne kirchliche Mitwirkung“ (BF, S. 121) – und das bedeutet doch durch das Personal des Friedhofs oder des Bestatters und ohne Anwesenheit von Priester, Diakon oder beauftragtem Laien – eine verantwortbare Lösung darstellt.

2. Das zweite Modell beruht auf der Voraussetzung, daß keine liturgische Feier im Zusammenhang mit der Einäscherung stattgefunden hat. Der Gottesdienst findet erst bei der Beisetzung der Urne statt und erfolgt entweder nach der Form des Begräbnisses mit zwei Stationen (BF, S. 71–87) oder nach der des Begräbnisses mit einer Station (BF, S. 89–105). Diese Formen besitzen den Vorzug, daß sich die kirchliche Feier voll entfalten kann, nehmen aber den Nachteil in Kauf, daß der zeitliche Abstand zwischen Todesstunde und Bestattung und somit Gottesdienst unverhältnismäßig groß ist. Die Angehörigen, die längst zu den Verpflichtungen ihres Alltags zurückgekehrt sind, werden noch einmal zusammengerufen, um des Verstorbenen in liturgischer Feier zu gedenken. Die Unmittelbarkeit des Erlebens und der Anteilnahme sind so nicht mehr gegeben.
Aus diesen Überlegungen ergibt sich, daß das erste Modell empfohlen werden sollte.

8. Bestattung eines toten neugeborenen Kindes

Vgl. dazu: Eltern trauern um ihr totes neugeborenes Kind. Hinweise zur seelsorglichen Begleitung. Eine Arbeitshilfe der Pastoralkommission und der Kommission Ehe und Familie der Deutschen Bischofskonferenz (Arbeitshilfen 109), hg. vom Sekretariat der Deutschen Bischofskonferenz, Bonn 1993.

Bei *Totgeburten* besteht in Deutschland nach einzelnen Ländergesetzen Bestattungszwang. Das ist dann gegeben, wenn die Leibesfrucht mindestens 35 Zentimeter groß ist oder nach den Bestimmungen einiger Bundesländer ein Gewicht von 1000 Gramm hat. Inzwischen ist entsprechend einer Forderung der katholischen Kirche im Personenstandsrecht die Gewichtsgrenze zur Unterscheidung von Totgeburten, die im Sterbebuch beurkundet werden, und Fehlgeburten, die nicht in die Personenstandsbücher eingetragen werden, von 1000 auf 500 Gramm abgesenkt worden. Es ist damit zu rechnen, daß in Zukunft alle Kinder von mindestens 500 Gramm, die tot geboren werden oder in der Geburt versterben, bestattet werden müssen.

Fehlgeburten sind Totgeburten, bei denen die Leibesfrucht weniger als 500 Gramm beträgt. Diese unterliegen nicht dem Bestattungszwang, ihre Bestattung kann aber durch die Friedhofssatzung zugelassen werden. Auf Friedhöfen in kirchlicher Trägerschaft – so etwa im Bistum Münster – ist die Bestattung von Fehlgeburten vorzunehmen, wenn wenigstens ein Elternteil dies wünscht. Dazu muß eine ärztliche Bescheinigung vorgelegt werden, die bestätigt, daß es sich um eine menschliche Fehlgeburt handelt.

Für die Beerdigung wird der Ritus für das Begräbnis eines ungetauften Kindes verwendet (BF, S. 107–117.144).

Bei einer Einäscherung ergeben sich für die liturgische Feier zwei Möglichkeiten:

- Findet zur Einäscherung ein Gottesdienst statt, so wird die Urne später in einfacher Form beigesetzt.
- Wenn zur Einäscherung keine kirchliche Feier stattfindet, wird die Urne so beigesetzt wie bei der Erdbestattung.

ERÖFFNUNGSWORT

Gottes Taten und Pläne sind unfaßbar: Dies wird uns schmerzlich bewußt, da wir ein Kind (Kinder) zu Grabe tragen. Kaum war es (waren sie) ins Leben gerufen, hat Gott es (sie) zu sich heimgeholt. Doch gibt uns der Glaube die Gewißheit, daß Gott, der Quell allen Lebens, diesem Kind (diesen Kindern) die Vollendung schenkt. In dieser Zuversicht finden wir Trost.
Wir wollen unseren Herrn Jesus Christus anrufen, in dessen Namen wir uns versammelt haben.

KYRIE-RUFE

Z.: Herr Jesus Christus, du bist selber ein Kind geworden und hast unser menschliches Schicksal mit uns geteilt. Herr erbarme dich (unser).
A.: Herr, erbarme dich (unser).

Z.: Du hast die Kinder geliebt und sie zu dir gerufen: Christus, erbarme dich (unser).
A.: Christus, erbarme dich (unser).

Z.: Du hast den Kindern den Himmel verheißen und ihnen einen Platz im Reich deines Vaters bereitet.
Herr, erbarme dich (unser).
A.: Herr, erbarme dich (unser).

GEBETE

Z.: Gott, du durchschaust die Herzen und tröstet die Trauernden. Du weißt um den Glauben der Eltern, die den Tod ihres Kindes beweinen. Gewähre ihnen Trost in der Zuversicht, daß es (sie) bei dir geborgen ist (sind). So bitten wir durch Christus, unseren Herrn.
A.: Amen.

Oder:

Z.: Herr, unser Gott, höre auf die Fürbitte der seligen Jungfrau Maria, die unter dem Kreuze stand und ihren Sohn sterben sah. Wir bitten dich: Stehe diesen trauernden Eltern bei und schenke auch ihnen die Kraft des Glaubens, der Maria stark gemacht hat. So bitten wir durch Christus, unseren Herrn.
A.: Amen.

Oder:

Z.: Erhöre, Herr, das Gebet deiner Gläubigen. Du hast diesem Kind (diesen Kindern) das Leben geschenkt. Doch noch ehe es (sie) geboren war (waren), hast du es (sie) wieder zu dir genommen.
Wir können deine Pläne nicht begreifen. Aber wir wissen, daß du alle Menschen liebst. Darum bitten wir

dich: Tröste die Eltern in ihrem Schmerz und richte sie auf in der Hoffnung auf deine Güte. Durch Christus, unseren Herrn.

A.: Amen.

SCHRIFTLESUNGEN

Lesung aus dem Buch Rut *(Rut 1,20b–21)*

Mit leeren Händen hat der Herr mich heimkehren lassen

Noomi sagte: Nennt mich nicht mehr Noomi (Liebliche), sondern Mara (Bittere): denn viel Bitteres hat der Allmächtige mir getan. Reich bin ich ausgezogen, aber mit leeren Händen hat der Herr mich heimkehren lassen. Warum nennt ihr mich noch Noomi, da doch der Herr gegen mich gesprochen und der Allmächtige mir Schlimmes angetan hat?

Oder:

Lesung aus dem Buch Jesaja *(Jes 25,6a.7–8b)*

Gott, der Herr, beseitigt den Tod für immer

An jenem Tag wird der Herr der Heere auf diesem Berg – dem Zion – für alle Völker ein Festmahl geben. Er zerreißt auf diesem Berg die Hülle, die alle Nationen verhüllt, und die Decke, die alle Völker bedeckt. Er beseitigt den Tod für immer. Gott, der Herr, wischt die Tränen ab von jedem Gesicht.

Oder:

Lesung aus dem Buch der Klagelieder *(Klgl 3,17–26)*

Gut ist es, schweigend zu harren auf die Hilfe des Herrn

Herr, du hast mich aus dem Frieden hinausgestoßen; ich habe vergessen, was Glück ist. Ich sprach: Dahin ist mein Glanz und mein Vertrauen auf den Herrn. An meine Not und Unrast denken ist Wermut und Gift. Immer denkt meine Seele daran und ist betrübt in mir. Das will ich mir zu Herzen nehmen, darauf darf ich harren: Die Huld des

Herrn ist nicht erschöpft, sein Erbarmen ist nicht zu Ende. Neu ist es an jedem Morgen; groß ist deine Treue. Mein Anteil ist der Herr, sagt meine Seele, darum harre ich auf ihn. Gut ist der Herr zu dem, der auf ihn hofft, zur Seele, die ihn sucht. Gut ist es, schweigend zu harren auf die Hilfe des Herrn.

Oder:

Lesung aus dem zweiten Brief an die Korinther

(2 Kor 5,1.6–10)

Wir haben ein ewiges Haus im Himmel

Wir wissen: Wenn unser irdisches Zelt abgebrochen wird, dann haben wir eine Wohnung von Gott, ein nicht von Menschenhand errichtetes ewiges Haus im Himmel. Wir sind also immer zuversichtlich, auch wenn wir wissen, daß wir fern vom Herrn in der Fremde leben, solange wir in diesem Leib zu Hause sind; denn als Glaubende gehen wir unseren Weg, nicht als Schauende. Weil wir aber zuversichtlich sind, ziehen wir es vor, aus dem Leib auszuwandern und daheim beim Herrn zu sein. Deswegen suchen wir unsere Ehre darin, ihm zu gefallen, ob wir daheim oder in der Fremde sind. Denn wir alle müssen vor dem Richterstuhl Christi offenbar werden, damit jeder seinen Lohn empfängt für das Gute oder das Böse, das er im irdischen Leben getan hat.

ANTWORTPSALMEN

Psalm 25,4–5.6 u. 16.17 u. 20

Kehrvers: Zu dir, o Herr, erhebe ich meine Seele

Oder:

Kehrvers: Wer auf dich hofft, wird nicht zuschanden.

Zeige mir, Herr, deine Wege,
lehre mich deine Pfade!

Führe mich in deiner Treue und lehre mich;
denn du bist der Gott meines Heiles.
Auf dich hoffe ich allezeit.

Denk an dein Erbarmen, Herr,
und an die Taten deiner Huld;
denn sie bestehen seit Ewigkeit.

Wende dich mir zu und sei mir gnädig;
denn ich bin einsam und gebeugt.

Befrei mein Herz von der Angst,
führe mich heraus aus der Bedrängnis!

Erhalte mein Leben und rette mich,
laß mich nicht scheitern!
Denn ich nehme zu dir meine Zuflucht.

Oder:

Psalm 22,2–6 (R: 12a)

Kehrvers: Sei mir nicht fern, denn die Not ist nahe.

Mein Gott, mein Gott, warum hast du mich verlassen,
bist fern meinem Schreien, den Worten meiner Klage?

Mein Gott, ich rufe bei Tag, doch du gibst keine Antwort;
ich rufe bei Nacht und finde doch keine Ruhe.

Aber du bist heilig,
du thronst über dem Lobpreis Israels.
Dir haben unsre Väter vertraut,
sie haben vertraut und du hast sie gerettet.

Zu dir riefen sie und wurden befreit,
dir vertrauten sie und wurden nicht zuschanden.

Du bist es, der mich aus dem Schoß meiner Mutter zog,
mich barg an der Brust der Mutter.

Von Geburt an bin ich geworfen auf dich,
vom Mutterleib an bist du mein Gott.

Sei mir nicht fern, denn die Not ist nahe,
und niemand ist da, der hilft.

EVANGELIUM

Kommt alle zu mir … Ich werde euch Ruhe verschaffen

Aus dem heiligen Evangelium nach Matthäus

(Mt 11,25–30)

In jener Zeit sprach Jesus: Ich preise dich, Vater, Herr des Himmels und der Erde, weil du all das den Weisen und Klugen verborgen, den Unmündigen aber offenbart hast. Ja, Vater, so hat es dir gefallen. Mir ist von meinem Vater alles übergeben worden; niemand kennt den Sohn, nur der Vater und niemand kennt den Vater, nur der Sohn, und der, dem es der Sohn offenbaren will. Kommt alle zu mir, dir ihr euch plagt und schwere Lasten zu tragen habt. Ich werde euch Ruhe verschaffen. Nehmt mein Joch auf euch und lernt von mir; denn ich bin gütig und von Herzen demütig; so werdet ihr Ruhe finden für eure Seele. Denn mein Joch drückt nicht, und meine Last ist leicht.

BEISETZUNG

Bei der Beisetzung kann Erde auf den Sarg geworfen werden. Dazu kann gesprochen werden:
„Von der Erde bist du (seid ihr) genommen, und zur Erde kehrst du (kehrt ihr) zurück. Der Herr aber wird dich (euch) auferwecken."
Das Grab kann mit einem Kreuz bezeichnet werden. Dazu kann ggf. ein Deutewort gesprochen werden, z. B.:
„Im Kreuz unseres Herrn Jesus Christus ist Auferstehung und Heil" oder, wenn über dem Grab ein Kreuz errichtet wird:
„Das Zeichen unserer Hoffnung, das Kreuz unseres Herrn Jesus Christus, sei aufgerichtet über deinem Grab".

GESANG

Ggf. kann bei der Beisetzung gesungen werden. Dafür eignen sich vor allem Gesänge, welche den Glauben der Betroffenen und ihre Hoffnung auf Auferstehung zum Ausdruck bringen, oder das Magnificat, das Benedictus oder

das Nunc dimittis. Man kann auch das Glaubensbekenntnis sprechen.
(Geeignete Gesänge aus dem Gotteslob: Nr. 268; 299; 308; 311; 495,2 und 8; 565; 621; 656.)

FÜRBITTEN

Gott, allmächtiger Vater, in dieser Stunde, in der uns Trauer bedrückt, nehmen wir Zuflucht zum Gebet und rufen zu dir:

- Nimm dieses verstorbene Kind (diese verstorbenen Kinder) auf in das ewige Glück bei dir. – Wir bitten dich, erhöre uns.
- Tröste die Eltern und alle Angehörigen und gib ihnen Kraft aus dem Glauben.
- Nimm von ihnen alle Angst und segne ihre Gemeinschaft.
- Steh allen bei, die sich nach einem Kind sehnen.
- Führe uns alle zur ewigen Vollendung.

Oder:

Unser Herr Jesus Christus hat gesagt: „Laßt die Kinder zu mir kommen; hindert sie nicht daran. Denn Menschen wie ihnen gehört das Reich Gottes." Zu ihm beten wir:

- Für die Kinder, deren Leben in dieser Welt zu Ende ging, noch bevor sie geboren waren: Laß sie zu dir kommen. – Christus, höre uns. – Christus erhöre uns.
- Für die Eltern, die sich auf ihr Kind gefreut und es verloren haben (für die Geschwister und die Großeltern): Tröste sie in ihrem Schmerz.
- Für alle Frauen, die sich vergebens nach einem Kind sehnen: Erfülle ihr Leben mit Sinn und Freude.
- Für alle Frauen, die sich wegen eines Kindes in einer schweren Not befinden und um ein Ja zu ihrem Kind ringen: Laß sie tatkräftige Hilfe erfahren.
- Für die Ärzte, Hebammen und alle, die sich um das Leben und das Wohl der Kinder vor und nach der Geburt mühen: Segne ihre Arbeit.

Fassen wir unser Beten zusammen in den Worten, die uns unser Herr Jesus Christus selbst gelehrt hat:

Vater unser …

SCHLUSSGEBET

Z.: Ewiger Gott, du hast uns durch den Tod und die Auferstehung deines Sohnes, unseres Herrn Jesus Christus, getröstet und gestärkt. Wende uns in Güte dein Antlitz zu und bleib bei uns, bis wir mit verklärtem Leib zum unvergänglichen Leben auferstehen. Durch Christus, unseren Herrn.

A.: Amen.

9. Bestattung, wenn ein kirchliches Begräbnis nicht möglich ist

Die Deutsche Bischofskonferenz und schon früher auch einige österreichische Bischöfe (und vielleicht auch andere) haben in der letzten Zeit Überlegungen angestellt zu einer kirchlichen Mitwirkung an Beerdigungen von Menschen, die aus der Kirche ausgetreten sind und von Nichtkatholiken. Sie haben dafür auch Modelle vorgelegt.

In Deutschland:

Unsere Sorge um die Toten und die Hinterbliebenen. Bestattungskultur und Begleitung von Trauernden aus christlicher Sicht. (Die deutschen Bischöfe 53), Bonn 1994, 63–74.

In Österreich:

Erzdiözese Wien: Gebete mit den Angehörigen bei Beerdigung eines Verstorbenen, der aus der röm.-kath. Kirche ausgetreten ist (1992). Impulse für die pastorale Arbeit Nr. 14, Pastoralamt der Erzdiözese Wien.

Diözese Innsbruck: Handreichung für eine kirchliche Begleitung bei Begräbnissen von Verstorbenen, die aus der röm.-kath. Kirche ausgetreten sind: Verordnungsblatt der Diözese Innsbruck vom 15. September 1993.

Erzdiözese Salzburg: Gebet mit den Angehörigen bei Beerdigung eines Verstorbenen, der aus der röm.-kath. Kirche ausgetreten ist.

Die *Deutsche Bischofskonferenz* hat für das praktische Vorgehen folgende Orientierungen gegeben:

So wie der „letzte Wille" eines Verstorbenen zu achten ist, so muß auch sein Austritt aus der Kirche respektiert werden. Die Hinterbliebenen fragen freilich in dieser Situation, wer ihnen beistehen und sie begleiten kann. Die christliche Gemeinde und die Seelsorger haben gerade in einer solchen Notsituation in besonderer Weise ihre Hilfe anzubieten.
Vor der Entscheidung, ob eine kirchliche Mitwirkung bei der Bestattung eines Katholiken, der aus der Kirche ausgetreten ist, möglich ist, muß geklärt werden, warum eine kirchliche Mitwirkung gewünscht wird. Zu klären ist auch, welche Gründe ursprünglich für den Kirchenaustritt maßgeblich waren. Geht der Wunsch nach einer kirchliche Beisetzung noch zu Lebzeiten vom Betroffenen selber aus, so sind seine Motive möglichst mit ihm selber zu erörtern, andernfalls mit seinen Angehörigen.

Folgende Fragen sind zu bedenken:

- Hat der Verstorbene noch vor seinem Tod irgendwelche Zeichen der Reue gezeigt?
- Hat er selbst noch den Wunsch geäußert, kirchlich be-

stattet zu werden, oder hat er dies ausdrücklich abgelehnt?
- Wie war konkret die Praxis seines Lebens als Christ und als Glied der Kirche?
- Aus welchen Motiven ist er aus der Kirche ausgetreten?
- Aus welchem Grunde wünschen der Betreffende bzw. die Angehörigen eine kirchliche Bestattung?

Ein solches seelsorgliches Gespräch ist *verpflichtende* Voraussetzung für die Entscheidung, ob und in welcher Weise eine kirchliche Mitwirkung bei der Bestattung erfolgen kann. Es wäre wünschenswert, wenn, bei aller notwendigen Respektierung der schwierigen persönlichen Situation der Betroffenen, die Entscheidung in Rücksprache mit Verantwortlichen in der Gemeinde geschehen würde (z.B. Pfarrgemeinderatsvorsitzende/r). So wird die Mitverantwortung der ganzen Gemeinde berücksichtigt. Zugleich aber kann durch die Teilnahme der Ortsgemeinde bzw. eines Vertreters an der Feier des kirchlichen Begräbnisses deutlich gemacht werden, daß die Gemeinde sowohl dem Verstorbenen als auch den Angehörigen einen Dienst christlicher Liebe erweist.
Findet eine Bestattung unter kirchlicher Mitwirkung statt, so kann erwogen werden, die Gemeinde (z.B. im Gottesdienst) darüber zu informieren, insbesondere, daß die Entscheidung nach gründlicher Prüfung der individuellen Situation erfolgt ist.

Hinsichtlich der Form der kirchlichen Mitwirkung bei einer Bestattung zeichnen sich drei Möglichkeiten ab:

a) Kirchliches Begräbnis und Begräbnismesse (entsprechend dem Rituale und dem Meßbuch);
b) Kirchliches Begräbnis *ohne* Begräbnismesse (gegebenenfalls Einladung zu einer Gemeindemesse);
c) Teilnahme des Seelsorgers am Begräbnis (Gebetsvorschlag vgl. Anhang).

Welche der drei Formen gewählt wird, hängt von der jeweiligen Situation ab. Es lassen sich aber einige Orientierungen nennen:

- Begräbnismesse und kirchliches Begräbnis kommen nur dann in Betracht, wenn der Verstorbene vor seinem Tod noch deutliche Zeichen der Reue gezeigt hat bzw. im Gespräch mit den Angehörigen deutlich wird, daß der Verstorbene trotz seines Austritts dem kirchlichen Leben und Glauben verbunden war.
- Ein kirchliches Begräbnis ohne Begräbnismesse kann in Erwägung gezogen werden, wenn der Verstorbene zwar keine Zeichen der Reue gezeigt hat, im Gespräch mit den Angehörigen aber deutlich wird, daß er trotz seines Austritts ein gläubiger Mensch war, der im Kontakt zur Kirche stand. Gegebenenfalls können die Angehörigen zur Feier der Gemeindemesse eingeladen werden, in der des Verstorbenen im Gebet gedacht wird.
- Die Teilnahme des Seelsorgers an einem Begräbnis kann in Betracht gezogen werden, wenn der Verstorbene selbst zwar in Distanz zu Glaube und Kirche gelebt hat, aber die Angehörigen bewußt in und mit der Kirche leben und aufgrund ihrer eigenen Glaubens- und Lebenspraxis um Unterstützung der Kirche beim Begräbnis ihres Verstorbenen bitten. Die Teilnahme eines Seelsorgers sowie das im Anhang vorgeschlagene „Gebet, wenn ein kirchliches Begräbnis nicht möglich ist“, können die Angehörigen in ihrer Trauer stützen und sie mit dem Trost des Fürbittgebetes begleiten.
  Auch in diesen Fällen können die Angehörigen zur Mitfeier einer Gemeindemesse eingeladen werden. Es ist ihnen aber auch verständlich zu machen, daß die Respektierung der Entscheidung des Verstorbenen eine weitergehende kirchliche Mitwirkung am Begräbnis verhindert.
- Eine kirchliche Mitwirkung kann nicht gewährt werden, wenn weder beim Verstorbenen, der aus der Kirche ausgetreten ist, „die Zeichen der Reue“ noch eine aktive Kirchlichkeit im o. g. Sinne festzustellen ist und/oder sei-

tens der Angehörigen für den Wunsch nach einer kirchlichen Bestattung nur äußere Gründe genannt werden (z. B. Verschönerung des Begräbnisses oder Wahrung des öffentlichen Ansehens).

Sorgfältig ist vor einer Entscheidung über die Form der kirchlichen Teilnahme an der Bestattung die Problematik des möglichen Entstehens eines öffentlichen Ärgernisses zu bedenken. In ländlichen Gemeinden z. B. ist der Bekanntheitsgrad eines Verstorbenen meist höher als in städtisch geprägten Regionen. Aber umgekehrt ist auch zu berücksichtigen, daß die prinzipielle Ablehnung einer kirchlichen Mitwirkung auf Unverständnis stoßen und mit dazu beitragen kann, das Verhältnis der Angehörigen zur Kirche zu belasten. Bei allem Verständnis für die Not der Trauernden kann die Kirche aber nicht generell ein kirchliches Begräbnis von aus der Kirche Ausgetretenen zulassen. Es bleiben immer Einzelentscheidungen.
Eine gemeinsame Regelung (in Rücksprache mit dem Diözesanbischof) auf regionaler Ebene ist aber auf Dauer notwendig, um einvernehmlich zu reagieren. Auch sollten die Bestatter und die Friedhofsverwaltungen entsprechend informiert werden.

WORTGOTTESDIENST

1. *Einleitendes Wort,* in dem erklärt wird, warum dieses Gebet stattfindet, z. B.:

Wir sind zusammengekommen, um Abschied zu nehmen von Herrn/Frau N. ... Wir achten dabei die freie Entscheidung von Herrn/Frau N., der/die seine/ihre äußere Beziehung zur Kirche gelöst hat (der/die sich von der Kirche getrennt hat). Wir achten dabei aber auch sein/ihr Getauftsein, durch das er/sie mit Christus verbunden worden ist. Der Glaube, daß die Taufe mit Christus und untereinander verbindet, läßt uns füreinander und für den/die Verstorbene/n beten.

Oder:

Wir haben uns in dieser Stunde eingefunden, um von einem Mitmenschen Abschied zu nehmen. Jeder Abschied schmerzt und macht traurig, und wir nehmen Anteil am Leid der Angehörigen. Dieses Leid mag besonders schwer sein, da der/die Verstorbene nicht in der Gemeinschaft der Kirche nach dem Sinn und Ziel seines/ihres Lebens gesucht hat, sondern aus der Kirche ausgetreten ist. So schmerzlich dieser Schritt ist, er muß dennoch von uns geachtet werden. Es steht uns nicht zu, seine/ihre Entscheidung über sein/ihr Tun zu beurteilen. Gott allein kennt das Innerste des Menschen, er kennt sein Gutsein und sein Versagen. Er allein weiß um das entscheidende Wollen des Menschen. An uns liegt es, daß wir auf das Gebet vertrauen und an die erbarmende Liebe Gottes glauben. So sind wir jetzt als Gebetsgemeinschaft versammelt und wollen einander im Glauben stärken. Wir nehmen Anteil am Schmerz und an der Trauer der Angehörigen, schöpfen Hoffnung und Trost aus den Worten der Heiligen Schrift und empfehlen den/die Verstorbene/n der erbarmenden Liebe Gottes.

2. *Im Namen des Vaters* und des Sohnes und des Heiligen Geistes. Amen.

3. *Gebet*

Z.: Ewiger Gott und Vater!
In dieser Stunde,
blicken wir in unserer Hilflosigkeit zu dir auf.
Wir stehen ohnmächtig der Macht des Todes gegenüber.

So wenden wir uns an dich, den Vater aller Menschen, und bitten:

Sei unserem (unserer) Verstorbenen gnädig.
Aus Liebe hast du ihn (sie) ins Leben gerufen
und zur Gemeinschaft mit dir bestimmt.
Vergib ihm (ihr) alle Schuld seines (ihres) Lebens.
Erlöse ihn (sie) von allem Übel,
und nimm ihn (sie) auf in deinen ewigen Frieden.

Sei du selbst der Trost
und die Kraft seiner (ihrer) Angehörigen.
Führe uns alle einmal durch das dunkle Tal des Todes
zum Licht deiner ewigen Herrlichkeit
und laß uns dann die Gemeinschaft
mit allen, die uns hier nahestanden, erleben.
So bitten wir durch Jesus Christus,
der uns durch Leiden und Tod vorausging in dein Reich,
wo er bei dir lebt
und mit dir herrscht in Ewigkeit.

A.: Amen.

Oder:

Z.: Allmächtiger Gott, hilflos stehen wir dem Sterben unserer Lieben gegenüber; es fällt uns schwer, deine Pläne zu begreifen und zu bejahen. Der Tod ist unabänderlich. Du aber hast uns deinen Sohn gesandt und ihn für uns alle dahingegeben. Darum können uns weder Trübsal noch Bedrängnis, ja nicht einmal der Tod von deiner Liebe trennen. Erhalte in uns diesen Glauben und führe unseren Bruder (unsere Schwester) zum neuen Leben. Durch Christus, unseren Herrn.

4. Schriftlesung

Johannes 14,1–3
Aus dem heiligen Evangelium nach Johannes.
In jener Zeit sprach Jesus zu seinen Jüngern:
Euer Herz lasse sich nicht verwirren.
Glaubt an Gott, und glaubt an mich:
Im Haus meines Vaters gibt es viele Wohnungen.
Wenn es nicht so wäre, hätte ich euch dann gesagt:
Ich gehe, um einen Platz für euch vorzubereiten?
Wenn ich gegangen bin
und einen Platz für euch vorbereitet habe,
komme ich wieder und werde euch zu mir holen,
damit auch ihr dort seid, wo ich bin.

Oder:

Johannes 3,16–17
Aus dem heiligen Evangelium nach Johannes.
In jener Zeit sprach Jesus zu Nikodémus.
Gott hat die Welt so sehr geliebt,
daß er seinen einzigen Sohn hingab,
damit jeder, der an ihn glaubt,
nicht zugrunde geht, sondern das ewige Leben hat.
Denn Gott hat seinen Sohn nicht in die Welt gesandt,
damit er die Welt richtet,
sondern damit die Welt durch ihn gerettet wird.

5. Stilles Gedenken

6. Gebet des Herrn

Vater unser im Himmel.
Geheiligt werde dein Name.
Dein Reich komme.
Dein Wille geschehe, wie im Himmel so auf Erden.
Unser tägliches Brot gib uns heute.
Und vergib uns unsere Schuld,
wie auch wir vergeben unsern Schuldigern.
Und führe uns nicht in Versuchung,
sondern erlöse uns von dem Bösen.
Denn dein ist das Reich
und die Kraft
und die Herrlichkeit in Ewigkeit.
Amen.

7. Abschluß

Herr, gib ihm (ihr) die ewige Ruhe,
und das ewige Licht leuchte ihm (ihr).
Laß ihn (sie) ruhen in Frieden.
Amen.

Der Sarg oder die Urne kann mit Weihwasser besprengt werden.

Totengedenken in der Gemeinde

1. Gedächtnisse: Sechswochenamt, Jahrgedächtnis, monatliches Totengedenken

In der Antike wurde an bestimmten Tagen nach dem Tod – so z.B. am 3., 7. oder 30. Tag – und am Jahrestag am Grabe ein Totenmahl gehalten, bei dem der Verstorbenen gedacht wurde. Die Christen verstanden dieses Mahl nicht als eine Darbringung von Speisen für den Toten, sondern als Vorbild des himmlischen Mahles und der Erquickung (refrigerium) der auserwählten Seele. Die Darbringung der Eucharistie für den Verstorbenen hat sich an den Tagen, die für das Totenmahl üblich waren, wohl schon im 2. Jahrhundert eingebürgert. Eine Eucharistiefeier anläßlich der Beisetzung selbst war hingegen vor dem 4. Jahrhundert nicht bekannt und ist in den Ostkirchen kein allgemeiner Brauch geworden.

Wenn heute von Phasen der Trauer, von der Trauer als Statusübergang (vgl. Y. Spiegel, Der Prozeß des Trauerns, Mainz-München 4. Aufl. 1981; vgl. oben S. 118) gesprochen wird, so mag sich im überlieferten Brauch des sogenannten *Sechswochenamtes* zeigen, welche Bedeutung solche liturgischen Feiern zu bestimmten Zeiten in der Totenliturgie immer schon hatten. Dort, wo das Sechswochenamt Brauch ist, kehren die unmittelbaren Angehörigen des Verstorbenen am Tag dieser Eucharistiefeier wieder voll und ganz ins alltägliche Leben zurück. An diesem Tag trifft sich die Familie zur Gedächtnismesse, vor noch gar nicht langer Zeit legten die Hinterbliebenen die strenge Trauerkleidung ab und es erfolgte die Testamentseröffnung.

Das *Jahrgedächtnis* hat ebenfalls noch immer große Bedeutung. Wenn möglich, sollte dem Wunsch der Hinterbliebenen entsprochen werden, die in guter Tradition für diesen Tag eine Gedächtnismesse wünschen (vgl. die Meßfeier am Gedächtnistag des Todes eines Heiligen). Spätestens nach einem Jahr wurde früher jedes Zeichen der Trauer abgelegt, heute meist schon nach sechs Wochen, wenn überhaupt noch Trauerkleidung getragen wird. Die „Meßfeier für Verstorbene" kennt das Sechswochenamt nicht ausdrücklich, sondern hat lediglich die Rubriken: Am Begräbnistag, Beim Jahrgedächtnis, Verschiedene Meßfeiern. Doch ist es unschwer möglich, aus den letzten beiden Kapiteln Meßformulare und Texte für das Sechswochenamt dort, wo es üblich ist, zu wählen. Dieser Brauch sollte keinesfalls verlorengehen.

Einige Gemeinden haben ein *monatliches Totengedenken* eingeführt. Am Abend eines monatlich wiederkehrenden Wochentages wird zu einer Eucharistiefeier für die Verstorbenen dieses Monats aus den letzten Jahrzehnten bzw. Jahren eingeladen. Dabei werden die Namen dieser Verstorbenen genannt. Es kann für jedes Jahr nach dem Verlesen der Namen eine Kerze entzündet werden (vgl. S. 302). Darüber hinaus kann jeder, der die Fürbitte der Gemeinde für einen Verstorbenen wünscht, den Namen in einen Fürbittkasten einwerfen und – nach freiem Ermessen – eine Fürbittgabe für die sozialen Anliegen der Gemeinde damit verbinden (vgl. zum Meßstipendium S. 315).

Die Farbe der Paramente sollte an den Gedächtnistagen keinesfalls schwarz sein.

2. *Allerseelen*

Dieser Gedenktag aller verstorbenen Gläubigen am 2. November ist ein Gedächtnis eigener Art, denn er paßt nicht in das übliche Schema des liturgischen Kalenders. Er ist weder Hochfest noch Fest, steht in der Rangordnung aber mit den „Hochfesten des Herrn, der seligen Jungfrau Maria und jenen Heiligen, die im Generalkalender verzeichnet sind“ (Grundordnung des Kirchenjahres) auf einer Stufe. Ein solches Jahrgedächtnis für alle verstorbenen Gläubigen begegnet erstmals bei Isidor von Sevilla († 636), in dessen Mönchsregel es heißt: „Für die Geister der Verstorbenen soll Gott am Tag nach Pfingsten das Opfer dargebracht werden, auf daß sie, des seligen Leidens teilhaft geworden, ihre Leiber am Tag der Auferstehung reiner empfangen.“ Abt Odilo von Cluny ordnet dieses Gedächtnis 998 für alle ihm unterstellten Klöster für den 2. November an, und zwar bewußt im Hinblick auf Allerheiligen.

Eine Besonderheit heute ist es, daß an diesem Tag jeder Priester drei Messen vorstehen darf. Aufgrund eines besonderen Indultes dürfen alle Priester drei Stipendien (vgl. S. 315) unter der Bedingung annehmen daß die Stipendien der zweiten und dritten Messe abgeführt werden und nicht beim Priester verbleiben. Diese drei Messen gehen auf Benedikt XV. zurück, der 1915 den bis dahin nur auf der Iberischen Halbinsel und in Lateinamerika verbreiteten Brauch auf die Gesamtkirche ausdehnte. Der Grund dafür: Es sollte ein Ausgleich für jene Meßstiftungen früherer Jahrhunderte gehalten werden, die in Vergessenheit geraten waren.

2.1 Gräbersegen

Es dürfte inzwischen wohl in fast allen Gemeinden üblich sein, sich am Nachmittag des Allerseelentages oder von Allerheiligen, da wo dieser Tag ein (arbeitsfreier) Feiertag

ist, auf dem Friedhof (oder doch wenigstens in der Kirche) zu versammeln, um für die Verstorbenen zu beten. Das „Benediktionale“ sieht S. 72–79 einen Wortgottesdienst zur „Segnung der Gräber“ vor, zu dessen Einleitung es heißt: Bei dieser Feier „werden Tod und Trauer im Lichte der Frohbotschaft Christi gesehen: ‚Ich bin die Auferstehung und das Leben; wer an mich glaubt, wird leben, auch wenn er stirbt, und jeder, der lebt und an mich glaubt, wird in Ewigkeit nicht sterben‘ (Joh 11,25). Die Gläubigen bezeugen bei dieser Feier ihre Verbundenheit mit den Verstorbenen; ihr Tod erinnert sie an die Vergänglichkeit des eigenen Lebens; gemeinsam bekennen sie sich zur Hoffnung auf die Auferstehung. Da auch Menschen an dieser Feier teilnehmen, die wenig Kontakt mit der Kirche haben, erhält bei diesem Anlaß die Verkündigung des christlichen Glaubens eine besondere Bedeutung.“
Mit dieser Beschreibung wird auch deutlich, daß es bei dieser Segnung der Gräber um eine Segnung im eigentlichen Sinne nicht geht. Einen Gegenstand segnen, heißt Gott zu loben und anzurufen zugunsten der Menschen, die diesen Gegenstand benutzen. Nun gebraucht aber der Verstorbene sein Grab nicht, denn er selbst liegt ja nicht hier, sondern nur das, was von seinem Leib übrig geblieben ist. Es kann daher sinnvollerweise keine Grabsegnung im Hinblick auf den Toten geben (vgl. S. 320).
Alternativ zu dem Formular des „Benediktionale“ kann auch folgendes Modell benutzt werden:
Wenn der Gräbersegen mit einem Wortgottesdienst in der Kirche (oder Friedhofskapelle) entsprechend den Vorschlägen auf S. 301 und 307 verbunden wird, beginnt die Feier auf dem Friedhof sogleich mit dem Segensgebet über die Gräber.

Die Gemeinde versammelt sich in der Kirche, in der Friedhofskapelle oder auf einem freien Platz auf dem Friedhof.

Zu Beginn: Lied oder Orgelspiel.

Der Zelebrant begrüßt die Gemeinde und gibt eine Einführung in die gottesdienstliche Feier. Darauf spricht er das Gebet für die Verstorbenen:

P.: Laßt uns beten.
Allmächtiger, ewiger Gott,
wer dich anruft,
darf auf dein Erbarmen hoffen,
sei gnädig mit unseren verstorbenen Brüdern und Schwestern,
deren Leiber wir auf diesem Friedhof zu Grabe getragen haben.
Nimm sie auf in die Schar der Heiligen,
die dein Angesicht schauen,
denn sie haben im Leben und im Sterben
an dich geglaubt und auf dich vertraut.
So bitten wir durch unsern Herrn Jesus Christus,
deinen Sohn, der in der Einheit des Heiligen Geistes
mit dir lebt und herrscht in Ewigkeit.
A.: Amen.

SCHRIFTLESUNG

Es können eine oder mehrere Perikopen mit Zwischengesängen gewählt werden.

HOMILIE

War die Gemeinde in der Kirche oder in der Friedhofskapelle versammelt, so zieht sie jetzt in Prozession auf den Friedhof. Dort spricht der Zelebrant den *Gräbersegen.*

P.: Unsere Hilfe ist im Namen des Herrn.
A.: Der Himmel und Erde erschaffen hat.

P.: Laßt uns beten.
Herr und Gott,
du hast Himmel und Erde erschaffen
und den Menschen, der in der Knechtschaft
des Todes gefangen war,
durch die Taufe zu neuem Leben befreit.
Du hast unsern Herrn Jesus Christus,
der die Macht des Todes vernichtet hat,
zum Heil der Gläubigen auferweckt
und schenkst allen,

die Glieder seines Leibes sind,
Anteil an seiner Auferstehung.
Wir bitten dich:
Erfülle diese Verheißung auch an denen,
die wir der Erde dieses Friedhofs anvertraut haben,
und stärke unsere Hoffnung
auf ein Wiedersehen mit ihnen.
Durch Christus, unsern Herrn.

A.: Amen.

P.: Der Segen des allmächtigen Gottes,
des Vaters und des Sohnes
und des Heiligen Geistes,
komme herab auf unsere Verstorbenen.
Der Herr schenke allen,
die in Christus entschlafen sind,
Frieden und ewiges Leben.

A.: Amen.

Wo es üblich ist, werden jetzt die Gräber, auf denen Lichter stehen können (so vor allem auf kommunalen Friedhöfen), mit Weihwasser besprengt. Die Gemeinde nimmt je nach den örtlichen Gegebenheiten daran Anteil:
1. Die Gemeinde zieht in Prozession über die Hauptwege des Friedhofs. Währenddessen Gesang von Liedern oder Litaneien oder Gebet des Rosenkranzes.
2. Die Gemeinde bleibt auf dem freien Platz am Friedhofskreuz. Dort Gebet und Gesang, bis die Segnung der Gräber beendet ist.
3. Die einzelnen Gläubigen begeben sich an die Gräber ihrer Angehörigen. Um sie zu kennzeichnen, werden dort Lichter angezündet. Diese Form hat sich besonders auf kommunalen Friedhöfen bewährt.
Die gottesdienstliche Feier schließt mit einem *Fürbittgebet* für die Verstorbenen (S. 240f.; BF S. 171–176) und dem gemeinsam gesprochenen *Vaterunser,* dem das *Schlußgebet* des Zelebranten folgt.

P.: Laßt uns beten.
Unerforschlicher Gott,
am Kreuz hat Christus den Tod auf sich genommen,
den alle Menschen sterben;
du aber hast deinen geliebten Sohn auferweckt.
Wir bitten dich:
Erbarme dich unserer
verstorbenen Brüder und Schwestern,

und gib ihnen Anteil am Ostersieg
unseres Herrn Jesus Christus.
Der in der Einheit des Heiligen Geistes
mit dir lebt und herrscht in Ewigkeit.

A.: Amen.

Wo es angebracht ist, kann die Gemeinde in Prozession in die Kirche oder in die Friedhofskapelle zurückziehen, um dort das Totengedenken zu beenden.

SCHLUSSEGEN

2.2 Wortgottesdienste zum Totengedächtnis

Alle Wortgottesdienste lassen sich mit einer Segnung der Gräber verbinden.

WORTGOTTESDIENST MIT DEN NAMEN ALLER VERSTORBENEN

Diese Form ist nicht nur für den Allerseelentag, sondern auch für ein monatliches Totengedenken (s. S. 296) geeignet und kann auch mit einer Eucharistiefeier verbunden werden.

Zum Einzug:

GL 661,1 Den Menschen, die aus dieser Zeit, oder:
GL 654 Mitten wir im Leben sind

Eröffnung:

Z.: Im Namen des Vaters und des Sohnes und des Heiligen Geistes.
Der Herr über Leben und Tod sei mit euch.

A.: Und mit deinem Geiste.

Z.: Allmächtiger und guter Gott. Du hast uns hier zusammengeführt, um derer zu gedenken, die der Tod im vergangen Jahr aus diesem Leben weggenommen hat.

Wir glauben, daß du deinen Sohn als Ersten von den Toten auferweckt hast. Stärke unsere Hoffnung, daß du auch unsere Schwestern und Brüder und uns alle auferwecken wirst zum ewigen Leben. Darum bitten wir dich durch deinen Sohn, unseren Herrn und Bruder.

A.: Amen.

Totengedenken:

Die Gemeinde setzt sich.
Im Chor steht ein Kantor (Schola), am Ambo für jeden Monat jeweils ein(e) Lektor(in), der (die) die Namen der Toten eines jeden Monats vorliest.

L.: Wir gedenken derer, die im November (bzw. entsprechender Monat) des vergangenen Jahres gestorben sind: N. N.

Nach dem Verlesen der Namen des jeweiligen Monats geht L zur von Anfang an im Altarraum brennenden Osterkerze, entzündet eine kleine Kerze daran und stellt diese auf einem (ggf. zwölfarmigen) Leuchter in unmittelbarer Nähe des Altares auf. Entsprechend tun dies alle Lektoren, so daß am Schluß dort für die Toten jeden Monats (oder auch für jeden Verstorbenen, wenn die Anzahl geringer ist) eine Kerze brennt.

Nach jedem Anzünden singt der (die) Kantor(in) den folgenden Ruf, den die Gemeinde wiederholt:

GL 85,1 Ewiges Leben

Oder einen der folgenden Rufe:

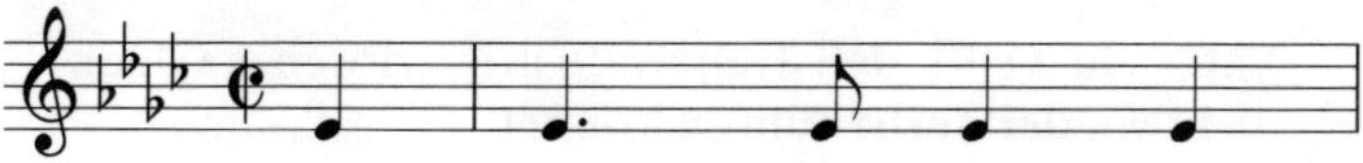

Gib Frie - den, Herr, den
Er - ret - te, Herr, die
Seg - ne, Herr, die
Sei gnä - dig, Herr, den
Er - barm' Dich, Herr, den
Schenk Freu - de, Herr, den

See - len Dei - ner Die - ner!
See - len Dei - ner Die - ner!
See - len Dei - ner Die - ner
See - len Dei - ner Die - ner!
See - len Dei - ner Die - ner!
See - len Dei - ner Die - ner!

Nachdem alle Namen verlesen sind und der letzte Ruf verklungen ist, stehen alle auf, und der Zelebrant beschließt diesen Teil des Gottesdienstes mit folgender Oration:

Z.: Gott, unser Vater,
du hast uns hier zusammengeführt,
um dein Wort zu hören,
die Gemeinschaft mit dir und untereinander zu feiern
und unser Tun in einer Welt voller Leid und Trauer
zu bedenken.

Wir wissen nicht,
weshalb Leid und Tod unser Leben durchkreuzen,
weshalb der Weg zu dir, unserem Vater,
nur über das Kreuz führt,
weshalb Menschen immer wieder
alle menschlichen Hoffnungen zerschlagen werden.

Aber du willst,
daß wir über alle Deutungen hinweg

den Trauernden zugewandt sind
und so Trost bringen im Teilen des Leidens,
mit unserer Sym-pathie, mit unserem Mit-Leiden.

Vater, du weißt, daß Trauernde ihr verlorenes Glück
nicht wieder herbeiführen können,
daß sie an den Rand
weltlicher Hoffnungen und Sicherheiten geraten,
daß sie Heil und Trost nur von dir erwarten können.

Du willst nicht,
daß wir uns an Menschen und Dinge klammern
und bei ihrem Verlust mit ihnen untergehen.
Du willst, daß wir zur Erkenntnis
unserer Endlichkeit
und Erlösungsbedürftigkeit gelangen
und dadurch zur Entscheidung für den Weg Jesu.
Dann kann auch Trauer zum Heil führen,
denn Trauer, wie du sie willst, bewirkt Umkehr.

Dein Sohn hat uns gesagt,
daß wir, seine Jünger, traurig sein werden
und die Welt diese Trauer nicht verstehen wird.
Doch wenn er wiederkommt,
wird unsere Trauer in Freude verwandelt,
so hoffen wir.
In dieser Hoffnung können wir tun,
was notwendig ist, in dem Wissen,
daß die Dinge dieser vergänglichen Welt
enttäuschen müssen
und es verläßlichen Halt nur bei dir gibt,
dem Vater unseres Bruders Jesus,
der in der Einheit des Heiligen Geistes
in deiner Kirche lebt, jetzt und in alle Ewigkeit.

A.: Amen.

ggf. GL 657,1–3.8 Ach wie flüchtig, ach wie nichtig

Wortgottesdienst

Lesung Jes 25,6a.7–9
Antwortgesang Ps 23 (GL 718 im Wechsel)
Evangelium Joh 11,17–27
Homilie/Predigt

Fürbitten

Der Liedruf nach den einzelnen Fürbitten wird im Wechsel zwischen Kantor(in) und Gemeinde gesungen.

Z.: Im Namen Jesu, der die Macht des Todes überwunden hat, beten wir:
L.: Für die Verstorbenen, denen dieses Gedächtnis heute besonders gilt: laß ihr Leben nicht verloren, sondern geborgen sein in Dir.
K./A.: GL 526,5 Herr, erhebe dich.

L.: Für alle, die zu diesen Toten in Liebe und Verbundenheit gehören: laß sie nicht verzweifeln in ihrer Trauer, sondern laß die Hoffnung wachsen in ihnen.
K./A.: Herr, erhebe dich.

L.: Für alle, die zu dieser Stunde, da wir uns hier versammelt haben, vom Tod bedroht sind. Steh du ihnen bei in ihrer Todesnot.
K./A.: Herr, erhebe dich.

L.: Für alle Verstorbenen: laß sie Heimat, Freude und Frieden erfahren bei Dir.
K./A.: Herr, erhebe dich.

Z.: Allmächtiger Vater, laß alle Deine Güte erfahren, die Du als Deine Kinder angenommen hast, durch Jesus Christus, unseren Herrn.
A.: Amen.

Wird dieser Wortgottesdienst mit einer Eucharistiefeier verbunden, kann jetzt mit der Gabenbereitung fortgefahren werden.

Vater unser …

Z.: Wir haben deinen Geist empfangen
Darum wagen wir es, zu dir,
der Macht hat über Leben und Tod,
so zu sprechen:

A.: Vater unser im Himmel …

Friedensgruß:

Z.: Gott, unser Vater,
hat seinen Christus gesandt,
um zu heilen, die gebrochenen Herzens sind,
die Betrübten zu trösten,
die Verzagten wieder aufzurichten
und allen die Verheißung
seines Friedens zu bringen.
So bitten wir ihn,
unseren Herrn und Bruder Jesus Christus:
Schau nicht auf unser Versagen,
sondern auf den Glauben deiner Kirche
und schenke ihr Einheit und Frieden.
Der Friede des Herrn sei allezeit mit euch.

A.: Und mit deinem Geiste.

Schlußgebet:

Z.: Allmächtiger, ewiger Gott,
Du lenkst unser Leben nach deinen Plänen.
Für dich sind wir erschaffen und füreinander.
Unruhig ist unser Herz, bis es ruht in dir.
Wir bitten dich:
Sei uns nahe in allen Stunden.
Laß uns dich suchen,
du Licht unserer Dunkelheit.
Laß uns unterwegs bleiben zu dir,
du Sehnsucht unserer Wege.
Laß uns dich finden und in dir uns wiederfinden,
du unser Anfang und unser Ziel,

du unser Gott,
der war und der ist und der bleibt.
Darum bitten wir
durch Jesus Christus unsern Herrn:

A.: Amen.

Schlußlied:

GL 291,1 u. 3 Wer unterm Schutz des Höchsten, oder:
GL 622 Hilf, Herr meines Lebens

Schlußsegen: s. S. 247, *oder:*

Z.: Der Herr segne euch und behüte euch;
der Herr lasse sein Angesicht leuchten über euch und sei euch gnädig;
der Herr hebe sein Angesicht über euch und gebe euch Frieden.
So segne euch der dreieinige Gott:
der Vater und der Sohn und Heilige Geist.

A.: Amen.

Der Schlußsegen entfällt, wenn anschließend die Gräbersegnung stattfindet.

FÜRBITTGOTTESDIENST

Auch in dieser Form können die Namen der im vergangenen Jahr verstorbenen Pfarrangehörigen genannt werden.

Orgelspiel

ERÖFFNUNG

Z.: Die Trauer um unsere verstorbenen Brüder und Schwestern verbindet uns in dieser Stunde. Wir wollen miteinander bedenken, daß wir nicht nur hilflose Menschen sind, sondern Brüder und Schwestern Jesu Christi, der sein Leben hingegeben hat für uns alle.

Gemeindelied (GL)

Z.: Laßt uns beten.
Herr, sei unseren Verstorbenen ein barmherziger Vater.
Du hast ihnen in der Taufe dein Leben geschenkt.
Bring dieses Leben zur Vollendung
und offenbare an ihnen
die Herrlichkeit der Kinder Gottes.
Durch unsern Herrn Jesus Christus, deinen Sohn,
der in der Einheit des Heiligen Geistes
mit dir lebt und herrscht in Ewigkeit.
A.: Amen.

LESUNG

Lesung aus dem Buch Jesaja *(Jes 25,8–9)*
Gott, der Herr, beseitigt den Tod für immer. Er wischt die Tränen ab von jedem Gesicht. Auf der ganzen Erde nimmt er von seinem Volk die Schande hinweg. Ja, der Herr hat gesprochen. An jenem Tag wird man sagen: Seht, das ist unser Gott, auf ihn haben wir unsere Hoffnung gesetzt, er wird uns retten. Das ist der Herr, auf ihn setzen wir unsere Hoffnung. Wir wollen jubeln und uns freuen über seine rettende Tat.

HOMILIE

Gemeindelied (GL)

FÜRBITTEN (möglichst mit 2 Lektoren)

Z.: Wir gedenken in Liebe der Verstorbenen, die mit uns den Weg des Lebens gegangen sind und die Gott zu sich gerufen hat:

1. L.: Aus dem zweiten Buch der Makkabäer
(vgl. 2 Makk 12,44f.)
Es ist ein heiliger und heilsamer Gedanke, für die Verstorbenen zu beten, damit sie von ihren Sünden erlöst werden.

2. L.: Namen der Verstorbenen.
– Stille –

Als Antwort der Gemeinde jeweils ein Kyrieruf („Gotteslob") oder eine geeignete Liedstrophe oder die Liedzeilen: Preis dir, du Sieger auf Golgatha, Sieger wie keiner, halleluja!

1. L.: Aus dem Brief an die Philipper. *(Phil 1,6)*
Ich vertraue darauf, daß er, der in euch das gute Werk begonnen hat, es auch vollenden wird bis zum Tage Christi Jesu.
2. L.: Namen der Verstorbenen.
– Stille –
Antwort der Gemeinde.
1. L.: Aus dem Brief an die Kolosser. *(Kol 3,1.4)*
Ihr seid mit Christus auferweckt; darum strebt nach dem, was im Himmel ist, wo Christus zur Rechten Gottes sitzt. Wenn Christus, unser Leben, offenbar wird, dann werdet auch ihr mit ihm offenbar werden in Herrlichkeit.
2. L.: Namen der Verstorbenen.
– Stille –
Antwort der Gemeinde.
1. L.: Aus dem Buch Jesaja. *(Jes 52,10)*
Alle Enden der Erde werden schauen das Heil unseres Gottes.
2. L.: Namen der Verstorbenen.
– Stille –
Antwort der Gemeinde.
1. L.: Aus der geheimen Offenbarung. *(Offb 2,10)*
Sei treu bis in den Tod; dann werde ich dir den Kranz des Lebens geben.
*2. L.:*Namen der Verstorbenen.
– Stille –
Antwort der Gemeinde.

Z.: Allmächtiger Gott, du allein kennst den Menschen; du hast ihn erschaffen, und was in ihm verborgen liegt, liegt offen vor dir. Wenn das Herz uns anklagt, so bist du noch größer als unser Herz! Wir bitten dich für unsere Brüder und Schwestern, die im vergangenen Jahr aus unserer Mitte gestorben sind. Sei ihnen gnädig und verzeih, was sie in ihrem Leben gefehlt haben. Öffne auch uns die Augen, und laß uns erkennen, was wir an ihnen versäumt haben. Erhöre in deiner Güte unser Gebet, und führe uns durch alles menschliche Versagen hindurch zu dir, dem Ziel unseres Lebens. So bitten wir durch Christus, unseren Herrn.

A.: Amen.

ABSCHLUSS

Der Schlußsegen entfällt, wenn anschließend die Gräbersegnung stattfindet.

SCHLUSSEGEN

Vgl. S. 247; Gemeindelied.

VERKÜNDIGUNGSGOTTESDIENST

Diese Form ist mit Elementen aus der Lesehore des „Stundenbuch“ zum „Gedächtnis der Verstorbenen“ zusammengestellt.

ERÖFFNUNG

Der Gottesdienst kann mit Orgelspiel und/oder einem Lied eröffnet werden. Begrüßung etwa wie S. 307.

Z.: Laßt uns beten.
Herr unser Gott,
der Tod ist die Frucht der ersten Sünde.
Wir Menschen leiden unter seiner Herrschaft.
Doch du hast uns in Jesus Christus
neue Hoffnung geschenkt.
In der Gemeinschaft mit ihm erhalten wir die Kraft,
auch im Dunkel des Todes auf dich zu vertrauen.
Öffne unser Herz, daß wir die Botschaft
vom neuen Leben vernehmen
und zu tieferem Glauben gelangen.
Durch Christus, unsern Herrn.

A.: Amen.

ERSTE LESUNG

Lesung aus dem zweiten Brief an die Korinther.

(2 Kor 4,16b–5,10)

Wenn unser irdisches Zelt abgebrochen wird, dann haben wir ein ewiges Haus im Himmel

Wenn auch unser äußerer Mensch aufgerieben wird, der innere wird Tag für Tag erneuert. Denn die kleine Last unserer gegenwärtigen Not schafft uns in maßlosem Übermaß ein ewiges Gewicht an Herrlichkeit, uns, die wir nicht auf das Sichtbare starren, sondern nach dem Unsichtbaren ausblicken; denn das Sichtbare ist vergänglich, das Unsichtbare ist ewig.

Wir wissen: Wenn unser irdisches Zelt abgebrochen wird, dann haben wir eine Wohnung von Gott, ein nicht von Menschenhand errichtetes ewiges Haus im Himmel. Im gegenwärtigen Zustand seufzen wir und sehnen uns danach, mit dem himmlischen Haus überkleidet zu werden. So bekleidet, werden wir nicht nackt erscheinen. Solange wir nämlich in diesem Zelt leben, seufzen wir unter schwerem Druck, weil wir nicht entkleidet, sondern überkleidet werden möchten, damit so das Sterbliche vom Leben verschlungen werde. Gott aber, der uns gerade dazu fähig gemacht hat, er hat uns auch als ersten Anteil den Geist gegeben.

Wir sind also immer zuversichtlich, auch wenn wir wissen, daß wir fern vom Herrn in der Fremde leben, solange wir in diesem Leib zu Hause sind; denn als Glaubende gehen wir unsern Weg, nicht als Schauende. Weil wir aber zuversichtlich sind, ziehen wir es vor, aus dem Leib auszuwandern und daheim beim Herrn zu sein. Deswegen suchen wir unsere Ehre darin, ihm zu gefallen, ob wir daheim oder in der Fremde sind. Denn wir alle müssen vor dem Richterstuhl Christi offenbar werden, damit jeder seinen Lohn empfängt für das Gute oder Böse, das er im irdischen Leben getan hat.

1. *Antwortgesang*
GL 718 Ps 23: Der Herr ist mein Hirte, oder:
Ps 16: Gott, der Anteil seiner Getreuen

Kehrvers

Ich glaube, daß mein Erlöser lebt
und daß ich am Letzten Tag aus der Erde erstehe.

Behüte mich, Gott, denn ich vertraue dir.
Ich sage zum Herrn: „Du bist mein Herr;
mein ganzes Glück bist du allein."

Du, Herr, gibst mir das Erbe und reichst mir den Becher;
du hältst mein Los in deinen Händen.

Auf schönem Land fiel mir mein Anteil zu.
Ja, mein Erbe gefällt mir gut.

Ich preise den Herrn, der mich beraten hat.
Auch mahnt mich mein Herz in der Nacht.

Ich habe den Herrn beständig vor Augen.
Er steht mir zur Rechten, ich wanke nicht. -

Darum freut sich mein Herz und frohlockt meine Seele;
auch mein Leib wird wohnen in Sicherheit.

Denn du gibst mich nicht der Unterwelt preis;
du läßt deinen Frommen das Grab nicht schauen.

Du zeigst mir den Pfad zum Leben.
Vor deinem Angesicht herrscht Freude in Fülle,
zu deiner Rechten Wonne für alle Zeit.

Kehrvers

ZWEITE LESUNG

Anastasius v. Antiochien († 599)
Aus einer Rede über die Auferstehung Christi *(Or 5,6–7.9)*

Christus wird unseren Leib verwandeln

„Christus ist gestorben und wieder lebendig geworden, um Herr zu sein über Lebende und Tote" (Röm 14,9). Doch

Gott ist „ein Gott von Lebenden, nicht von Toten“ (Mt 22,32). Also sind die Toten, über die der Lebende herrscht, nicht länger tot, sondern sie leben. Deswegen herrscht das Leben über sie, daß sie leben, ohne den Tod fürchten zu müssen, wie „Christus, von den Toten auferweckt, nicht mehr stirbt“ (Röm 6,9).
So werden auch die den Tod nicht mehr zu fürchten haben, die auferweckt und von der Vergänglichkeit des Fleisches befreit sind. Sie werden teilhaft der Auferstehung Christi, wie dieser selbst ihres Todes teilhaftig wurde.
Eben deswegen kam er auf die Erde, die durch ewige Riegel versperrt ist, um „die ehernen Tore zu zerbrechen und die eisernen Riegel zu zerschlagen“ (vgl. Ps 107,16), um uns statt der Knechtschaft die Freiheit zu schenken, unser Leben aus der Vergänglichkeit zu retten und mit dem seinen zu vereinigen.
Dieser Heilsplan scheint noch nicht voll verwirklicht zu sein. Denn noch sterben Menschen, der Leib geht zugrunde und löst sich auf. Aber das darf nicht Anlaß sein, daß wir Unrecht tun. Denn schon vor der vollen Verwirklichung haben wir ein Unterpfand in unserem Erstling, durch den wir zum Himmel aufgestiegen sind und zur Rechten des Herrn sitzen, der uns zur Höhe mitgenommen hat, wie Paulus sagt: „Er hat uns mit Christus auferweckt und uns mit ihm einen Platz im Himmel gegeben“ (Eph 2,6).
Wenn aber die vom Vater festgesetzte Zeit kommt, werden wir die Vollendung erlangen. Wir werden ablegen, was kindlich ist, und das volle Mannesalter erreichen. Der ewige Vater hat das so gewollt, damit die Gabe, die er uns geschenkt hat, Bestand hat und unser Geist nicht wieder in das Kindesalter zurückfällt.
Es braucht kaum darauf hingewiesen zu werden, daß der auferstandene Leib überirdisch ist, da doch Paulus vom Leib bezeugt, daß Irdisches gesät wird, Überirdisches aber aufersteht (vgl. 1 Kor 15,44). Das Irdische wird verwandelt wie Christus, der in herrlicher Verklärung vorausgegangen ist.
Auch Paulus war sich ganz klar darüber, daß dies dem

ganzen Menschengeschlecht geschehen soll durch Christus, „der unseren armseligen Leib verwandeln wird in die Gestalt seines verherrlichten Leibes“ (Phil 3,21).
Die Verklärung besteht darin, daß der Leib in der Verwandlung überirdisch wird und die verherrlichte Gestalt Christi erhält. Mit einem überirdischen Leib ist Christus auferstanden. Aber der Leib ist der gleiche, der in Armseligkeit gerät, aber in Herrlichkeit verwandelt wurde.
Christus hat die Erstlinge unserer Natur zum Vater geführt, er wird auch die ganze Welt zu ihm geleiten, wie er versprochen hat: „Wenn ich von der Erde erhöht bin, werde ich alle an mich ziehen“ (Joh 12,32).

2. *Antwortgesang*
GL 719 Ps 27: Der Herr ist mein Licht

EVANGELIUM

Begegnung mit dem Auferstandenen

Aus dem Evangelium nach Markus. *(Mk 16,9–16)*
Als Jesus am frühen Morgen des ersten Wochentages auferstanden war, erschien er zuerst Maria aus Magdala, aus der er sieben Dämonen ausgetrieben hatte. Sie ging und berichtete es denen, die mit ihm zusammengewesen waren und nun klagten und weinten. Als sie hörten, er lebe und sei von ihr gesehen worden, glaubten sie es nicht. Darauf erschien er in einer anderen Gestalt zweien von ihnen, als sie unterwegs waren und aufs Land gehen wollten. Auch sie gingen und berichteten es den anderen, und auch ihnen glaubte man nicht. Später erschien Jesus auch den Elf, als sie bei Tisch waren; er tadelte ihren Unglauben und ihre Verstocktheit, weil sie denen nicht glaubten, die ihn nach seiner Auferstehung gesehen hatten. Dann sagte er zu ihnen: Geht hinaus in die ganze Welt, und verkündet das Evangelium allen Geschöpfen! Wer glaubt und sich taufen läßt, wird gerettet; wer aber nicht glaubt, wird verdammt werden.

Auferstehungslied, z.B. GL 220 Das ist der Tag

HOMILIE

Kurze Stille zur Meditation.

Lied oder *Orgelspiel*, GL 291 Wer unterm Schutz

FÜRBITTEN s. 9. Formular S. 241

Z.: Wir empfehlen uns und alle Verstorbenen der Güte und Barmherzigkeit Gottes.
A.: Vater unser ...

SCHLUSSEGEN, vgl. S. 247

Der Schlußsegen entfällt, wenn anschließend die Gräbersegnung stattfindet.

Gemeindelied oder Orgelspiel.

3. Meßstipendium und Totengedächtnis

Weithin ist es Brauch, daß Angehörige ihrer Verstorbenen durch eigens in der Intention dieses Gedächtnisses gefeierte Messen gedenken oder auch – wenn sie nicht selbst daran teilnehmen – gedenken lassen. Im Sprachgebrauch wird dies oft mit „eine Messe bestellen" bezeichnet. Theologisch richtig aber müßte es (auch in den Ankündigungen dazu) heißen:

– Ich bitte die Gemeinde um eine Fürbitte für dieses Anliegen (für die Verstorbenen meiner Familie).
– Für die Gebetshilfe der Gemeinde in dieser Eucharistiefeier gebe ich diese Gabe.

Die Geldgabe, mit der die Bitte um ein Gedenken an die Verstorbenen innerhalb einer Eucharistiefeier verbunden ist, könnte „Fürbittgabe" heißen. Daß sich eine solche Terminologie noch nicht durchgesetzt hat und es in den Ankündigungen der Gemeinden zumeist heißt „Messe für

die Verstorbenen der Familie …“, zeigt die mancherorts herrschende Unklarheit über das Meßstipendium.
Diese Schwierigkeiten zeigen sich auch im Kirchenrecht, denn der CIC von 1983 benötigt allein 14 Canones zur Erläuterung (can. 945–958). Um einerseits diesen rechtlichen Vorgaben zu entsprechen, um anderseits aber eine heutiger Theologie gerecht werdende Praxis zu ermöglichen, hat die Deutsche Bischofskonferenz am 24. Februar 1994 eine „Handreichung zu Meßstipendien“ verabschiedet (vgl. Kirchliche Amtsblätter; Zeitschrift „Gottesdienst“ Nr. 8/1994, S. 60f.). Ausgehend von zunehmendem Unverständnis und gar Ablehnung des Meßstipendienwesens werden als Kriterien für die Praxis genannt: Respekt vor der geltenden Ordnung und Konsens mit den Spendern. Dabei werden Überlegungen zu einer Neuorientierung keineswegs verurteilt, sondern es wird Raum gelassen für Entwicklungen, die aus dem Überlieferten „gewissermaßen organisch herauswachsen“ (Liturgiekonstitution Art. 23).
Sicherlich ist das bisherige Stipendienwesen von einer ganz anderen Auffassung der Meßfeier geprägt als das durch das II. Vatikanum entfaltete Eucharistieverständnis. Während im konziliaren Verständnis die Gemeinde mit dem priesterlichen Vorsteher Eucharistie feiert, „persolviert“ im Stipendienmodell der Priester eine „Intention“.
Während die erneuerte Sichtweise die Feier des Herrenmahles als Gedächtnis von Tod und Auferstehung Christi zur Ehre Gottes und zum Heil aller Menschen – der Lebenden wie der Verstorbenen – begeht, „feiert“ das Stipendienmodell z.B. „die Messe zu Ehren der schmerzhaften Mutter für die Lebenden und Verstorbenen der Familie Müller“. Auch wenn dies keine sich fundamental widersprechenden Sichten sein mögen, so sind es doch schwer vereinbare Perspektiven.

Inzwischen gibt es Gemeinden, die ein Stipendium im herkömmlichen Sinne nicht mehr verlangen. Als Beispiel sei hier wiedergegeben, wie eine Gemeinde darüber in einem ausliegenden Blatt informiert:

Hinweis zum Umgang mit dem Gedächtnis Verstorbener in Eucharistiefeiern unserer Gemeinde

- Kann ich eine hl. Messe bestellen?
- Für wen ist diese hl. Messe?
- Was kostet eine hl. Messe?

Dieses Blatt soll dazu dienen, vielfach auftretende Mißverständnisse klären zu helfen.

„Ich möchte eine hl. Messe bestellen“ – mit dieser Bitte kommt mancher ins Pfarrbüro. Was heißt das eigentlich?

In unserer Kirche wird jeden Tag, meistens sogar zwei- oder dreimal, die hl. Messe gefeiert. Jedesmal wird dabei das Gedächtnis des Leidens und Sterbens und der Auferstehung Jesu begangen in der Form der Mahlfeier, von der schon die Urkirche wußte, daß sie die Gläubigen mit Christus und untereinander innerlich verbindet. So sollen Glieder einer Gemeinde auch Freude und Leid miteinander teilen. Deshalb kann einer auch seine Not, seine Anliegen den anderen mitteilen und sie bitten, mit ihm zusammen zu beten. Das kann man nicht nur, wie es meist geschieht, aus Anlaß eines Todesfalles tun. Statt des wenig schönen Ausdrucks „Ich möchte eine Messe bestellen“ sollte man also besser sagen: „Ich will um das Gedenken der Gemeinde in meinem Anliegen bitten.“

„Für wen ist diese hl. Messe?“ wird manchmal gefragt.

Grundsätzlich ist die hl. Messe immer Feier der Gemeinde, und es wird immer für alle Lebenden und Verstorbenen gebetet. Ob Sie Ihr Anliegen (z.B. ein Gedenken an Ihre verstorbenen Angehörigen) der Gemeinde nennen oder nicht, ob Ihr Name im Gemeindeblatt steht oder nicht, ob es mehrere sind, an die wir besonders denken oder nur einer, das alles bedeutet für die Verstorbenen selbstverständlich nichts. So ist es natürlich ein Mißverständnis, wenn jemand, der sein Anliegen der Gemeinde bekannt gemacht hat, daraus besondere Vorrechte für sich aus dieser hl. Messe ableiten möchte. Wir wissen ja: Immer wenn wir Ansprüche anmelden wollen vor Gott, haben wir den Boden des christlichen Glaubens verlassen.

„Kann man eine hl. Messe bezahlen?“

Es war bisher üblich, bei der Bitte um ein besonderes Gedenken einen Geldbetrag zu zahlen. Früher diente dieser als materielle Grundlage für die Feier der Eucharistie, d. h. zur Bezahlung von Meßwein, Kerzen usw. und für den Lebensunterhalt des Geistlichen. Als diese Ausgaben durch die Kirchensteuer gedeckt wurden und die Priester bei uns ein festes Gehalt bekamen, bekam die Geldgabe zeichenhafte Bedeutung: Wer sich in der Meßfeier von Gott beschenken läßt, weiß sich auch selbst verpflichtet zur Gesinnung der Hingabe in der Nachfolge Christi. Es wird jeder einsehen, daß dies auf vielerlei Weise möglich ist: durch Hilfeleistung einem anderen gegenüber, durch einen Besuch bei einem Kranken oder einem Menschen, um den sich niemand kümmert, durch ein Wort der Entschuldigung, wo wir andere verletzt haben usw. Gewiß kann man auch mit Geld Gutes tun: Aber um jeden Anschein einer „Bezahlung“ der hl. Messe zu vermeiden, nehmen wir im Pfarrbüro kein Geld mehr entgegen bei der Bitte um ein Gedenken in der hl. Messe. Wenn jemand an der in sich sinnvollen Geldspende festhalten möchte. die ja Gottesdienst und Hilfe für Notleidende miteinander verbindet, so stehen ihm die Opferstöcke in der Kirche (z. B. für die Ausbildung unseres Katechisten in Kenia) zur Verfügung.
Helfen Sie bitte durch Ihre verständnisvolle Haltung mit, die Feier der Eucharistie in unserer Gemeinde zu dem zu machen, was sie sein will: Begegnung mit Gott durch Christus, der uns mit sich und untereinander verbindet und so als Gemeinde in seinen Dienst stellt.

Ihr Pfarrgemeinderat

Dem erneuerten Eucharistieverständnis in keiner Weise entspricht es, wenn sogenannte Meßbünde unter der Überschrift „Dein für Zeit und Ewigkeit“ etwa verheißen:

„Größter Meßbund! Sie haben Anteil an den Früchten von 4000 hl. Messen täglich. Einzelperson 5 DM, Familien 10 DM.“

Auch die von der bischöflichen Handreichung für sinnvoll erachtete Weitergabe von Stipendien in andere Länder ist nicht unproblematisch. Da wäre es wohl besser, im Sinne einer „monatlichen Allerseelenmesse“ (s. S. 296) in der eigenen Gemeinde mehrerer Verstorbener zu gedenken und die dafür zusammenkommenden Spenden an Gemeinden in andere Länder zu übergeben, ohne daß dort jeweils eine Messe für jedes Stipendium „gefeiert“ werden muß.

Da ein Stipendium nur für eine Messe genommen werden darf, die dann auch in diesem Anliegen gefeiert werden muß, ist die sonntägliche Gemeindemesse davon ausgenommen, da diese ja für die ganze Gemeinde gefeiert wird (can. 534 CIC/1983). Solange es nur einen Gottesdienst am Sonntag in jeder Gemeinde gab, durfte dafür auch kein privates Anliegen angegeben werden. Da es nach der Neuordnung der Liturgie keine „Privatmessen“ mehr gibt, die Eucharistie immer mit der versammelten Gemeinde und für diese begangen wird, gibt es zumindest an Sonn- und Feiertagen keine Möglichkeit mehr, zwischen der einen Messe für die Gemeinde und den anderen Sonntagsmessen zu unterscheiden. Daher gilt: „Wenn die Größe einer Pfarrei am Sonntag neben dem Pfarrgottesdienst weitere öffentliche Meßfeiern notwendig macht, sollte für diese gleichfalls kein Stipendium genommen werden, damit sie als Feiern der versammelten Gemeinde (nicht der bestellenden Familie) in Erscheinung treten“ (R. Berger). Leider ist dies weithin noch nicht die Regel!

Literatur:

H. B. Meyer, Eucharistie. Geschichte, Theologie, Pastoral (Gottesdienst der Kirche. Handbuch der Liturgiewissenschaft 4), Regensburg 1989, S. 237–247: Das mittelalterliche Meßwesen.

4. Segnung eines Friedhofs und einer Friedhofshalle (Aufbewahrungshalle)

Die Segnung eines neuen Friedhofs gehört zu den wenigen auch weiterhin dem Bischof reservierten Benediktionen, der jedoch einen Priester damit beauftragen kann. Wohl deshalb wird diese Benediktion im „Benediktionale" als „Friedhofsweihe" bezeichnet. Erfolgt die Beisetzung auf einem nicht gesegneten Friedhof, sieht die römische Begräbnisordnung einen eigenen Gräbersegen vor, der vor dem Einsenken des Sarges erteilt wird („Ordo exsequiarum" Nr. 53.71.193–195). Die deutsche Ordnung bringt diesen Hinweis auf eine Segnung des Grabes nicht (vgl. oben S. 274). Von den vier römischen Orationen sind zwei ganz gestrichen, die beiden anderen durch Wegfall des Segensmotivs beibehalten; ein Text wurde als Segensoration neu geschaffen, und zwar im Hinblick auf die Lebenden, dieses allerdings als eines der drei Eröffnungsgebete am Grabe.

Das „Benediktionale" bietet je einen Gottesdienst zur „Friedhofsweihe" (S. 185–190) und zur „Segnung einer Friedhofshalle (Aufbahrungshalle)" (S. 190–192) und begründet dies so:
„Wir Christen halten den Friedhof in hohen Ehren. Er ist der ‚Gottesacker', auf dem die Leiber der Gläubigen begraben sind, die in diesem Leben Tempel des Heiligen Geistes waren. Anlage und Ausstattung des Friedhofs sollen den christlichen Glauben an die Auferstehung bekunden. Auch wenn Friedhöfe von der öffentlichen Hand errichtet werden, ist darauf zu achten, daß ihre Gestaltung diesen Glauben nach Möglichkeit bezeugt. Wichtigstes Zeichen des christlichen Glaubens ist das Kreuz, das an einer zentralen Stelle des Friedhofs errichtet wird. Auch von den politischen Gemeinden errichtete Friedhöfe sollen gesegnet werden."

Anhang

Eucharistisches Hochgebet zum Totengedächtnis

Dieser Text wurde von Heinrich Rennings, zuletzt Direktor des Deutschen Liturgischen Instituts in Trier, für „Gebetstexte zu Tod und Begräbnis“ (in: K. Richter [Hg.], Der Himmel geht über allen auf. Beispiele der Verkündigung angesichts des Todes, Freiburg 5. Aufl. 1990, S. 151–155) entworfen. Er schrieb dazu: Diese Texte sind „nicht für den offiziellen liturgischen Gebrauch bestimmt. Sie können der privaten und gemeindlichen Meditation dienen und helfen, das liturgische Beten besser zu verstehen, zu vertiefen und Anstöße zu seiner Weiterentwicklung zu geben“.

Darauf hingewiesen sei, daß von den heute als für ein Hochgebet notwendig betrachteten Elementen hier die Geistepiklese und die Verbindung zur ganzen Kirche kaum entfaltet sind (vgl. K. Richter, Darum kommen wir vor dein Angesicht, Freiburg 1992; A. Gerhards, Eucharistisches Hochgebet, in: LThK 3, 3. Aufl. 1995, 972–975).

EUCHARISTISCHES HOCHGEBET

Wir danken dir, Vater im Himmel,
unsterblicher und heiliger Gott,
denn grenzenlos ist dein Erbarmen.
Aus Liebe hast du den Menschen geschaffen
und ihm Leben
von deinem unvergänglichen Leben eingehaucht.

Du läßt im Tode nicht untergehn,
die du zur ewigen Gemeinschaft mit dir berufen hast.

Du läßt nicht für immer erkalten
die Hände, die sich nach dir ausgestreckt,
die Augen, die deine Schönheit gesucht,
und die Herzen, die deine Ruhe ersehnt haben.

(Chor oder Kantor, einstimmig)
Wir preisen dich, du Gott des Lebens,
und singen mit den Chören des Himmels,
die ohne Ende rufen:

(Gemeinde und Chor)
Würdig bist du, unser Herr und Gott,
Herrlichkeit zu empfangen
und Ehre und Macht.
Denn du bist es, der die Welt erschaffen
hat, durch deinen Willen war sie
und wurde sie geschaffen. (Offb 4,11)

Oder

Heilig, heilig, heilig ist der Herr,
Gott der Allherrscher,
der war und der ist und der kommt.

Wir danken dir, du Gott des Lebens,
und preisen dich auch in dieser Stunde.
Denn du hast deinen Sohn gesandt,
um dein Volk aus Finsternis
und Todesschatten zu befreien.
Unsere Schuld hat er getragen
und menschliche Hinfälligkeit geteilt.
Du hast ihn als Weizenkorn in die Erde gesenkt,
und als Frucht seines Sterbens reifen ein neuer Himmel
und eine neue Erde heran,
in der es weder Tränen noch Trauer noch Tod gibt.

(Chor oder Kantor)
„Wir preisen dich …

(Gemeinde und Chor)
Ihm, der auf dem Throne sitzt,
und dem Lamm gebühren Lob
und Ehre und Herrlichkeit
und Kraft in alle Ewigkeit. (Offb 5,13)

Oder

Heilig, heilig …

Wir danken dir, allmächtiger Vater,
für ihn, Jesus Christus,
der uns vorausgegangen ist zu dir,
nicht ohne uns ein Zeichen der Hoffnung zu schenken.
Denn als die Stunde seiner äußersten Verlassenheit nahte,
vor dem Osterfest, als es Nacht wurde,
betete er beim Abschiedsmahl den großen Lobpreis,
nahm dankend das Brot, teilte es,
reichte es seinen Jüngern und sagte:
Nehmt und eßt …

Ebenso nahm er an diesem Abend,
als die Dunkelheit auf ihn wartete,
unerschüttert in seinem Vertrauen,
den Kelch,
dankte dir, Gott und Vater,
reichte ihn seinen Jüngern und sagte:
Nehmt und trinkt …

Darum erfüllen wir seinen Auftrag,
Vater im Himmel, Gott der Lebenden und Toten,
und gedenken seines Gehorsams und seiner Hingabe.
Wir bekennen uns zu dem Bund,
den du in seinem Blut mit uns geschlossen hast
und den du nun erneuerst.
da wir dieses Geheimnis des Glaubens feiern.

(Chor oder Kantor)
Geheimnis des Glaubens.

(Gemeinde und Chor)
Deinen Tod …

anschließend

(Chor)
Würdig ist das Lamm. das geschlachtet wurde,
die Macht zu empfangen,
Reichtum und Weisheit
Kraft und Ehre,
Herrlichkeit und Lob. (Offb 5,12)

Herr und Vater, allmächtiger Gott.
Wir vertrauen auf deine Macht
und bitten dich für alle, die dein Sohn erkauft hat
aus jedem Stamm und jeder Sprache,
aus allen Völkern und Nationen:
Tilge ihre Namen nicht aus dem Buch des Lebens.
Bekleide sie mit dem Gewand unvergänglicher Freude.
Ihnen und allen, die dich suchen.
dem verstorbenen N. N. und uns,
gewähre einen Platz am Tisch deines ewigen Gastmahles.

(Chor oder Kantor)
Wir preisen dich …

(Gemeinde und Chor)
Amen. Lob und Herrlichkeit,
Weisheit und Dank,
Ehre und Macht und Stärke
unserem Gott in alle Ewigkeit. (Offb 7,12)

Oder

Heilig, heilig …

Darum bitten wir durch
unsern Herrn Jesus Christus:
Durch ihn und mit ihm …

Lesehinweise

1. LITURGISCHE BÜCHER UND DOKUMENTE

Ordo unctionis infirmorum eorumque pastoralis curae. Editio typica. Typis Polyglottis Vaticanis 1972 (81 S.).

Die Feier der Krankensakramente. Die Krankensalbung und die Ordnung der Krankenpastoral in den katholischen Bistümern des deutschen Sprachgebietes. 2. Aufl. Hrsg. im Auftrag der Bischofskonferenzen Deutschlands, Österreichs und der Schweiz sowie der (Erz-)Bischöfe von Bozen-Brixen, Lüttich, Luxemburg und Straßburg. Solothurn u. a. 1994 (248 S.).

Die Feier der Krankensakramente … Taschenausgabe. Auszug aus der authentischen Ausgabe der Feier der Krankensakramente. Solothurn u. a. 1995 (190 S.).
Von den dieses Werkbuch betreffenden Abschnitten fehlen die Pastorale Einführung sowie die Spendung der Wegzehrung innerhalb der Meßfeier.

Messe für Kranke, in: Die Feier der heiligen Messe. Meßbuch. Teil II. Für die Bistümer des deutschen Sprachgebietes. 2. Aufl. Hrsg. im Auftrag der Bischofskonferenzen Deutschlands, Österreichs und der Schweiz sowie der Bischöfe von Luxemburg, Bozen-Brixen und Lüttich. Einsiedeln u. a. 1988, 1101–1103.

Messe für Sterbende, in: a. a. 0. 1104–1105.

Messe bei der Wegzehrung, in: a. a. O. 975.
Diese Meßformulare sind einschließlich Lesungen auch enthalten:

Schott-Meßbuch für verschiedene Anlässe. Freiburg – Basel – Wien 1986, 267–357.

Lesungen bei Messen wie oben, in: Die Feier der heiligen Messe. *Meßlektionar.* Für die Bistümer des deutschen Sprachgebietes. Bd. VII: Sakramente und Sakramentalien. Hrsg. im Auftrag der Deutschen und der Berliner Bischofskonferenz, der Schweizer Bischofskonferenz sowie der Bischöfe von Luxemburg, Bozen-Brixen, Lüttich, Metz und Straßburg. Einsiedeln u.a. 1986, 198–270.517–521.

Ordo exsequiarum. Editio typica. Typis Polyglottis Vaticanis 1971. (91 S.).

Die kirchliche Begräbnisfeier in den katholischen Bistümern des deutschen Sprachgebiets. Hrsg. im Auftrag der Bischofskonferenzen Deutschlands, Österreichs und der Schweiz und des Bischofs von Luxemburg. Einsiedeln u.a. 1973 (200 S.).

Die kirchliche Begräbnisfeier. Volksausgabe. Hrsg. von den Liturgischen Instituten Salzburg, Trier und Zürich. Einsiedeln u.a. 1974 (96 S.).

Messen für Verstorbene, in: Die Feier der heiligen *Messe* …, a.a.O. 1159–1203.
Enthält Meßformulare für den Begräbnistag, zum Jahrgedächtnis, verschiedene Meßfeiern für Verstorbene, für den Begräbnistag eines Kindes sowie Orationen für unterschiedliche Situationen. Dies ist einschließlich Lesungen auch enthalten: *Schott-Meßbuch für verschiedene Anlässe,* a.a.O. 604–788.

Lesungen bei Messen für Verstorbene, in: Die Feier der heiligen Messe. *Meßlektionar* …, a.a.O. 401–504.529–535.

Benediktionale. Studienausgabe für die katholischen Bistümer des deutschen Sprachgebietes. Hrsg. von den Liturgischen Instituten Salzburg – Trier – Zürich. Einsiedeln u.a. [9]1994 (455 S.). Krankensegnung, Gräbersegnung, Friedhofsweihe, Segnung einer Aufbahrungshalle.

Kommunionspendung und Eucharistieverehrung außerhalb der Messe. Studienausgabe. Hrsg. von den Liturgischen Instituten Salzburg – Trier – Zürich. Einsiedeln u.a. 1976 (140 S.).

Richtlinien der Deutschen Bischofskonferenz für *Meßfeiern kleiner Gemeinschaften* (Gruppenmessen), in: Die Meßfeier – Dokumentensammlung. Auswahl für die Praxis (Arbeitshilfen 77). Hrsg. vom Sekretariat der Deutschen Bischofskonferenz. Bonn 31993, 163–172.

2. LITURGISCHE HILFEN

K. Auer, Kranke – Sterbende – Trauernde in der Pfarrgemeinde. Werkmappe für die MitarbeiterInnen in der Seelsorge mit älteren Menschen. Hrsg. vom Bischöfl. Ordinariat Innsbruck (Wilh.-Greil-Str. 7).
Gute Anregungen und Hilfen für Kranke und Sterbende, Hinweise zum Abschiednehmen und Begleitung von Trauernden.

E. Domay (Hrsg.), Wende dich zu mir. Gebete mit Sterbenden. Mit einem Nachwort von F. Rest (GTB 1310). Gütersloh 1995.
Die Texte der evangelischen und katholischen Autoren wollen Menschen, die mit Sterbenden und Tod konfrontiert sind, eine Sprachhilfe geben. Sie formulieren, was ihnen in dieser schwierigen Situation sagbar erscheint. Neben Gebeten finden sich auch vereinzelt symbolische Handlungen wie z.B. Ölsalbung oder die Bekreuzung der Stirn und andere Segensgesten. Das Buch kann die Gebete des offiziellen Rituale in guter Weise ergänzen.

N. Föhr, Mittragen: Kreuzweg der Trauernden. Totengedenken. Mit Holzschnitten von W. Habdank. Trier 1993.
Wer einen lieben Menschen verloren hat, der kann in der Meditation der eindrucksvollen Bilder und der einfühlsamen Texte Trost finden und aus der Isolation der Trauer herauskommen.

T. Merz-Abt/P. Stutz, Gottesdienst feiern mit Trauernden. Anregungen zur Auseinandersetzung mit Sterben, Tod und Auferstehung und Gottesdienst-Modelle. Luzern/Stuttgart 1992.

Nach grundsätzlichen Überlegungen für christliche Gemeinden zum Umgang mit Sterben und Tod sowie mit Trauernden plädieren die Autoren dafür, auch die Gottesdienste möglichst auf die individuelle Situation auszurichten. In zehn Modellen geben sie ganz praktische Hilfen an die Hand, wie sie sich die Lösung dieser schwierigen Aufgabe vorstellen. Ein anregendes Buch, auch wenn es in dem einen oder anderen Punkt Vorbehalte gibt.

S. Naegeli, Du hast mein Dunkel geteilt. Gebete an unerträglichen Tagen. Freiburg ^{14}1995.
Die evangelische Theologin und Mutter von drei Kindern wünscht, daß das Buch ein Stück Hilfe sein möchte, das Gespräch mit Gott an Tagen, die uns verdunkelt sind, nicht abreißen zu lassen oder es gerade dann neu zu versuchen. Die Gebete sind in der Ich-Form geschrieben. Viele eignen sich auch für die Tage schwerer Krankheit und manche für die Situation des Sterbens. Die hohe Auflagenzahl zeigt, daß die Autorin dabei die Stimmungslage vieler Menschen trifft und den rechten Ton gefunden hat.

Ch. Ripplinger, Die kirchliche Totenfeier. Eine Handreichung für die Trauergemeinde. Kevelaer 1995.
Hilfen für Sterbegebete, Totenwache, Eucharistiefeier, Verabschiedung, Gottesdienst in der Friedhofskapelle und am Grab, Kinderbegräbnis, Urnenbeisetzung bis hin zu Todesanzeigen. Eine gute Hilfe in Taschenbuchformat.

Worte zur Einführung in Beerdigungsgottesdienste. Eine Handreichung. Hrsg. von der Hauptabteilung Seelsorge im Generalvikariat Münster (Rosenstr. 17).

3. ZUR THEOLOGISCHEN DEUTUNG VON TOD UND AUFERSTEHUNG

Franz-Josef Nocke, Eschatologie, in: Th. Schneider (Hrsg.), Handbuch der Dogmatik 2. Düsseldorf 1992, 377–478.
Biblische Grundlagen und Entwicklung kirchlicher Lehre zu Vollendung der Welt und Vollendung des einzelnen mit Darlegungen zum Zwischenzustand zwischen Tod und Auferstehung (Gericht, Läuterung, Möglichkeit endgültigen Scheiterns).

Das Leben der kommenden Welt, in: Katholischer Erwachsenen-Katechismus. Das Glaubensbekenntnis der Kirche. Hrsg. von der Deutschen Bischofskonferenz. Kevelaer u. a. 1985, 398–431.

„Ich glaube ... die Auferstehung der Toten". „Ich glaube ... das ewige Leben", in: Katechismus der katholischen Kirche. München u. a. 1993, 284–301.

4. ZUM UMGANG MIT TOD UND STERBEN

Unsere Sorge um die Toten und die Hinterbliebenen. Bestattungskultur und Begleitung von Trauernden aus christlicher Sicht (Die deutschen Bischöfe 53). Hrsg. vom Sekretariat der Deutschen Bischofskonferenz. Bonn 1994 (76 S.).
Wichtige Leitlinien für die Gemeindearbeit angesichts der Veränderungen im Umgang mit Sterben und Tod, Bestattung und Trauer, u. a.: Bedeutung des Bestatters; Friedhof als Ort der Trauer und Hoffnung; heutige Bestattungsformen (Erd-, Feuer-, See- und anonyme Bestattung) und christlicher Glaube; Tod- und Fehlgeburten; Trauerbegleitung; kirchliche Mitwirkung bei der Bestattung von aus der Kirche Ausgetretenen; christliche Lebensgestaltung im Angesicht des Todes.

K. Richter (Hrsg.), Der Umgang mit den Toten. Tod und Bestattung in der christlichen Gemeinde (Quaestiones disputatae 123). Freiburg – Basel – Wien 1990.
U. a. folgende Beiträge:

H. Vorgrimler, Von der Gegenwart und dem Leben der Toten, 27–47.

F. Merkel, Der Umgang mit Toten und Trauernden als Thema evangelischer Theologie und kirchlicher Praxis, 48–62.

A. Kallis, „Der letzte Kuß“. Der Umgang mit Toten und Trauernden in der orthodoxen Kirche und Theologie, 63–76.

W. Schweidtmann, Der Umgang mit Toten und Hinterbliebenen im Krankenhaus, 81–92.

P. Schladoth, Erfahrungen der Kinder mit Sterben und Tod – eine Herausforderung für den christlichen Erzieher, 118–131.

J. Gaedke, Zwischen Tod und Bestattung. Das Recht der Totenfürsorge, 171–182.

A.-Th. Khoury, Der Umgang mit Sterbenden und Toten im Islam, 183–192.

Schwerstkranken und Sterbenden beistehen (20.2.1991). *Menschenwürdig sterben und christlich sterben* (20.11.1978) (Die deutschen Bischöfe 47). Hrsg. vom Sekretariat ... Bonn 1991 (42 S.).

Die Hospizbewegung. Profil eines hilfreichen Weges in katholischem Verständnis (Die deutschen Bischöfe. Pastoralkommission 14). Hrsg. vom Sekretariat ... Bonn 1993 (20 S.).

E. Albrecht/C. Orth/H. Schmidt, Hospizpraxis. Ein Leitfaden für Menschen, die Sterbenden helfen wollen (Herder-Spektrum 4399). Freiburg 1995.

Eltern trauern um ihr totes neugeborenes Kind. Hinweise zur seelsorglichen Begleitung (Arbeitshilfen 109), hrsg. vom Sekretariat ... Bonn 1993 (53 S.).

D. Tausch-Flammer, Sterbenden nahe sein. Was können wir noch tun? Freiburg – Basel – Wien [3]1995.

M. Ausel, Monumente des Todes – Dokumente des Lebens? Christliche Friedhofs- und Grabmalgestaltung heute (MThA 1). Altenberge [2]1990.

Eine Darstellung christlichen Glaubens in der Grabmalgestaltung der letzten Jahrzehnte mit Beispielen für heutige Praxis.

J. Gaedke, Handbuch des Friedhofs- und Bestattungsrechts. Köln [6]1992.
Enthält alle rechtlichen Belange der Totenfürsorge.

C. Thomas, Berührungsängste? Vom Umgang mit der Leiche. Köln 1994.
U. a. Leichenkonservierung; Aufbahrung; Bestattungsarten; Bestatter; Hinweise für Lebende hinsichtlich ihrer Wünsche im Umgang mit ihrer Leiche.

D. Tausch-Flammer/L. Bickel, Wenn ein Mensch gestorben ist – wie gehen wir mit dem Toten um? Anregungen und Hilfen. Freiburg – Basel – Wien 1996.
Ähnlich wie C. Thomas, stärker religiös geprägt.

5. ZUM VERSTÄNDNIS DER STERBE- UND TOTENLITURGIE

R. Kaczynski, Sterbe- und Begräbnisliturgie, in: B. Kleinheyer/E. v. Severus/R. Kaczynski, Sakramentliche Feiern II (Gottesdienst der Kirche. Handbuch der Liturgiewissenschaft 8). Regensburg 1984, 191–232.
Umfassender Überblick über Gestalt und Wandel der Liturgie mit den Kapiteln: Anthropologische und theologische Bedeutung der Sterbe- und Begräbnisliturgie; Die Sorge um Sterbende und Tote in historischer Sicht (vom Neuen Testament bis zur Collectio Rituum 1950); Die heutige Feier (Erneuerung nach dem II. Vatikanum, Wegzehrung, Sterbegebete, Begräbnis, Liturgie in den orientalischen Kirchen und denen der Reformation); Liturgiepastorale Aufgaben. Ausführliche weiterführende Literatur!

H. Becker/B. Einig/P.-O. Ullrich (Hrsg.), Im Angesicht des Todes.
Ein interdisziplinäres Kompendium (Pietas Liturgica 3 u. 4), 2 Bde. St. Ottilien 1987.

Enthält u. a. Aufsätze aus den Bereichen der Humanwissenschaften, der Kunst, der biblischen, systematischen und praktischen Theologie, vor allem der Liturgiewissenschaft. Die meisten Beiträge haben einen direkten Bezug zur Liturgie und sind für ein Nachdenken über die Liturgie angesichts von Sterben und Tod von Bedeutung.

6. ZUR KATECHETISCHEN ERSCHLIESSUNG

P. Neysters/K. H. Schmitt, Denn sie werden getröstet werden. Das Hausbuch zu Leid und Trauer, Sterben und Tod. München 1993.
Die Thematik wird u. a. in folgenden Kapiteln didaktisch gut erschlossen: Der Tod hat viele Gesichter; Sterbliche sind wir; Hoffen über den Tod hinaus in den Religionen; Sterbebegleitung; Wenn der Tod eingetreten ist; Trauer und Trost, Sterben lernen.

Quellenverzeichnis

Das Sterben des Christen

3.1 Ausgewählt aus: Die Feier der Krankensakramente 1994, 116–131.
3.2 Ausgewählt aus: Die Feier der Krankensakramente 1994, 82–98.
3.3 Nach: Die Feier der Buße. Studienausgabe, Einsiedeln u. a. 1974, 123–128.
4.1 – 4.3 Aus: E. Domay (Hrsg.), Wende dich zu mir. 15f., 14, 23, 26, 41, 28, 28f., 29, 18, 42, 42, 51, 40, 51, 106, 19, 56, 43, 49, 48, 46f., 47, 102, 101f., 26, 18, 103, 22.
4.4 Aus: Eltern trauern um ihr totes neugeborenes Kind 1993, 26–31.
4.5 Nach: Leiden, Krankheit, Tod. Hilfen für die christliche Familie, Kath. Pfarramt Hartberg 1992, 100–103.

Zwischen Tod und Begräbnis

1. Aufgaben der Gemeinde: Reinhold Waltermann, Münster.
3.2 H. Hollerweger, Totenwache, Linz 1982, 34–45.
3.3 Nach: Gedächtnis der Verstorbenen, in: Die Feier des Stundengebetes. Stundenbuch.

Das christliche Begräbnis

1.3 Auswahl der Gesänge: Stefan Rau, Rheine.
2.1 Eröffnung Nr. 1–4: R. Berger, Ihr seid mit Christus auferweckt. 30 Wortgottesdienste zu Meßfeiern für Verstorbene, München 1982, 14, 46, 34, 48.
2.1 Tagesgebet: H. Rennings, Gebetstexte zu Tod und Begräbnis, in: K. Richter (Hrsg.), Der Himmel geht über

allen auf. Beispiele der Verkündigung angesichts des Todes, Freiburg 1980, 151.

2.2 Zur Verkündigung beim Begräbnis: W. Stammkötter, in: K. Richter, a. a. O. 156.

2.2 Die Predigthinweise wurden weitgehend erarbeitet von Barbara Feichtinger, Münster.

2.2 Fürbitten Nr. 6 u. 7: R. Berger, a. a. O. 47.

2.3 Gabengebete: H. Rennings, a. a. O. 151 f.

2.3 Schlußgebete: H. Rennings, a. a. O. 152.

3. Nach: Wortgottesdienst zum Begräbnis. Hrsg. vom Dezernat für pastorale Dienste im Bistum Essen. Redaktion: H. Engel und P. Hoffmann, Essen 1977.

4. Zugesandt von Dieter Stockhausen, Münster.

5. Nach: Reinhold Waltermann, Münster.

8. Aus: Eltern trauern um ihr totes neugeborenes Kind 1993, 35–44.

9. Aus: Unsere Sorge um die Toten und die Hinterbliebenen 1994, 66–74.

Abkürzungen

BF Die kirchliche Begräbnisfeier in den katholischen Bistümern des deutschen Sprachgebietes. Einsiedeln u. a. 1973.

CIC Codex des kanonischen Rechtes (von 1983). Lat.-dt. Ausgabe. 3., verbesserte und vermehrte Aufl. Kevelaer 1989.

GL Gotteslob. Katholisches Gebet- und Gesangbuch. Stammausgabe. Stuttgart 1975.

PE Pastorale Einführung in „Die kirchliche Begräbnisfeier“, in: BF S. 11–20.

Z = Zelebrant; K = Kantor; L = Lektor; V = Vorbeter;

A = Alle